儒學思想의 哲學的 理解

沈佑燮 著

머리말

　어떤 사상이던 그 발전해온 과정을 고찰해 본다면, 대개 과거 사상의 내적·외적 자극이나 배경 없이 성립되고 체계화 된 것은 찾아 볼 수 없다. 이와 같은 취의에서 中國思想의 발전 과정을 살펴보고자 한다.
　중국의 선진시대에는 諸子百家의 사상이 극성하여 중국사상의 황금기를 이루었고 또한 학문과 언론의 자유가 확보된 시대이기도 했다. 이와 같은 추세는 중국사회의 내적 변동에 따르는 사상의 흐름이라 볼 수 있다. 특히 정치력사관에 의하여 사상적 자극이 크다고 볼 수 있다.
　이를테면 진시황이 중국 산동에 산재해 있던 六國(楚, 燕, 齊, 魏, 趙)을 공격하여 中原을 통일한지 15년 만에 멸망했고, 漢高祖가 신왕조를 세운 뒤 漢武帝때 이르러 董仲舒의 건의에 의하여 儒敎를 국교로 하여 儒學思想이 흥기하였다. 그때 秦始皇의 焚書坑儒의 화로 산재되었던 문화재 및 典籍을 수집 정리하여 연구케 함으로써 새로운 사상의 발전을 가져 왔고, 後漢 明帝 永平 사이에 서역으로부터 불교가 들어옴에 따라 외적인 영향을 받게 되었다. 따라서 고대로부터 내려오던 유학 사상과 諸子百家 중의 黃老사상과 외부로부터 유입된 불교사상이 相互交涉되어 중세 말에는 새 사상이 정립된 시대를 이루었다.
　唐代에 이르러서는 외부로부터 유입된 불교 사상과 당대에 이르기까지 만연되었던 黃老사상과 재래의 유학사상 즉, 儒, 佛, 道의 交涉상태가 되어 宋代에 들어오면서 신유학인 성리학 사상이 출현한 것이다.

　이와 같이 고대로부터 면면히 내려온 중국 철학 사상의 근간을 이루고 있는 儒學思想이 현대 중국사회의 인간가치관을 형성하고 윤리관을 정립하고 있다는 것을 이해해야한다. 이와 같은 관점에서 유학사상의 핵심이 되는 四書를 통하여 유학사상의 정수를 究明함으로써 바람직한 인간 가치관을 고찰하고자 한다.

　오늘날 물질주의 숭금주의로 인하여 실리지향주의가 팽배되어 사람을 잃어버린 이 시점에, 바람직한 인간 가치관 문제를 해명함으로써 올바르고 참된 인간을 찾을 수 있으리라 믿는다.

　이 같은 취의를 살리기 위해 "유학사상의 철학적 이해"라는 본서의 출판을 흔쾌히 맡아 주신 이회문화사 김홍국 사장께 감사를 드리며, 그 동안 원고 정리로부터 출판에 이르기까지 각종 업무를 도맡아 준 김지희 조교와 정유진 선생에게도 고마움을 표하는 바이다.

2010년 8월

費隱 漢文敎育硏究院 書齋에서

費隱 沈 佑 燮

차 례

1. 『中庸』 思想의 費隱적 理解

- Ⅰ. 序論 11
- Ⅱ. 本論 13
  1. 費隱의 形而上學的 構造 13
  2. 費隱의 認識論的 考察 24
  3. 費隱의 存在論的 理解 40
- Ⅲ. 結論 60

2. 費隱으로 본 『中庸』

- Ⅰ. 序論 63
- Ⅱ. 本論 64
  1. 費隱으로 본 中庸 64
  2. 費隱으로 본 中和 70
  3. 費隱으로서의 忠恕 81
  4. 費隱으로 본 誠 84
- Ⅲ. 結論 87

3. 『中庸』의 費隱으로 본 天道

- Ⅰ. 序論 89
- Ⅱ. 誠의 意味 90

```
        1. 誠의 뜻 ······················································································ 90
        2. 誠者와 誠之者 ··········································································· 92
    Ⅲ. 誠思想의 費隱的 明解 ········································································ 95
        1. 人道와 天道 ················································································ 95
        2. 天人關係 ···················································································· 101
    Ⅳ. 誠의 費隱的 具顯 ·············································································· 103
        1. 誠과 敬 ······················································································ 103
        2. 誠과 信 ······················································································ 111
    Ⅴ. 結論 ··································································································· 116
```

4. 『中庸』의 價値觀과 그 功效性

```
    Ⅰ. 序論 ··································································································· 119
    Ⅱ. 本論 ··································································································· 121
        1. 費隱의 槪念 ················································································ 121
        2. 費와 隱의 關係 ··········································································· 123
        3. 費隱의 一元論 ············································································ 127
        4. 費隱의 具顯 ··············································································· 133
    Ⅲ. 結論 ··································································································· 144
```

5. 『大學』의 德治主義

```
    Ⅰ. 序論 ··································································································· 145
    Ⅱ. 本體論 ······························································································· 148
        1. 明德 ··························································································· 148
        2. 新民 ··························································································· 154
        3. 明德과 新民의 關係 ··································································· 156
    Ⅲ. 實踐論 ······························································································· 159
        1. 明德의 實現 ··············································································· 159
```

2. 齊家의 擴充 ──────────────────────── 160
　　3. 德治主義의 具顯 ──────────────────── 162
　Ⅳ. 結 論 ─────────────────────────────── 165

6. 孔子의 仁思想에 의한 人間價値觀

　Ⅰ. 序 論 ─────────────────────────────── 169
　Ⅱ. 修學의 方向 ───────────────────────── 172
　Ⅲ. 仁思想의 體系化 ───────────────────── 175
　Ⅳ. 바람직한 價値觀 ───────────────────── 179
　Ⅴ. 理想的 人間像 ─────────────────────── 183
　Ⅵ. 結 論 ─────────────────────────────── 186

7. 孔子의 德治主義

　Ⅰ. 序 論 ─────────────────────────────── 189
　Ⅱ. 孔子의 德治思想의 背景 ──────────── 190
　Ⅲ. 孔子의 德治思想의 構造 ──────────── 195
　　1. 孔子의 正名思想 ─────────────────── 196
　　2. 孔子의 德治主義 ─────────────────── 198
　　3. 孔子의 經濟政策 ─────────────────── 205
　Ⅳ. 孔子의 德治主義의 具顯 ──────────── 208
　Ⅴ. 結 論 ─────────────────────────────── 215

8. 孔子의 敎學精神

　Ⅰ. 序 論 ─────────────────────────────── 219
　Ⅱ. 本體論 ────────────────────────────── 222
　　1. 敎育의 本源 ─────────────────────── 222
　　2. 敎學精神으로서의 仁 ────────────── 224

3. 바람직한 敎育 ························· 228
　Ⅲ. 實踐論 ······································ 232
　　　1. 敎育內容 ································ 232
　　　2. 敎育 方法論 ··························· 236
　Ⅳ. 結 論 ······································· 244

9. 孟子의 王道政治

　Ⅰ. 序 論 ······································· 247
　Ⅱ. 本 論 ······································· 248
　　　1. 王道政治思想의 本質 ················ 248
　　　2. 德治思想의 具顯 ····················· 258
　　　3. 平和主義 ································ 270
　Ⅲ. 結論 - 現代的 意味 ······················ 272

10. 孟子의 敎學精神

　Ⅰ. 序 論 ······································· 277
　Ⅱ. 本體論 ······································ 278
　　　1. 道德의 本源으로서의 人性 ········ 278
　　　2. 仁, 義의 價値觀 ······················ 285
　Ⅲ. 實踐論 ······································ 288
　　　1. 敎育目的 ································ 288
　　　2. 敎育의 內容 ··························· 290
　　　3. 敎育의 方法 ··························· 293
　Ⅳ. 結 論 ······································· 300

11. 孟·荀의 人性에 대한 比較

- Ⅰ. 序論 ··· 305
- Ⅱ. 本論 ··· 307
  - 1. 孟子의 性論 ·· 308
  - 2. 荀子의 性論 ·· 315
  - 3. 孟·荀의 價値觀 問題의 對比 ································ 325
  - 4. 實踐論 ··· 328
- Ⅲ. 結論 － 現代的 意味 ·· 337

참고문헌 / 340
찾아보기 / 352

1. 『中庸』 思想의 費隱적 理解

Ⅰ. 序 論

本 論文은 費와 隱을 中心으로 한 中庸 硏究이다. 먼저 儒敎經典에 있어서 文獻學的으로 중용의 위치를 살펴보기로 하겠다.

四書의 하나로 單行本으로 傳해 오고 있는 『중용』은 『大學』과 더불어 『小戴禮記』 八十九篇 속에 들어있는 두 편 글의 편명이다. 그러나 『중용』은 宋代에 이르러 性理學의 勃興과 더불어 『중용』의 眞價가 本格的으로 나타나게 된 것이다. 특히 程伊川은 『중용』을 孔門의 心法을 전한 것이라 하여 그 진가를 높이 평가하여 소중시했으며 兄인 明道와 같이 『중용』의 내용에 대한 진지한 연구를 했다. 朱子가 이 두 사람의 학설을 繼承發展시켜 南宋 孝宗 淳熙 年間에 이르러서 〈禮記〉 中 『대학』과 『중용』 두 편을 중요시하여 『禮記』에서 빼어 내어 各各 단행본으로 獨立시켜 『論語』 『孟子』와 더불어 四書라 했고 『中庸章句』 『中庸或問』 등을 著述하여 『중용』의 奧妙한 뜻을 究明했다. 중용이 사서로 된 후부터 儒家에 있어서 가장 哲學的 思想이 많이 담겨 있는 것으로 높이 평가하게 되었다. 생각건대『대학』은 인간의 精神을 外에서 內로 즉 객관에서부터 主觀으로 돌아오는 시작을 설명하는 儒家政治哲學을 말한 것이라면『중용』은 內에서부터 시작하여 外로 표현되는 과정을 말하는 儒家의 哲學思想이요 原論이라 볼 수 있다. 그래서 首章에 '天命之謂性'이라는 말부터 시작하여『중용』三十三章에 "上天之載 無聲無臭至矣"라는 말로 끝을 맺고 있다. 하늘로부터 시작하여 하늘로 결론을 맺는 것이다. 다음으로『중용』저작자에 대한 고찰을 해보기로 하겠다.

이에 대해서는 종래에는 孔子의 孫子 子思가 道學의 그 傳統을 잃어버릴까 우려하여 저작한 것으로 믿어 왔다. 그러나 子思 一人의 저작이라고 하는 종래의 설과 秦漢間 無名氏의 저작이라는 설에 대해서 第三 見解의 절충설이 있으니『중용』은 자사에 의해서 그 底本이 성립되어서 門流에 의해서 완성된 것이라는 설이다.『중용』의 諸文章을 通觀해 본다면 공자의 말을 인용한 구절이 많이 나오고 또한『중용』著者의 말의 區分이 分明한데가 많은 것을 미루어 보아서 마지막 설이 가장 妥當性이 있다고 보겠다. 그러나『중용』의 저자가 누구인가에는 구애 없이 儒家思想의 정수가 담겼고 가장 含蓄性있는 哲學的인 理論이 잘 전개되어 있고 條理가 정연하게 짜여 있는 寶典인 것임에는 異論이 없다.

儒家經典에 있어서『論語』『孟子』는 경험적 사실을 말하고 있는데 反하여『大學』『中庸』은 철학적 이론적 사상을 具顯한 것이라 하겠다. 그러나『大學』은 유가사상의 전반적인 개설이라면『中庸』은 유가사상에 있어서 가장 근본적인 철학사상과 이론적인 체계를 전개한 것이다.

중용연구에서 費隱章을 중심으로 한 所以는『霞谷集』에

> "『중용』한편의 추명 한 것은 다만 비은미현을 가리키고 있을 뿐이다."
> '中庸一篇之所推明 只是費隱微顯之 指耳'(霞谷集 中庸解)'

라 하여 『中庸』一篇이 費와 隱으로 推明됨을 살폈고 또한 『栗谷全書』聖學輯要에 聖賢의 말씀이 或橫으로 하고 或縱으로 하였으되 다만 一端만을 말씀한 것이 있으니 이제 體와 用을 總擧한 것을 취하여 首篇을 삼는다고 序說하였다. (統說 第一) 또 費隱章에 대하여는 특별히 주석을 加하였고 性理學의 所以然과 所當然의 骨子가 여기에 있다고 하였다. 이것은 費隱章이 『中庸』에 있어서 가장 哲學的 思想을 集約하고 있다는 所以라 하겠다. 그래서 費와 隱을 究明함으로서 『중용』전체를 보고 儒家 思想의 方向을 내다보려는 것이 筆者가 본 연구를 시도하게 된 취지이다.

다음으로 本 論文을 전개하고자 하는 것은 形而上學的 分野에서 費와 隱을 形而上 形而下로 나누어 本體와 作用으로서 費와 隱의 關係를 究明하고 認識的 分野에서는 認識의 對象과 主體로서의 費와 隱의 認識論的 關係를 살펴보고 다음으로 存在論的 理解에서 費와 隱을 人間存在와 存在一般을 고찰하려 한다. 그리하여 『중용』의 현대적 의의를 음미하고자 한다.

Ⅱ. 本 論

1. 費隱의 形而上學的 構造

第一節. 費隱의 槪念

『中庸』十二章에 「君子의 道는 費하되 隱하나니라.」는 말이 있다. 朱子가 말하기를 費는 用의 廣이요 隱은 體의 微라(中庸十二章註) 말했다. 雲峯湖氏는 말하기를 費字 當依費用之費라 하여 費用의 費로 보았고 「說文」에는 散財用也라 하여 費用의 費로서 財物을 흩어서 쓴다는 것으로 보았지만 隱字에 對해서는 言及치 아니했다. 이에 隱에 對하여는 體之微의 體로 보았다고 하겠다.

四書白話 解說에는 費는 廣大한 것이라 했고[1] 茶山(韓儒, 實學者 李朝 英祖 때 사람)全書에는 費는 흩어져 있으면서 큰 것이며 隱은 닫혀져 있어서 隱微한 것이라[2] 하여 散과 閟로 보았으며 또 鄭霞谷(韓國 陽明學者)은 費를 文之著라 하며 博之所在라 하고 隱은 體之微요 約之所存이라 하여[3] 博文約禮로 보아 所在와 所存으로 內容과 外在로 보았다. 栗谷(韓儒, 李朝 中宗 때 사람)은 말하기를 費는 所當然이고 隱은 所以然이라 했다.[4] 上記 諸說은 表現은 다르지만 크게 말하여 體와 用으로 說明한 것이다. 이것은 朱子가 說한바 費는 用之廣이요 隱은 體之微라고 하는 體容論의 範疇라고 하겠다.

그러나 鄭玄은 말하기를 費字는 釋文에 依하면 拂字와 같은 音이고 佹字와 같은 뜻이라고 하여 違戾의 뜻으로 보았으며 隱字는 숨는 것, 隱退하는 것으로 보았다. 이 說에 對해서 孔穎達은 疏하여 君子가 混亂한 世代를 만나 道德이 어기어지면 隱居하여 벼슬을 하지 않고 만약에 道가 어긋나지 않으면 마땅히 벼슬자리에 나아간다[5] 하였으니 世上의

---

1) 金敬琢著 『中庸研究(費隱章)』 參照
2) 『與猶堂全書』 「經集」 二卷 p.16 "費者, 散而大也, 隱者, 閟而微也"
3) "費而隱 卽 下文微顯之說之指也 費者 文之著也 博文所在也 隱者 體之微也 約文所存也 是皆理之實也"
4) 『栗谷全集』「聖學輯要」卷之三 p.454 "臣答曰 中庸曰 君子之道 費而隱 朱子釋之曰 費用之廣也 隱體之微也 理之散在事物 其所當然者 在父爲慈 在子爲孝 在君爲義 在臣爲忠之類 所謂費也 用也 其所以然者 則至隱存焉 是其體也"
5) 鄭玄 : 費字 釋文 古本 拂字 同音 佹字 同音

道理가 行하여질 때는 나아가 出世하여 벼슬을 하고 無道한 社會에서는 隱居한다는 뜻으로 본 것이다.

鄭玄은 漢代人으로서 政治的이요 論理的인 見地에서 費와 隱을 보았는데 反하여 朱子는 宋代 性理學의 立場에서의 哲學的 見解라 하겠다. 그러므로 朱子는 論理的으로 形而上學的 體系를 形成하였던 것이다.

第二節. 形而上 形而下로써 費와 隱

전단에서 費는 用之廣으로서 現象이요 隱은 體之微로서 本體라는 것을 알았다. 다음으로 論究하고자 함은 形而上 形而下의 의미상 내용을 구명하여 費와 隱의 뜻을 천명하기로 하겠다.

형이상학은 西洋에서는 存在一般의 窮極的인 根據를 연구하는 학문을 「Metaphysik」이라는 말로 형이상학이라 번역하게 된 것은 東洋思想의 古來로 "형이상학자를 도라 하고 형이하자를 기라" '形而上者 謂之道 形而下者 謂之器'(周易 繫辭, 上傳)고 한데서 緣由한다.

Aristoteles의 第一哲學인 Meta physik는 phusika에 對하는 말로 넓은 의미로서의 物理學 다시 말하면 自然科學 一般이라는 개념에 대립하여 Metaphysik라 한 것이다.[6] 즉 Metaphysik는 형체가 없는 것으로 우리가 식별하기 어려운 超經驗的인 것을 말하지만 phusika는 形體를 갖추고 있는 현상으로서 經驗할 수 있는 自然科學의 一般을 뜻하는 것이다. 다시 말하면 Metaphusik는 形而上者이고 「phusika」는 形而下者라 하겠다. 그러므로 형이상학의 形而上은 形而下에 對立되는 말로 사용된 것이다.

---

[6] 朴鍾鴻著 『哲學槪論』 p.211 參照

동양에 있어서 形而上 形而下에 대하여 고찰해 본다면 朱子는 말하기를 "형이상자는 볼 수도 들을 수도 없는 것" '形而上者 非視聽所及'이라7) 하였으니 形而上은 視覺과 聽覺이 미치지 않는 것으로서 經驗以上의 것 즉 超經驗的인 것이라 하여 形而下는 費가 되고 形而上은 隱이 된다8)라고 하였다.

『周易』繫辭 上傳에 形而上者 謂之道 形而下者 謂之器라는 말에서 道는 우리의 五官으로 감지할 수 없는 超經驗的 存在로서 體之微라 할 수 있으므로 隱이고 器는 形體를 갖추고 우리가 直視할 수 있는 현상임으로 用之廣으로서 費이다.

新安陳氏는 말하기를

"이 도가 광대하게 작용하는 것은 뚜렷하여 볼 수 있으나 그 작용 가운데 있는 본체는 은미하여 볼 수 없는 것" '斯道廣大之用 昭著於可見이 其體於用之中者則 隱微而不可見'(中庸十二章註)

라 하여 昭著於可見을 費라 하고 隱微而不可見을 隱이라9) 하였다.

朱子는 太極圖說에서 太極은 형이상의 도요 음양은 형이하의 기10)라 하였으니 太極은 形而上으로서 隱이요 陰陽은 形而下로서 費가 된다 하여 史氏伯璿氏는 말하기를 所以然은 태극의 본체요 태극은 음양에서 不離이면서 또한 음양에서 不雜이다. 費인 즉 陰陽에서 不離하는

---

7) 『中庸』十二章 註 "朱子曰 形而下者甚廣 形而上者 實行乎其用而無物不九 無處不有 故曰 費就其中 形而上者 有非視聽所及 故曰 隱"
8) 『中庸』十二章 註 "或說 形而下者爲費 形而上者爲隱"
9) 『中庸』十二章 註
10) 『聖學輯要』卷之三 p.2 "朱子曰 太極之有動靜 是天命之流行也 蓋太極者 本然之妙也 動靜者 所乘之機也 太極形而上之道也 陰陽形而下之器也"

太極이고 隱인 즉 陰陽에서 不雜하는 太極11)이라 하였으니 太極은 形而上으로서 隱이요 陰陽은 形而下로서 費가 된다고 하겠다.

栗谷은 말하기를

"이가 사물에 산재 하여 소 당연 하게 된 것은 비요용이다. 소이연은 그것에 지극히 은미하게 존재 하고 있으니 이것을 체라 한다." '理之散在 事物 其所當然者 費也用也 其所以然者則 至隱存焉 是其體也'12)

라 하였으니 所以然者를 隱이라 하고 所當然者를 費라고 하였다. 性理學에서 所以然은 理也, 體也라 하고 所當然은 氣也, 用也라 하였으니 隱은 理요 費는 氣라고 할 수 있다.

여기에서 우리는 대극은 理요 음양은 氣가 되는 것을 알 수 있다. 그러므로 理는 形而上으로서 隱이요 氣는 形而下로서 費라 하겠다.

상기에서와 같이 形而上은 形體以上의 것, 超經驗的인 絶對者로서 本體이다. 그래서 隱이라 하겠고 形而下는 우리가 經驗할 수 있는 現象界에 산재해 있으므로 우리의 오관으로 감지할 수 있는 것을 費라고 했다. 그러면 다음으로 費와 隱의 관계를 구명함으로서 形而上 形而下의 관계를 드러내고자 한다.

第三節. 費와 隱의 形而上學的 關係

費는 현상이며 경험할 수 있는 用之廣으로서 形而下이고 隱은 超經

---

11) 『中庸大全』「上卷」 p.51 "所以然是太極之本體 太極不離乎陰陽而 亦不雜乎陰陽 費卽不雜乎陰陽之太極 隱卽不離乎陰陽之太極"
12) 『栗谷全書』「聖學輯要」 卷之三 "理之散在事物 其所當然者 在父爲慈 在子爲孝 在君爲義 在臣爲忠之類 所謂費也 用也 其所以然者則 至隱存焉 是其體也"

驗으로서 本體이며 體之微로서 形而上이고 隱에 해당된다는 것을 諸學說을 通하여 알았다. 다음으로 費와 隱의 關係를 논리적인 分析을 하여 形而上學的인 면을 구명하고자 한다.

『中庸』 十二章에 "군자의 도는 비하고 은하니라" '君子之道 費而隱'라는 말이 있다. 費而隱이라는 三字에 있어서 費와 隱의 두 개념의 관계를 매개하는 것이 "而"字이다. 如何히 두 개념을 매개하느냐에 따라서 一元論 또는 二元論이 될 수 있다. 이와 같은 것을 중심하여 諸說을 살펴보기로 하겠다.

朱子는 道는 體와 用을 겸비하고 있는데 이것은 費와 隱에 해당되는 말로서 費는 道의 用이요 隱은 道의 所以然으로서 시각으로는 볼 수 없는 것이라 하여 "도는 체 와 용을 함께 하여 비 와 은에 해당 된다는 말 이다. 비 는 도의 작용이요 은 은 도의 그렇게 되는 근거로서 육안으로 볼 수 없는 곳이다." '道者 兼體用 該費隱而言也 費道之用 隱是道之所以然而不見處'[13]라 함은 體라고 말하지 않고 所以然이라고 말한데 注意하여야 한다. 다시 말하면 體와 用을 費隱으로 보는 것이지만 그 體가 獨立된 體로서 用과 떠나 있다는 것이 아닌 뜻에서 所以然이라 하여 用을 用 되게끔 하는 근거로서 體라는 뜻이다. 다시 말하면 用을 통해서 體를 말할 수 있다는 뜻이다.

費와 隱은 항상 독립해서 떨어져 있는 것이 아니라 언제나 費 가운데 默具해 있는 것이다. 따라서 費 밖에 별도로 있다고 말하면 이미 隱이라 할 수 없다.[14]고 하여 潛室陳氏는 말하기를 費而隱이라는 것은 費 가운데 隱이 있는 것이지 費 밖에 별개로 隱이 있지 않다[15]라고 하였으며

---

13) 『中庸』 十二章 註
14) 『中庸或問』 p.40 "獨與費而隱 常然見乎其中 若○費外別而可言則 已不得爲隱矣"

新安陳氏는 말하기를 道의 用은 廣多하고 大하기 때문에 昭著하여 우리가 볼 수 있으나 道의 體는 用 가운데 所藏하여 있기 때문에 隱微하여 볼 수 없다16)라고 하였으니 隱이 用 中에 소장하여 있다는 말은 費와 隱의 개념이 다르지만 分離하여 있다고 보아서는 안 된다는 뜻이다. 나타나는 面인 費와 나타나게 하는 所以然之妙인 隱은 二元的으로 대립 개념이지만 實은 一元化한다는 面을 찾아볼 수 있다. 二元的이 아니라는 것을 알 수 있다. 이것이 史氏가 말하는 不離이며 不雜이다.17) 이에 對해서 朱子는

"형이하자는 매우 넓으나 형이상자는 그사이에 실행하여 사물에 갖추어 있지 않음이 없고 있지 않은 곳이 없다." '形而下者 甚廣 形而上者 實行乎其間 無物不具 無處不有'18)

라 하였다. 여기서 注意하여야 할 것은 實行乎其間이다. 形而上者가 形而下者 가운데 實行한다 하였으니 二元的이 아니라는 것을 알 수 있다. 그래서 不離이며 不雜이라고 할 수 있다. 또한 현상으로서 費인 形而下는 형체를 갖추고 있는 事象的인 것을 의미하지만 隱은 本體의 실체가 있다고 함이 아니라 所以然의理를 지칭하여 體라고 한다는 것을 理解하여야 할 줄 안다. 理임으로 無形이고 無影이다. 이 같은 뜻에서 形而上을 意味하고 있다고 보겠다. 그래서 黃氏洵饒氏는 말하기를 費而隱

---

15) 『中庸』 十二章 註 "謂之費而隱者 費中有隱 非費之外別有隱也"
16) 『中庸』 十二章 註 "斯道廣大之用 昭著 於可見而其體藏於用之中者則 隱微而不可見"
17) 『中庸大全』 「上卷」 p.51 "太極不離乎陰陽而 亦不離乎陰陽 費卽不離乎陰陽之太極 隱卽不離乎陰陽之太極"
18) 『中庸』 十二章 註 "形而下者爲費 形而上者甚廣 形而上者 實行乎其間而 無物不具 無處不有 故曰 費就其中 形而上者 有非視聽所及 故曰 隱"

은 用으로 말미암아 體를 볼 수 있다 하여 因用以見體[19]라 하였으니 이 같은 形而下의 現象을 通하여서만이 形而上을 알 수 있고 現象을 現象이게끔 한 것을 所以然의理라 한다면 所以然 없이 所當然으로서 現象이 나올 수 없다는 것을 斷定할 수 있다. 이 같이 認識에 있어서는 現象을 通해서 所以然之本體를 알 수 있다고 하겠지만 그것이 形成되는 과정에서 말할 때는 本體에서 現象이 나왔다고 말 아니 할 수 없다. 이런 뜻에서 中庸 首章에 원리적인 면에서 由體以推用을 말하게 된 것이다. 天命之謂性 率性之謂道 修道之謂敎라 한 것이 그것이다.

雙峰饒氏는 다시 말하여 『中庸』 首章은 本體로 말미암아 用을 推明하는 故로 先中而後和라 했고 中庸 十二章은 用으로 말미암아 本體를 推明하는 故로 先費而後隱이라[20] 한 것은 喜怒哀樂이 발현되지 아니한 상태를 中이라 하고 발현되어서 가점도 에 맞는 것을 和라[21] 한 것에 對해서 "체로 말미암아 용을 이루어 알 수 있다." '因體以推用'로 이것은 隱으로 말미암아 費를 推明함으로 超越說이라 하겠지만 隱은 費를 通하여 隱 됨을 알 수 있다.

그러나 『中庸』 十二章에 君子之道 費而隱은 由用以推體인 故로 이것은 현상의 경험을 통한 費로 말미암아 본체의 所以然의理를 推明하는 것이기 때문에 현상으로부터 본체에 환원한 것으로서 一元化의 면을 찾아 볼 수 있다. 그래서 "君子의 道는 費하되 隱하나니라"고 解釋했다. 그런데 退溪는 費而隱을 해석하기를 "費하고 隱하니라 又曰 費호딕 隱하니라"(退溪全書下)고 하였다. 여기서 費하고 隱하니라고 해

---

19) 『中庸或問』 一邊考.
20) 『中庸』 十二章 註.
21) 『中庸』 首章.

석함은 用之廣인 費와 體之微인 두 개념을 不離케 하여 二元的인 설명을 하는 동시에 費하되 隱하니라고 해석한 것은 體와 用의 두 개념에서 用 속에 體가 內在한 것이라고 하는 朱子 說을 따라서 해석한 것으로 內在說로서 一元化의 面을 찾아 볼 수 있다. 다시 말하면 退溪는 費而隱을 二元論으로도 보고 또한 一元論으로도 본 것이다. 이에 대하여 栗谷의 解釋 見解를 살펴본다면 中庸 栗谷先生 諺解에 '費코 隱하니라'고 해석을 했다. 여기서 費而隱의 而字의 해석을 살펴본다면 '極高明而道中庸'의 而字와 같은 것인데도 '極高明하고 道中庸'이라고 해석했다. '費코 隱하니라'하였으니「코」는「하고」라고 말하면 費와 隱의 獨立한 두 槪念을 生覺하게 될 것 같아서「하고」를 압축시켜「코」를 붙였다고 본다. 여기서 栗谷은 形而下인 費와 形而上인 隱을 一元化하고 있는 것을 찾아 볼 수 있다. 다시 말하면 코와 하고는 國語學上으로 말하면 같은 말에서 준한 것이라 하겠지만 費隱에 對하여서만 코라고 한 것은 거기에 의미가 있다고 생각한다. 두 槪念이 集約하여 하나로 보아야 한다는 奌을 注意하고 있는 것이다. 그리하여 費隱章에서 演繹되는 "솔개는 날아 하늘에 이르는데, 물고기는 연못에 뛰논다." '鳶飛戾天 魚躍于淵'을 가장 愛用句로 항상 사용한 金剛山 入山時에 道僧과 대화 속에 鳶魚句가 活潑하게 應用되며 이것은 鳶魚를 떠난 道體로 "요긴하고 생동감이 넘치는 곳이다." '喫緊活潑潑地'라고 強調한 것이다.

『中庸』首章에 말하기를 '天命之謂性 率性之謂道'라고 했다. 여기서 性에 따르는 것이 道라 함은 인간뿐만 아니라 천지만물에게도 있는 自性이라 하겠다. 이 자성은 天에서 부여한 자성으로 자연 이라고도 하겠다. 그래서 雲峰胡氏는 率性의道는 費로서 用之廣이요 天命의性은 隱으로서 體之微라 하여 隱인 즉 費 가운데 있다[22]고 말했고 또 三山陳氏는 말하기를 一物이 있으면 반드시 一理가 있다. 이미 그러함이 있으면 반드시 所以然이 있다. 솔개는 하늘에 날지 연못에 있을 수 없고 고기는 연못에서 놀지 하늘에 날 수 없다. 이와 같은 것은 用이라고 한다. 이미 그러함은 반드시 그렇게 되는 까닭이 있으니 이것을 體가 된다. 그러나 그 體의 隱은 처음부터 用의 昭著함에서 分離된 것이 아니다23)라고 하였으니 形而上인 隱은 形而下인 費의 現象에서 不離이므로 內在論으로 一元化하는 面을 찾아볼 수 있다. 그래서 潛室陳氏는 말하기를 體의 隱은 費 가운데 있다. 그래서 隱은 말하지 않으며 費의 외(外)부에 별도로 있는 것이 아니다. 隱인 體와 費인 用이 한 근원일 뿐만 아니라 나타나는 費와 隱微한 隱과의 사이가 없다24)고 하였다. 이 같이 人生의 모든 現象에 現顯되는 모든 秩序 즉 道의 用과 그 현상에 內存하여 질서되게 하는 所以然인 즉 道의 體이다. 다시 말하면 현상에 나타나는 질서는 空間的으로 無窮되고 時間的으로는 영원이라고 할 수 있기 때문에 廣多하고 크며 현상 가운데 內在하고 있는 所以然의理인 隱은 視覺 聽覺으로 感知할 수 없기 때문에 隱微하여 보이지 않는다. 따라서 廣大하고 無所不存 無物不具인 用은 現象界에 昭著되므로 形而下라 하겠고 隱微하고 볼 수없는 所以然의理는 用에 잠겨 形體 以外의 것이므로 形而上이라 하겠다.

다음으로 周濂溪의 『太極圖說』의 費隱의 關係를 考察해 보기로 하겠다. 前段에서 太極은 形而上이고 陰陽은 形而下라는 것을 알았다. 여기에서 史氏伯璿는 말하기를 所以然은 太極의 本體요 太極은 陰陽을

---

22) 『中庸』 十二章 註
23) 『中庸』 十二章 註
24) 『中庸』 十二章 註

떠나지 않으면서 또한 陰陽에서 雜하지 아니한다. 費는 陰陽이 太極에 있어서 떠나지 아니한 것이며 隱은 陰陽이 太極에서 雜하지 아니한 것이다. 不雜者 卽 隱은 不離者 卽 費의 所以然이 된다. 당초부터 둘로 된 것이 아니라[25]고 하였다. 太極과 陰陽의 相互關係에 있어서 不離이면서 不雜의 關係에 있다. 不離라고 하면 內在說이고 費와 隱이 一元論이 될 것이요 不雜이라고 말한다면 超越說로서 費와 隱이 二元論이 될 것이다. 그러나 不離이며 同時에 不雜이므로 一元論이라고도 볼 수 없고 二元論이라고도 볼 수 없다. 그래서 一元論이면서 二元論이라고 할 수 있을 것이다. 여기에서 太極은 本體로서 理요 陰陽은 氣라는 것을 앞서 說明했다. 그러므로 理는 陰이요 氣는 費라고 할 수 있다. 理氣의 關係에 있어서 考察해 본다면 栗谷은 말하기를 理가 아니면 氣가 根抵할 바가 없고 氣가 아니면 理가 依着할 바가 없다. 이미 二物이 아니면서 또한 一物이 아니라 한다. 一物이 아니므로 一이면서 二다. 二物이 아니므로 二면서 一이다. 一物이 아니라 한 것은 무엇을 말함인가? 理와 氣가 비록 떠날 수 없다 할지라도 妙合한 가운데 理는 스스로 理이고 理로부터 氣는 스스로 氣가 되어 自體의 槪念을 挾雜하지 아니한 것이다. 또 二物이 아니라 하는 것은 무엇을 말함이뇨! 비록 理는 스스로 理이고 氣는 스스로 氣라 할지라도 渾淪하여 사이가 없으며 먼저와 나중이 없으며 離와 合이 없으므로 二物이 되는 것을 보지 못하는 故로 二物이 아니라고 하였다.[26]

여기에서 費로서 氣와 隱으로서 理의 관계를 살펴본다면 理와 氣는 不離를 말하면서 同時에 不雜을 말한 것이다.

---

25) 『中庸大全』「上卷」 p.51
26) 『栗谷全書』 卷之十

性理學의 要領이 不雜과 不離의 관계를 이해하는데 要緊處가 있다고도 하였다. 그래서 理와 氣는 一元論이면서 二元論이라고 볼 수 있다. 위의 말을 綜合해 본다면 費는 氣요 陰陽으로서 形而下이고 隱은 理요 太極으로서 形而上이라 하겠다. 여기서 費와 隱은 一元이면서 二元論이라 할 수 있다.

또 宋龜峰은 말하기를 한 物件도 있지 않을 때 먼저 太極의理가 있습니까? 萬物이 생겨난 뒤에 이어서 太極의 理致가 있는 것입니까? 라고 물음에 對하여 答하기를, 一物이 있었는 後에 비로소 太極之理가 없다고 하면 物件이 能히 物件 될 수 없다고 하였다. 이것은 認識의 問題에서는 현상으로부터 시작한다고 말할 수 있고 사물 자체의 입장에서 보면 生成의 처리가 없이는 물건이 생성될 수 없다고 말한 것이다.[27] 그러므로 問題는 사물의 인식에 있어서는 인식의 對象을 떠나서 認識의 主體가 발휘될 수 없다는 문제를 말한 것이라 할 수 있다. 다음은 認識論的 입장에서 費隱을 고찰하고자 한다.

2. 費隱의 認識論的 考察

第一節. 認識의 對象과 主體로서 費와 隱

萬物이 생겨나기 前에 萬物이 생길 수 있는 太極의理가 없다고 하면 物이 物 되어 날 수 없다고 하겠지만 그러나 物件이 있는 後에 經驗함으로서 비로서 太極의理를 알 수 있다고 宋龜峰은 말한다. 有物之後 始知太極이라 할 때 太極의理를 안다는 知의 문제, 다시 말하여 眞理의

---

27) 『宋龜峰集』 卷之三 太極問

인식의 문제가 제기하는 것이라 하겠다.

　전 장에서 形而上學的 理(太極)를 현상과의 관계에서 논술하였거니와 본 장에서는 認識의 領域에서 認識의 主體인 內와 認識의 對象인 外를 문제로 삼는 만큼 形而上 形而下의 費隱關係가 內와 外의 費隱關係로 전환하여 논구하려 한다.

　『中庸』二十五章에 말하기를

"성은 스스로 자기만을 이룰 뿐이 아니요, 남을 이루어주니 자기를 이룸은 인이요, 남을 이루어 줌은 지이다. 이는 성의 덕이니 내외를 합한 도이다." '誠者 非自成己而已也 所以成物也 成己仁也 成物知也 性之德也 合內外之道也'

라 하여 己(主)와 物(客)을 主體와 客體로 대응시켜 一元化하는 合內外의 道를 설명하고 있다. 또 "성실하지 않으면 사물이 없게 된다." '不誠無物'(中庸二十五章)이라 하여 인식 주체의 의식의 세계와 대상적 경험의 세계를 誠과 物로 나누어 의식의 세계가 경험의 대상에까지 들어가 경험되는 事物이 의식의 성질과 관계있음을 논술하여 不誠이면 無物이라 하였다. 이것은 思惟와 經驗에 있어서 그 관계를 설명하는 인식의 문제라고 아니 할 수 없다.

　그리고 『中庸』二十七章에 말하기를 "군자는 덕성을 높이고 학문을 말미암는다." '君子 尊德性而道問學'라 하였으니 尊德性은 人間의 先天的 理性으로서 先驗知를 말함이요 道問學은 後天的 經驗의 事實을 말함이다. 이 양자의 관계를 "而" 字에서 관계시키고 있다. 이것이 다름 아닌 認識의 主體와 經驗的 對象을 대치하여 설명하는 認識의 起源에 관한 문제를 설명하는 것이라 하겠으며 尊德性을 存心으로 內的인 意識

界의 經驗되지 않는 隱微한 세계로 보고 道問學을 경험되는 감각세계에서 사물의 무수한 費顯으로 설명한다.

鄭霞谷은 말하기를 "비이은은 곧 다음 글 미현의 설명을 가리키는 것이다." '費而隱 卽 下文微顯之說之指也'라[28] 하여 費와 隱의 關係를 中庸十六章 下文에 있는 "은미한 것이 들어 나니, 성의 가리울 수 없음이 이와 같구나." '夫微之顯 誠之不可揜 如此夫' 한 것과 相應關係에 있다고 설명한다. 微顯의 微는 誠實性의 主體를 이름이요 微顯의 顯은 誠實性이 客觀化하는 경험적 개체를 말함이다. 그러므로 主體의 先天性을 隱으로 보고 客觀的 經驗界를 費로 對應하여 설명하는 것이라고 보겠다.

君子之道 費而隱이라(中庸十二章) 할 때 君子의道가 費而隱이다. 다시 말하여 費而隱이라 함은 다름 아닌 君子의道를 설명한 것이다. 君子의道에 있어 君子는 人間의 主體를 말함이요, 道라 함은 客觀的 진리를 말함이다. 진리를 막연하게 설명하는 것이 아니라 인간과의 관계에서 설명하고 있음을 주의해야 한다.

『中庸』二十七章에 있어서도 君子 尊德性 道問學이라 하여 君子가 머리에 나와 있다. 인간과의 관계에 있어서 論한 것인 만큼 단순한 形而上學的 論理構造가 아니라 眞理認識에 관한 성격을 내포하고 있음을 알 수 있다. 사람이 진리를 말할 수 있고 그 진리가 진리로서 타당하고 진리를 채득하는 것이 문제라고 하면 이 같은 문제를 집약해서 제기한 것이 君子之道 費而隱이라고 하는 文章에 있어서 君子之道는 Subject에 해당하고 費而隱은 predicate에 해당한다. is에 해당하는 계사는 생략된 것이다. S is P라 할 때 S에 해당되는 부분이 君子之道이요 그것

---

28) 『霞谷集』 七卷 中庸雜○

이 문제를 제기하는 Subject matter이고 P에 해당하는 부분이 費而隱으로서 S의 屬性을 설명하는 P의 語句이다. 그러므로 君子의道를 主語로 제시할 때에 문제를 제기하고 있다. 다시 말하여 君子의 道에 있어서 君子와 道는 진리와 인간의 관계를 말함이요 君子는 小人과 구별하여 참 사람을 의미한다.

　道는 fales가 아니고 truth를 의미한다. 君子로서 true man의 truth와 道로서 truth에 있어서 true와 truth를 前提하고 있으므로 fales가 아닌 상태를 말함이요 矛盾이 排除된 타당성을 전개한 것이다.

　보통 진리라고 하는 말은 일반적으로 해석해서 우리가 主觀的으로 생각한 것이 客觀的 事實과 부합하는 것을 말한다. 다시 말해서 主觀的 世界와 客觀的 世界와의 一元化의 문제로서 진리를 채득하는 문제가 重要하다고 한다면 이것을 문제로 제기한 것이 君子의道로서 君子와 道가 一元化되는 문제를 전제하고 있다고 하겠다.

　認識論에 있어서 眞理가 眞理로서 그 구실을 하기 위하여는 그 기준이 어디다 두고 말한 것이냐! 하는 진리기준에 대한 문제, 다시 말하면 어떻게 해서 眞理라고 말할 수 있느냐 하는 眞理의 槪念이 문제이며 우리가 무엇을 認識할 때에 그 認識作用에 있어 감각이나 지각에다가 근거를 둔 經驗에 의하여 認識되느냐 先天的 理性을 基本으로 한 意識이나 思惟에 의하여 認識이 가능하다고 보는 학설이 있다. 이와 같이 인식의 문제는 참을 앎에 있어 經驗에서 由來하는 것인가? 그렇지 않으면 思惟作用에 由來하는 것인가? 하는 認識의 起源의 問題가 있다.

　그리하여 眞理가 무엇인가? 眞理를 말할 수 있는 基準이 무엇인가? 할 때에 眞理의 槪念을 認識의 起源의 問題로 옮겨서 생각할 수 있다. 그리하여 그 眞理의 確實性 또는 妥當性을 검정하는 문제가 있게 된다.

다시 말하면 眞理의 槪念 認識의 起源 認識의 妥當性 등이 中心問題라 한다면 이와 같은 면에서 中庸에 있어서 認識理論에 관한 분야를 費隱을 中心으로 해서 고찰하고자 한다.

『中庸』에서 眞理라고 하는 개념을 말한다면 道의 개념이 되겠다. 그 道는 費而隱이라 하여 認識 主觀으로서의 隱과 認識 對象으로서의 費와 그 關係에 있어 "而"字가 그 구실을 한다. 그러나 學者에 따라서 費의 입장에서 隱을 설명하는 경우도 있고 隱의 입장에서 費를 설명하는 경우도 있다. 費隱의 二元的 調和를 시도하는 학설도 있다. 그러나 中庸의 原本에 依하면 그렇게 단순하게 일면에서만을 표현하고 있지는 않다. 諸 學說에 통하는 근원의 문제와 또 보기에 따라서 여러 가지 面으로 고찰할 수 있는 가능성을 내포하고 있다.

『中庸』第一章에 "하늘이 명하는 것을 성이라 이르고, 성을 따름을 도라 이르고, 도를 품절해 놓음을 교라 이른다." '天命之謂性 率性之謂道 修道之謂教'라 하여 天과 性과 道와 教가 나온다. 이와 같은 天, 性, 道, 教는 性質에 있어서 지극히 추사적 이요 그 起源에 있어서 보면 先天的 必然性을 설명하는 것 같다. 眞理의 妥當 與否를 말할 때에는 天命之謂性의 人性이 누구에게나 같은 것으로서 주어졌다고 하는 보편성에서 설명한다고 하겠다. 이렇게 보면 극히 主觀의 合理論的 立場에서 具體的 經驗性을 소홀히 하는 것 같이 보인다. 그리하여 학자에 따라서는 實在論的인 면을 부정하고 人間의 理性에다가 근거를 두어 觀念의 必然性과 明析性을 強調하는 觀念論者도 있다. 例컨대 陸象山과 王陽明의 학설이 이에 준한다. 이와는 反對되는 학설을 제기하는 이도 있다. 중용원본에 의하면 "도 란 것은 잠시도 떠날 수 없는 것이니, 떠날 수 있으면 도가 아니다." '道也者 不可須臾離也 可離非道也'라 하였으니

道가 나와 現實에서 잠시도 떠나 있지 않으므로 萬若에 抽象的으로 떠나 있다면 道가 아니라고 하였다. 可離면 非道也라 하였으니 이 면을 강조하고 보면 구체적 경험을 근거로 한 客觀的 實在論이라 아니할 수 없다. 이와 같이 經驗的 實在를 강조한 학자로서는, 고대에 있어서 荀子라든가 宋代 張橫渠라든가 韓國의 徐花潭 같은 철학자는 實在論者라 할 수 있다. 그런가하면 "기뻐하고 노하고 슬프고, 즐거워하는 정이 발하지 않는 것을 중이라 이르고, 발하여 모두 절도에 맞는 것을 화라 이르니, 중이라는 것은 천하의 큰 근본이요, 화라는 것은 천하의 공통된 도이다.

> "기뻐하고 노하고 슬퍼하고 즐거워하는 정이 발하지 않은 것을 중이라 이르고, 발하여 모두 절도에 맞는 것을 화라 이르니, 중이라는 것은 천하의 큰 근본이요, 화라는 것은 천하의 공통된 도이다." '喜怒哀樂은 未發 謂之中 發而皆中節 謂之和 中也者 天下之大本也 和也者 天下之達道也'[29]

라 하여 主觀에 있어서 中과 客体에 있어서 和를 말하고

> "중과 화를 지극히 하면 천지가 제자리를 편안히 하고 만물이 잘 생육될 것이다." '致中和 天地位焉 萬物育焉'[30]

이라 하여 致中和 다시 말해서 中和를 이루면 천지가 바로 되고 만물을 양육케 하는 것이라고 하였다. 여기서 致한다 함은 人間 主體 卽 君主가 하는 것이요 致中和는 內와 外가 致케 된다는 뜻이다. 致中和의 意

---

[29] 『中庸』第一章
[30] 『中庸』第一章

味는 君子之道 費而隱과 相應하는 말이라 하겠다.

中和와 費隱 關係를 보면 간단히 경험론의 입장에서 합리성을 부정한다던가 선천적 이성을 근본으로 한 합리성에서 경험성을 부정할 수 없다.

이에 대하여 雙峰饒氏는 말하기를

"수장은 본체로 말미암아 작용을 추론한 고로 먼저 중을 뒤에 화를 말했고 이장은 작용으로 말미암아 본체를 추론한 고로, 먼저 비를 뒤에 은을 말한 것"'首章 由體以推用 故先中而後和 此章 由用以推體 故先 費而後隱'31)

이라 하였으니 여기서 此章이라 함은 費而隱을 말함이요 따라서 中和論은 中 卽 主體를 먼저 말하여 和의 用을 說한 것인데 反하여 費隱章은 費而隱으로서 用 卽 費를 먼저 말하고 隱의 體를 論한 것이라 하였다. 中和와 費隱은 상응하는 논리이며 體와 用이 互相關係에 있음을 설명한 것이라 하겠다.

程明道는 말하기를

"성을 논함에 기를 논하지 아니하면 갖추어지지 못한 것이 되고, 기를 논함에 성을 논하지 아니하면 밝혀지지 못한 것을 이원으로 살피면 옳지 않다." '論性不論氣不備 論氣不論性不明 二之則不是'32)

라 할 때에 性이라 함은 人間의 先天的 主體性이요 氣라고 함은 經驗的 實在性을 말한다. 二之則不是라 함은 經驗的 實在性을 말한다.

---
31) 『中庸』 十二章 註
32) 『二程遺書』 卷十

二之則不是라 함은 二元的으로 考察하면은 옳지 않다는 말이다. 主觀性을 말하고 客觀的 實在로서 氣를 論하지 않는 것은 完備한 理論이 아니요 氣를 論하지 않는 것은 완비한 이론이 아니요 氣를 論하고 性을 論하지 않는 것은 명석한 것이 아니라고 하였다.[33] 그러므로 一方的인 關係에서만 보지 않음을 알 수 있다. 일변도에 떨어짐을 경계하는 학설이다.

『中庸』二十五章에 말하기를

> "성은 스스로 자기만을 이룰 뿐만이 아니요 남을 이루어주니, 자기를 이룸은 인이요, 남을 이루어 줌은 지이다. 이는 성의 덕이니, 내외를 합하는 도이다." '誠者 非自成己而已也 所以成物也 成己仁也 成物知也 性之德也 合內外之道也'

라 함에 있어서 誠이라고 하는 것은 自己(主體)와 物(客體)를 함께 成한 것이요 內와 外를 合一하는 道라고 하였다. 그러므로 주관적으로도 타당하고 객관적 사실성하고도 契合한 道라 한 것이다. 眞理가 外界의 實在와 合한다고 할 때에 경험 과학에 있어서 단순한 경험적 사실로서 外界의 實在와 一致한다고 하는 뜻은 아니다. 誠은 感性을 排除한 理性만을 의미하는 것은 아니다. 의지의 결단이 들어 있는 참이다. 그러므로 誠은 靜寂이 아니요 動的이고 生的이다. 그래서 至誠은 無息이다[34]라고 말했다.

譚氏는 말하기를

---

33) 『二程遺書』 卷十 "生之謂性 性則氣 氣則性"
34) 『中庸』 二十六章 上文

"성의 본은 인 이 되고 성의 작용은 지 가된다. 성의 실리가 의지 하는 것을 덕 이라 하니, 성의 실리는 도 로 말미암아 이룰 수 있다." '誠之本 爲仁 誠之用 爲知 誠之實理 可據曰德 誠之實理 可由道'[35]

라 하였으니 誠의 本體가 仁이 되고 誠之用이 知가 된다고 하였다. 그러므로 誠之用으로서 이 知임으로 感性을 排除한 知가 아님을 알 수 있다. 理는 實體가 없는 抽象的인 槪念의 理가 아니다. 誠之實理라 했다. 이 道는 觀念的인 論理만의 道가 아니라 實理가 行하는 道이다. 外에서 行하는 것으로 말하면 道이고 內에서 얻어진 상태에서 말하면 德이라고 한 것이다. 誠은 君子의 內面性을 指稱함이요 道라 사물의 구체적 진상을 드러내는 實在의 道다. 그러므로 君子之道는 內와 外가 合한 것이요 主體(己)와 客體(物)가 함께 이룬 것이므로 이것을 다시 요약하여 말하면 君子之道 費而隱이다. 그러므로 君子의 道를 말할 때는 客觀的으로 보아서 事實性을 가진 것이요 主觀에 있어서는 普遍性을 가진 것이라 하겠다.

天命之謂性의 性은 自性인 同時에 萬人의 性이다. 그래서 古今知愚의 差異가 없다.[36] 그러므로 普遍性이라 하는 것이요 君子의 行하는 道가 禮이므로 여기에서는 秩序가 있고 是와 非가 구별되는 具體的 事實性이 있다. 이러므로 主觀에 있어서 Self Evident가 없다고 할 수 없으며 客觀에 있어서 Reality가 없다고 할 수 없다. 그러나 人間의 誠實性을 고찰하지 않고 단순히 외계의 사물을 받아들일 수 있다는 模寫說이라든가 對象의 客觀性을 主視하는 實在論과는 스스로 다르다고 하겠다. 따라서 感性이 아닌 理性의 힘으로서만 진리의 기준으로 삼아 本性

---

35) 『中庸』 二十五章 註
36) 『栗谷全集』 「擊蒙要訣」 立志章 "人生本善 無古今知愚之殊"

을 직접적으로 설명하려 하고 具體的 事實性, 個性, 歷史的 偶然性을 外面하려는 明証說과도 一致하는 것은 아니라 하겠다.[37]

『中庸』三十二章에 말하기를 "오직 천하에 지극히 성실한 분이어야 능히 천하의 대경을 경륜 한다." '唯天下至誠 爲能經綸天下之大經'라 하였으니 主觀的으로 誠實하여야만 能히 天下의 大經을 經綸할 수 있다고 하였으니 誠의 實理가 實道로 行할 때에 個人에 있어서는 禮行이 되며 社會的으로는 天下를 經綸하는 經世之道가 된다고 하겠다.

第二節. 認識理論에 있어서의 費와 隱의 關係

우리가 인식이라 할 때 참다움을 앎을 의미하는 것이 아니라 하겠지만 眞理를 아는 것이 경험에 의하여 알 수 이게 되는 것인가 主觀的 先天性에 의하여 참을 알 수 있는 것인가 하는 인식의 기원에 관한 문제가 중요하다. 여기에 따라서 인식의 기원을 感覺的 經驗에 있다고 보는 것을 經驗論이라 할 수 있고 先天的 理性에 의한 思惟에 依하여 이루어진다고 보는 것을 合理論이라 하겠다. 서양 철학사 에서 볼 수 있는 바와 같이 英國의 經驗論과 大陸의 合理論이 대조적으로 발전되어 왔음을 안다. 中國哲學史에 있어 이와 같은 認識의 문제를 취급한 것이 "지식을 지극히 함이 사물의 이치를 군구 함에 있다는 것" '格物致知論'이라 하겠다. 이 格物致知의 知와 物의 主客의 問題가 그 입장에 따라 학설을 달리 하며 학파를 형성해 왔다. 그 대표적인 것이 程朱哲學의 格致論과 陸王哲學에 있어서의 認識問題가 심각한 대립을 하였으며 程朱學派와 陸王學派의 대립된 논지는 중국 철학 사상에 있어서 중요한

---

[37] 朴鍾鴻著 『哲學槪論』 p.124

문제로 되어 있는 것이다. 이들의 중요한 문제 발단은 中庸 二十七章에 있는 "덕성을 높이고 학문을 말미암는다." '尊德性而道問學'을 가지고 그 學說 成立의 分岐點을 이루고 있다. 尊德性이라 하는 것은 선천적 경험 성을 主로 하는 立場이다. 先天的 本性을 말하는 尊德性의 德性은 主體의 隱微를 말하며 後天的 經驗性을 말하는 道問學의 問學은 客體의 費顯을 말함이다.

『中庸』二十一章에 말하기를 "성으로 말미암아 밝아짐을 성 이라 이르고 명으로 말미암아 성실해짐을 교라 한다." '自誠明 謂之性 自明誠 謂之敎'라 한 誠과 明의 관계를 말하면 誠은 內요 明은 外라고 하겠다. 그리하여 認識의 起源을 內에다 두고 外에 까지 미쳐간 것을 自誠明이라 한 것이요 認識의 起源을 外에다 두고 內에 까지 이르게 한 것을 自明誠이라 하는 것이다. 그러므로 自誠明은 性이라고 이르고 自明誠은 敎라고 이른다. 性은 先天的 本來性을 主하여 말함이요 敎라 함은 經驗에 依하여 習得할 수 있는 것을 이름이다. 그러므로 自誠明 謂之性이라 할 때 그 性을 天命之謂性과 같이 名詞로 보아야 하며 性대로 한다는 뜻으로 보아야 한다. 그러므로 朱子는 말하기를

> "이 성자는 성지를 말하고 이 교자는 학지를 말한다." '此性字 是性之也 此敎字 是學知也'(本文 註)

라고 한 것이 바로 이 뜻이다.

性知와 學知라 함은 認識 起源이 經驗的 學知에서 由來한다는 것이요 性之의 性은 先天性에 依據하여 本性대로 하는 것이 眞理롭게 되는 것이라는 것이다. 이 같은 認識 起源이 本性대로 性之하는데 있다든가

또 學知에 있다든가 하는 것은 認識의 起源이 經驗에서 오느냐? 先天的 本性에서 오느냐? 하는 問題 卽 認識의 起源을 설명하는 것이라 하겠다. 그러나 이것이 二元的으로 平行的인 것이 아니라 誠이 極하면 明해지고 明이 極하면 誠해진다고 본다. "성실하면 밝아지고 밝아지면 성실해진다." '誠則明矣 明則誠矣'라(中庸 二十一章) 한 것이 이것이다.

誠은 內이고 明은 外로서 誠은 隱이요 明은 費이다. 認識 起源이 隱에서 由來하느냐 費에서 由來하느냐에 따라서 觀念論과 實在論, 經驗論과 合理論으로 나눌 수 있다.

이 尊德性而道問學에 있어서 尊德性을 강조하는 학파는 感覺的 經驗界보다 主觀的 意識界를 强調한다.

陸象山은 말하기를

"우주는 곧 나의 마음이요, 나의 마음은 곧 우주이다. 우주의 일은 내 분내의 일이요, 내 분내의 일은 우주내의 일이다." '宇宙便是吾心 吾心卽是宇宙 宇宙內事 己分內事 己分內事 宇宙內事'(象山全集 卷二十三)

라 하여 吾心을 강조하고 吾心의 확대가 될 宇宙라고 본다. 여기서 吾心이라고 함은 先天的 本心을 말함이다. 先天的 本心이라는 것은 仁心이라고 하여 孟子가 이른바 惻隱之心을 말한다. 철저하게 本心을 강조하여 心이 곧 理라고 하여 心則理를 主張하였다. 孟子의 先立乎其大者를 根本으로 삼는다. 먼저 그 큰 것을 確立시켜야 한다는 말이니 大는 小에 대한 말이요 小가 耳目之官으로서 感覺器官을 말하고 大는 心之官으로서 思惟作用을 말한다. 感覺과 思惟를 小大로 나누어 大를 主하여야 한다는 孟子의 說을 引用한다. 어떤 이가 象山에게 말하기를 그대의 學說에서 先立乎其大者의 一句를 除去한다면 그대의 학설은 다시 말할 수 없지 않느냐고 한데 대하여 참으로 그렇다고 하였다.[38] 이것으로 보아 象山이 思惟의 世界를 根本하여 經驗의 世界에까지 설명하려는 입장이다. 그러므로 朱子와 鵝湖에서 대답할 때 尊德性을 강조하고 道問學을 朱子의 立場이라고 反對하였다. 朱子는 尊德性과 道問學을 병행하여 內外를 互相資着한다뇨 하는 입장이다. 다시 말하면, 程子가 말한 바 "함양에는 반드시 용경으로 하고 진학은 치지에 있다." '涵養須用敬 進學則在致知'라 하여 內의 用敬과 外의 致知 兩事를 兼修하여야 한다는 소이어받아 居敬窮理 兩事를 모두 힘써야 한다고 보는 것이다. 그러나 이것은 종국에 가서는 二元論을 一元化해서 豁然貫通한다는 이론이다. 그러나 象山은 이것을 극렬히 반대하여 道問學을 하는 感覺的 經驗은 自身의 主體性을 밝히기 爲한 것이라고 까지 한다. 그리하여 朱子의 理者을 支難하다고 평하였다. 朱子는 이에 對하여 象山의 학설을 太簡하고 現實에서 迂闊한다고 評하였다. 그러나 『中庸』에서는 尊德性而道問學이라 하여 尊德性과 道問學를 어느 한편만을 강조하지 않았다. 또한 尊德性과 道問學를 "而"字로 連繫 되어 先後와 本末을 말하지 않았다. 費隱에 있어서도 費와 隱 어느 편이고 치경하지 않고 "而"字로 連繫되었다. 明代에 王陽明은 象山의 학설을 일층 더 철저히 하여 經驗的 實際의 世界를 意識界와 독립한 것으로 인정하지 않고 나의 의지가 있는 곳이 대상의 세계라고 하였다. 그리하여 인간의 의식 근원을 良知라 하고 良知가 즉 天理라고 한다.

"대개 물리는 내 마음 밖에 있지 않으니, 내 마음 밖에서 물리를 구하

---

38) 『象山全集』 卷三十四 p.5 "近有議吾心 去除了先立乎 其大者一句 全無伎倆 吾聞之日 誠然"

면 물리를 얻지 못한다."'夫物理不外於吾心 外吾心而求物理 無物理矣'로39) 하여 사물의 세계가 내 意識界에서 벗어남이 아니라고 한다.

"뜻이(마음) 이 있는 곳에 곧 물(대상)이 있다. '意之所在 便是物'라 하여 우리의 의식을 떠나 物이 存在하지 않고 우리의 意識이 있는 그곳을 物(對象)이라고 한 것이다. 다시 말하면 世界는 意志의 表象이라고 하는 뜻이다. 그리하여 마음 바깥에 理致가 없고 마음 밖에 物이 없다고 하는 뜻에서 中庸의 不誠이면 無物(二十五章)을 해석하였다.40) 이것은 陽明 立場에선 철저한 觀念論이다. 그러나 中庸에 보면 감각적 경험계를 도외시하지 않고 있다. 君子는 "현재의 위치에 따라 행하고 그 밖의 것을 원하지 않는다" '素其位而行 不願乎其外(中庸 十三章)'라 하였으니 주어진 現實과 實體를 바탕으로 하여 옳게 行하는 것이고 그 밖의 것에 대하여 원하는 것이 아니라 하였고 君子의 道에 비유하건대 遠을 行함에 반드시 가까운 데로부터 하고 高를 登함에 반드시 卑한 데로부터 한다고 하였다.41)

우리의 경험적인 학습의 성장을 강조하고 있다. 誠之者로서의 人間은 "선을 택하여 굳게 잡는 것" '擇善固執'이라42) 하였고 擇善하는 方法과 順序를 말하여

> "이것을 널리 배우고, 자세히 물으며, 신중히 생각하며, 밝게 분별하며, 독실히 행하여야 한다." '博學之 審問之 愼思之 明辯之 篤行之(中庸 二十章)'

---

39) 『王陽明全書』
40) 『王陽明全集』「傳習錄」上 "無心外之理 無心外之物 中庸言不誠無物 大學明明德之功 只是箇誠意 誠意之功 是是箇格物"
41) 『中庸』十二章 "君子之道 辟如 遠必自邇 辟如 登高必自卑"
42) 『中庸』二十章

라 하였다. 우리가 우리의 經驗을 통하여 성취하여 가는 것을 意味한다고 하겠다.

『中庸』에 있어서 認識 方法은 前述한 바와 같이 誠에서 明으로 가는 方法과 明에서 誠으로 가는 方法을 말하였다. 그리고 모든 사람에 있어서 그 氣質의 淸濁이 일치한다고 보지는 않는다.

> "태어나서 이것(달도)을 알고, 배워서 이것을 알고, 애를 써서 이것을 안다. 편안히 이것을 행하고 이롭게 여겨 이것을 행하고, 억지로 힘써 이것을 행한다." '生而知之 學而知之 困而知之 安而行之 利而行之 勉强而行之'

等으로 그 才質의 差異를 말한다. 生知安行者는 상이요 困知勉行者는 하요 學知利行者는 중으로서 大衆이다. 그러므로 上知와 下愚 에 따라서 그 修行方法이 다르다고 하겠다.

孔子는 말하기를 中人以下(論語)라 하여 中人 以下 사람에게는 높은 原理에 對하여 말할 수 없다고 하였다. 그러므로 사람에 따라서 그 개발하는 방법이 달랐던 것이다.

中國哲學史에서 보면 經驗을 主로 하여 思惟의 性質을 부정하려는 학설도 있고 意識에 있어서 普遍妥當性을 강조하며 論理的 推理를 중요시하는 학설도 있다. 漢代에 王充은 論衡에서 認識方法論을 말한 데가 있다. 그는 經驗的 方法을 强調하고 實証性과 效用性을 眞理의 基準으로 삼는다. "사실은 효용성을 밝히고 논리는 실증을 규정해야한다." '事莫明於有效 論莫定於有證'라 해서 效와 證을 강조하여 事實에 있어서는 效用性을 밝혀야 하며 論理에 있어서는 實證이 있어야 한다고 말하였다. 그는 墨子의 三表說을 온당치 않다고 한다. 왜냐 하면 墨子의

三表說은 百姓耳目三實을 살핀다고 하여43) 感覺에서 얻어진 바를 根據로 하지만 그러나 이 感覺이라 함은 때에 따라 客觀的 實在와 合一하지 않는 수가 있다. 그러므로 感覺的 所與만 가지고 論証根據를 삼는 것은 옳지 않다는 것이다. 單純한 感覺은 事實과 付合되지 않는 수가 있다.

우리는 意識이 內에 있어서 타당성을 따져 보지 않고 보고 듣는 感覺에만 의지한다고 하면 이것은 感覺的 耳目論이요 내 마음의 意識에 論理性을 反省하지 않는 것이다. 감각은 虛象으로 말할 수도 있고 허상을 가지고는 事實과 一致할 수 없다. 그러므로 옳고 그름을 따짐에 있어서는 한갓 耳目의 감각에만 의지할 것이 아니라 반드시 意識의 妥當性을 밝혀야 한다. 墨子는 先天的 心性으로 따지지 않고 듣고 보는 感覺 안에 의지한다면 오히려 그 實象을 잃게 되는 수가 있다. 그러므로 感覺에만 確實性을 구한다는 것은 옳지 않다고 말하였다. 王充의 效用性과 實證性을 근거로 하는 方法論은 自然科學的 眞理 認識의 理論과 通한다고 하겠다.44) 그러나 『中庸』에서 誠과 明이라 함은 단순한 知性이 아니요 또 자연과학적 事實만을 말함이 아니다. 인간의 성실성의 심화된 경지는 단순한 心理的인 것이나 論理的인 것으로만 보기 어렵다. 또 明이라 함은 자연과학적 영역을 넘어서 事物의 眞相을 把握하는 것이라 하겠다.

誠과 明, 尊德性과 道問學을 兩事로 병행하여 調和하려 한다는 것은 矛盾이 없는 것 같이 말하겠지만 이와 같이 內外를 대응관계로 볼 수 있는 근거에 있어서는 설명키 어려운 兩者를 媒介하는 전제가 선행되

---

43) 『墨子』「非命」上篇 "何謂三表 子墨子言曰 有本之者 有原之者 有用之者 於何本之 上本之於古者聖王之事 於何原之 下原察百姓耳目之實 於何用之 發以爲刑政 觀其中國家百姓人民之利 此所謂言有三表也"
44) 『論衡』 卷 二十三 夏

어야 할 것이 아닌가?

例컨대 性理學者들이 主觀과 客觀의 事物을 고찰할 때 主觀에 있어서 人性과 對象에 있어서 物性을 전제하지 않고 主客을 대응관계에서 연구할 수 있겠는가 하는 것이 문제이다.

우리는 이 전제에 대하여 맹목적인 信念이나 억측을 검토해야 할 것이다. 이것이 『中庸』의 認識理論에 있어서 가장 重要한 問題라 아니할 수 없다. 이것은 對象化할 수 없는 자기자신의 본성을 자기가 체득하고 自證하여 알아야 할 自性과 알아야 할 自己가 一致된 경지라 하겠다. 이것은 단순한 主客을 떼어 놓고 다니는 인식의 문제가 아니라 자기 자신을 아는 문제, 다시 말하여 人間存在의 問題, 存在論의 問題가 아니 될 수 없다.

다음으로 存在論的 理解를 考察하고자 한다.

3. 費隱의 存在論的 理解

第一節. 人間存在와 存在一般에 있어서의 費와 隱

認識의 內와 外의 問題가 致一하는 根據는 誠으로 말미암아 가능하다고 봄으로 內와 外의 문제가 誠이 아니고는 合一할 수 없다고 하는 것이 『中庸』二十五章 "성이란 내외를 합하는 도다." '誠者 … 合內外之道也'라고 한 것이다. 認識의 主體와 客體의 內와 外의 問題가 人間存在의 誠의 問題로 轉換하였다고 할 수 있다.

誠이라 함은 認識의 主體와 客體의 問題보다도 人間의 誠實性과 墜落性과의 關係를 問題삼는 것이라고 할 것이다.

지금까지 論述한 것이 認識의 對象으로 費를 客體로서 外라 하고 隱을 主體로서 內라 해서 內外로 보았다.

다음으로 論究하고자 하는 것은 무엇을 中心으로 해서 內라 하고 外라 하느냐? 人間을 中心으로 해서 人間 밖의 것을 外라 하고 안의 것을 內라 했고, 또 "나"를 中心으로 內外 즉 안과 밖을 설명하는 기준은 人間 自身에서 갈라진 것이다. 다러서 認識의 主客의 問題가 人間 自身의 문제로 전환하였다고 할 수 있다.

『中庸』十二章에 君子의道 費而隱이라는 말에 있어서 費와 隱은 君子의 道다. 그러므로 道를 알려면 客觀的 對象으로서의 眞理로 보지 않고 眞理의 規定을 外的인 것에 두지 않고 眞理라는 것과 人間과의 關係를 설명해서 君子와 道·君子의道가 問題인 것이라 하겠다. 道를 外的 對象으로써 人間 自身과 無關係한 單純한 超越的인 것으로 보지 않고 人間 自身의 道이다. 그래서 君子之道 費而隱에 있어서 費와 隱이라는 설명도 人間 自身에 대한 깊은 解明에서 緣由한다. 人間 理解를 깊이 한다는 것이 費隱을 아는 所以가 된다고 하겠다.

『中庸』十三章에 道가 사람에게서 멀리 있지 않다고 한 것은 人間과 道가 分離되어서 外的인 對象的인 것이 아니라 人間 自體에 內在한 道임으로 사람이 곧 眞理이다 하여 "사람이 도를 넓히는 것이지 도가 사람을 넓히는 것이 아니다." '人能弘道요 非道弘人'라 했다. 다시 말하면 나 自身이 곧 眞理요 自身을 떠나서 眞理가 따로 있다고 보는 것이 아니다.[45]

『中庸』十三章에 "도끼자루를 잡고 도끼 자루를 벰이여" '執柯以伐

---

[45] 天命之理性은 나 自身의 性을 指稱함이요 自身으로서 理를 眞理라고 보려는 것이다.

柯'라 하여 柯를 잡고 柯를 伐하면서 도리어 나에 無關係한 것으로 본 다는 비유이다. 그러나 人間이 곧 眞理라 한다든가 人能弘道라 하여 아무나 弘道한다고 하는 것은 아니다. 이와 같은 말은 道不遠이라 할 때 道와 人間이 距離를 가지고 있다는 것이 아니고 人間이 道이다 라고 하겠지만 現實에 대부분의 인간은 그대로 道라 말하기는 어렵다. 現實的 人間像은 여러 가지 存在樣相이 있다고 하겠다. 物欲에 依하여 自己中心으로 外物에 對한 價値評價를 하여 自己 欲求에 맞는 것은 好之하고 反欲求의인 것은 惡之하여 價値가 있다 없다 하는 것은 人間의 本來性을 喪失한 상태라 하겠다. 그러나 현실적 대부분의 인간은 이 같은 日常的 墜落性에 隱蔽된 物欲交蔽를 면하기 어렵다. 그러나 이 같이 物欲交蔽된 人間이라 할지라도 自覺할 수 있는 可能性이 內在해 있으며 本來的인 自己로 還元할 수 있는 可能性(所以然)이 있으며 自己의 內面性을 根據로 하여 他를 理解할 수 있다는 뜻에서 道不遠人(中庸 十三章)이며 人能弘道이다.

그리하여 程明道는 人은 能推하고 物은 推不得이라 하였다.46) 사람은 推理할 수 있는 存在요 物은 不能推理라 한 것이다. 그러나 人間과 現實에서 道가 잠시도 떠나서 成立될 수 없다는데서 "도라는 것은 잠시도 떠날 수 없는 것이니, 떠날 수 있으면 도 가아니다." '道也者 不可須臾離也 可離 非道也'라 했다. (中庸 首章) 道는 나 自身의 所有 뿐만 아니라 人間이 共通되게 다 亨有하고 있으므로 萬人의 道이기도 하며 나의 道이기도 하다. 나의 道가 萬人의 道요 天下共公의 道라 할지라도47) 나 自身의 內面性을 通하여서만 道를 밝히고 行하는 端初가 이루

---

46) 『近思錄』「二程全書」辨異端類
47) "總天地萬物之理 爲太極也 然一物之中 亦有一太極 故有天下 共公之理 有一約所

어진다는 것이 『中庸』의 要緊處라 하겠다. 그러므로 나의 自覺과 擴充이 문제된다고 하겠다.48) 그래서 雙峰饒氏는 『中庸』의 篇次 內容을 說明하여 처음에 中和는 道가 吾心에서 管攝된 것을 나타내 보이고 다음 中篇은 道가 事物에 昭著됨을 나타내 보이고 費隱은 道가 天地에 充塞됨을 나타내 보인다고 하였으니49) 道가 吾心의 本來的인 자기존재를 통하여 사물 더 나아가 천지에까지 확충되어짐을 說한 것이다. 인간이 행하는 道는 인간이 인간 본성에 따르는 의미에서 率性은 道이다. 그래서 率性의道가 君子의道라 할 수 있다. 孟子가 말하기를 堯舜은 性之라고 하였다는 性之는 곧 『中庸』의 率性之이다. 그래서 『中庸』 備旨에 道가 天에서 本原한 것이라 하겠지만 군자가 행함으로써 天道가 드러난다고 보는 것이다.50) 그러나 利害를 중심으로 사는 인간과 義理를 중심하여 사는 인간으로 구별하여 小人은 下達, 君子는 上達이라고 孔子는 말씀하였다. 小人 士 君子 聖人 등으로 그 수양된 경지가 다르다고 하겠다. 周濂溪가 말한 바와 같이 "소인은 군자를 바라고 군자는 현을 바라고 현인은 성인을 바라고 성인은 천도를 바란다." '小人希君子 君子希賢 賢希聖 聖希天'라 한 것은 인간의 본성을 회복하기 위하여 성실성의 極處에로 환원하여 가는 것을 말한 것이라 하겠다. 그러나 이것은 一朝一夕에 가능한 것이 아니요 生知 學知 困知의 차가 있다 할지라도 인간의 성실과 수양의 정도에 점진되어 가는 것이라고 보아야 한다.

孔子의

異之理 同一理也"
48) 『中庸』 二十二章 "惟天下至誠 爲能盡其性 能盡其性則能盡人之性 能盡人之性 則能盡物之性 能盡物之性則可以贊天地之化育 可以贊天地之化育則可以與天地參矣"
49) 『中庸』 十二章 集註 "始言中和 以見此道 管攝於吾心 次言中篇 以見此道 充塞乎天地"
50) "子思自立言曰 道原於天而盡於君子 故爲君子之道是道也"

"30세에 사회적으로 자리 잡고, 40세에 매혹 되지 않고, 50세에 천명을 알 단계에 이르고, 60세에 모든 이치를 듣고 이해하고, 70세에 자기가 하고자 하는 것을 하되 규범에 어긋나지 않게 한다." '三十而立 四十而不惑 五十而知天命 六十而耳順 七十而從心所慾不踰矩'

한 것이 그것이다. 率性之하여가는 卑近한 방법이 無自欺한 忠으로 內直한 것을 행동의 준칙으로 삼아 타자에 대하여 용서하여 주는 관용을 베풀 때, 도리에 별로 어긋남이 없다고 하여 『中庸』 十三章에 "충서는 도와 거리가 멀지 않다." '忠恕違道不遠'라고 하였다. 道不遠人의 人이 忠恕의 태도로 임할 때 道로 向하는 것이라고 한 것이다. 費隱章 다음에 인간이 문제되고 인간은 다시 忠恕의 길을 걸어야 한다고 그 次序가 되어 있다.

朱子는 忠恕를 解釋하여 "자기마음을 다하는 것이 충이요, 자기마음을 미루어 남을 용서해 주는 것 이서이다" '盡己之謂忠 推己之謂恕'라 하여 忠은 나의 최선을 다하는 마음이요 恕는 자기를 미루어 남을 이해하는 것이라 하였다. 즉 "자기에게 베풀기를 원하지 아니한 것을 다른 사람에게 베풀지 말라" '施諸己而不願 勿施於人'라 하여 성실의 길이 지극히 難한 것이지만 남이 나에게 부담을 주는 것을 원치 않는 것 같이, 남에게 부담을 주지 않는 것이 恕라고 하는 것이다. 忠恕가 誠의 道를 따르는 입문이요 下學處이다. 恕는 忠을 근거로 하여 나오게 됨으로 忠이 더욱 근본 문제이다. 이 忠을 『中庸』에서 더욱 심화하여 극화할 때 誠이라고 부르는 것이다. 그래서 『論語』 里人篇에 夫子의 道는 忠恕뿐이라고 曾子가 말한 忠恕의 의미는 孔子의 一貫之道(論語 里人篇)로서 바로 이것이라 하겠다. 그리하여 率性之道는 誠으로 가능하게 된다고 하여 誠論이 중요한 문제로 강조된다. 費隱章 以後는 성실성 문제가 취급하게 되고 또한 문제시됨을 말하여 선현에 대한 행적을 찬양하고 있다. 성실한 인간 즉 君子論이 되며 그 君子의 바람직한 모습, 언행이 전개된다. 그리하여 致誠하는 방법과 誠이 나타나는 모습 隱蔽性이 開示하여 드러남을 말하게 된다. 성실한 君子가 致誠하는 문제가 나온다.

"천하의 사람으로 하여금 깨끗이 하여 의복을 성대히 하여 제사를 받들게 하고는 양양히 그 위에 있는 듯 하며 그 좌우에 있는 듯하다." '使天之人 齊明盛服 以承祭祀 洋洋乎 如在其上'

라 한 것과 '夫微之顯 誠之不可揜 如此夫'(中庸 十六章)라 한 것이 誠이 나타나는 顯示性 非隱蔽性을 말한 것이라 하겠다. 費而隱의 문제가 君子의道의 문제로 전이하였음을 前述하였거니와 君子는 성실한 길은 忠恕를 통하여 된다고 하였으나 그러나 성실하지 않은 것이 대부분의 인간존재 양상이다. 일상적인 대중인간이 如何히 성실한 인간이 될 수 이는가 하는 문제가 제기된다. 인간은 不誠한 데로부터 성실할 수 있는 가능성을 가졌고 자각할 수 있는 존재라 하여 程子는 "만물 일체가 다 이 가 있다 인간 인즉 능추 이나 사물인즉 능추 할 수 없다." '所以謂萬物一體者 皆有此理 … 人則能推 物則推不得'[51]라 한데 대해서 주자는 설명하기를 사람의 받는 바 氣가 밝게 통하는 고로 능히 推理할 수 있고 物은 받는 바 氣가 濁하고 塞한 고로 능히 推理할 수 없다고[52] 했으니 物은 진리를 자각할 수 없으나 인간은 진리를 자각할 수 있는 존재라고 程子는 말한다. 그러나 인간은 원래부터 모두 성실한 것만은 아니다.

---

51) 『近思錄』「二程全書」辨思端類
52) 『近思錄』「二程全書」

대부분의 사람은 성실성이 결여된 채로 살아가고 있는 것이다. 그러나 불성실한 인간이 성실한 인간으로 이행할 수 있는 가능성은 누구에게나 다 있다고 말하지 않을 수 없다. 그러면 불성실한 인간이 성실한 인간으로 如何히 志向하는 계기가 이루어지는가 하는 것이 문제이다. 이에 消極的면과 積極的면에서 고찰할 수 있다고 하겠다.

소극적인 면에서 고찰하면 대부분의 인간이 성실성이 결여된 채로 살아갈 뿐만 아니라 도리어 성실성을 배반하고 이욕과 官能的 쾌락에 의하여 행복을 추구하는 수가 많다. 이 같은 생활은 曾子가 말한 바와 같이 "새가 장차 죽으려고 할 때 그 우는 소리가 슬프고 사람이 장차 죽으려고 할 때 그 말이 선하다." '鳥之將死 其鳴也哀 人之將死 其言也善' 라 하였으니 죽음에 임하여 인간의 유한성이 자각되며 무한과 유한이 만나는 즈음에서 자기의 통찰과 전체성을 절감한다고 하겠다. 시간적으로 자기 죽음에 임한 유한성의 자각과 더불어 공간적으로 광대한 우주에 대하여 자기의 존재를 倉海의 一粟으로 자기의 妙小함을 깨닫게 한다.

"내 인생이 짧음을 슬퍼하고 장강의 흐름이 무궁함을 부러워 한다." '哀吾生之須臾 羨長江之無窮(蘇軾)'은 바로 이것을 나타내는 것이라 하겠다. 우리에게 있어서 자기가 스스로 자기를 속임이 없이 성실하게 살아가고자 하는 요구는 타율적인 것이 아니라 인간 자신 속에 내재한 본래적인 自性의 요구요 스스로 쾌활하게 하고 스스로 충족하려는 無可奈何의 인간 존재의 본래성의 요구라고 보는 것이다.

악취를 싫어하고 好色을 좋아하는 감각적 자연스런 요구와 마찬가지로 사랑을 좋아하고 불의를 미워하는 것은 인간 존재의 본래의 모습이라고 말하는 것이다.

大學에 이른바

> "그 뜻을 성실히 한다는 것은 스스로 속이지 마는 것이니, 악을 미워 하기를 악취를 싫어하는 것과 같이 하며, 선을 좋아 하기를 아름다운 색을 좋아하는 것과 같이 하여야 하니, 이것을 자겸이라 이른다. 그러므로 군자는 반드시 그 홀로를 삼가는 것이다." '誠其意者 毋自欺也 如惡惡臭 如好好色 此之謂自謙 故 君子 愼其獨也'

라 한 것이 바로 이것이다. 『中庸』에서 말하기를

> "어리석으면서, 자기 의견을 쓰기 좋아하며, 천하면서도 자기마음대로 하기를 좋아하고, 지금 세상에 태어나서 옛 도를 회복 하려고 하면 이와 같은 자는 재앙이 그 몸에 미친다." '愚而好自用 賤而好自專 生乎今之世 反古之道 如此者 災及其身者也'(中庸 二十八章)

라 하였으니 권세와 물욕을 의지하여 스스로 만족하고 남을 賤視하며 진리를 무시하는 자는 재앙이 자기 몸에 미쳐 오는 것이라 하였다. 관능적 쾌락도 인간의 생리적 요구이지만 사랑(仁)과 정의에 대한 간절한 요구는 인간의 본래의 면목이라고 보는 것이다.

曾子는 말하기 그대가 나에게 富를 가지고 임한다면 나는 그대에게 폭 넓은 사랑으로 대할 것이며 그대가 나에게 높은 지위를 가지고 나에게 임한다면 나는 그대에게 정의를 가지고 대하리라[53]고 하였던 것이다. 이것은 富와 권세를 좋아하는 것이 일반적 경향이지만 이것만으로 최고 가치의 기준을 삼는 데 있어서 용납하지 않는 것이 인간의 공통된 본질이라 아니할 수 없다.

---

53) "彼以其富 我以吾仁 彼以其爵 我以吾義"

孟子는 말하기를 魚도 나의 所欲이며 熊掌도 내 欲하는 바이나 二者를 兼得할 수 없다고 하면 魚를 놓고 熊掌을 취하는 것이라고 하였으며 生도 나의 所欲이며 義도 내가 欲하는 바이지만 不可得兼일 때에는 生을 놓고 義를 취하는 것이라고54) 하였으니 二者를 함께 얻을 수 없음이라 함은 二者擇一에 있어서 결단을 요구하는 심각한 상태를 말함이요 이 같은 한계 상황에 있어서 인간의 본래성이 드러난다고 말한 것이다. 사람이 평소에는 好生 惡死하는 것이 인간의 常情이라 하겠지만 이 같이 二者를 不可得兼할 때에는 大를 취하고 小를 놓게 되는 것이라고 한다. 生死도 초월하여 生보다 더 좋은 사랑(仁)하면은 구차하게 살기만을 원하지 않고 死보다 더 미워하는 불의에 대하여는 荊刺의 고초도 달게 받아 결사 항거하게 되는 것이라고 한다.55) 이것이 다름 아닌 인간 존재의 제 모습을 발휘하는 것이요 이 같은 발휘의 契機는 二者擇一의 限界 상황에 있어서 자기 결단이라 본 것이다. 이와 같은 발휘는 비록 賢者만이 이 마음을 소유한 것이 아니라 사람이면 누구나 다 소유한 것이라 하였다. 다만 현자는 이 같은 인간의 본래성을 상실하지 않고 지각하지 않아 항상 존재 養性하고 있다는 것이다.56)

죽음과 막다른 골목에 몰려서 인간이 회개하며 본심으로 회복하게 되는 것은 정상적이라 하기 보다는 소극적인 면이라 아니 할 수 없다. 인간의 유한성이라든가 한계상황에 부딪쳐 성실한 實存態가 드러나는 면이 있다고 하겠지마는 그보다 정상적으로 인간 본심을 이탈하지 않고 선천적으로 나에게 부여한 천성을 따라 內直한 심성을 기르는 길이 있

---

54) 『孟子定本』 卷十一 告子章句上
55) 『論語』 「衛靈公」 "子曰 志士仁人 無求生以害仁 有殺身而成仁"
56) 『近思錄』 「二程全書」 辨異端 ○ "…非獨賢者有是心也 人者有之賢者 能勿喪耳"

다. 中庸의 君子의道는 이를 말함이며 이것이 적극적인 면이라 하겠다. 中庸에 말한 바 天命의性을 따라 率性해 가는 길을 君子의 道라 하겠다. 이 같은 본성대로 살아가는 길은 용이한 일이 아니다. 孟子가 말한 바와 같이 堯舜性之라 하였으니 堯舜 같은 聖人은 본성대로 性之한다고 하겠거니와 일반 대중 인간은 이 같은 경지를 요청하며 이상으로 여겨 당위로 삼을지언정 그 경지에 이르렀다고 말할 수 없다. 이 방향이 인간의 본래의 방향이라고 생각하고 미숙한 자가 원숙하게 되려고 애쓸 때에 추상적 원리로 말함이 아니라 구체적 행동으로 如何히 하여야 가능하게 될 수 있는가? 우리는 현재 당하고 있는 주어진 여건을 부정하는 것이 아니다. 이것을 일단 받아들이고 이것을 문제로 삼아 성실한 방향으로 노력하는 것이 우선 필요하다. 현실을 떠나서 진실이라는 것은 따로 있지 않다고 『中庸』은 말한다. "도라는 것은 잠시도 떠날 수 없는 것이다. 떠나면 도가 아니다." '道也者 不可須臾離也 可離 非道也'라 하여 현실과 잠시도 떠나 있지 않음을 말하며 우리가 如何한 상태에 놓여 있다 할지라도 그에 처하여야 할 도리가 있다고 말하는 것이다.

"군자는 현재의 위치에 따라 행하고, 그 밖의 것을 원하지 않는다." '君子는 素其位而行 不願乎其外'(中庸 十三章)라 하였으니 그 주어진 바 위치에서 최선을 다하는 것이요 그 주어진 현실을 부정하고 범위 밖에 것을 원하는 것이 아니라고 한 것이다.57) 자기가 처해 있는 환경과 여건에 있어서 최선을 다하는 태도 자기 성실성이 타자에 있어 드러나게 한다. 무엇이 옳고 무엇이 그른가 무엇이 근본이며 무엇이 말단인가에 대하여 분간하기란 비록 賢者 智者라 할지라도 어려운 일이다. 무엇

---

57) 『中庸』 十四章 "素富貴 行乎富貴 素貧賤 行乎貧賤 素夷狄 行乎夷狄 素患難 行乎患難 君子 無入而不自得焉"

이 가장 가치가 있고 무엇이 反價値的인가에 대해서 알기란 용이한 일이 아니다. 다만 우리는 나 자신이 나를 반성할 때 자기를 속임이 없이 내가 참 좋은 것은 좋게 느끼고 좋지 않은 것은 싫다고 스스로 분간하게 될 때 자기에게 좋은 것은 남에게도 좋게 해주고 나에게 좋지 않은 것은 남에게도 베풀지 않아야 한다. 이것은 추상적인 이론이 아니라 구체적인 자기의 체험을 증거 하여 남을 이해하며 용납하는 태도이다. 이것이 곧 진리라고 하기는 어려울지 몰라도 진리에 별로 어긋나지 않는 것이라 하였으니 忠恕違道不遠이 그것이다. "공자께서 말씀하기를 대저 인자는 자기가 서고자하면 남을 먼저 세우고 자기가 통달 하고자 하면 먼저 남을 통달 시킨다."'孔子 夫仁者 己欲立而立人 己欲達而達人(論語 雍也篇)'라고 한 것이요 孟子가 말한바

> "옛날 사람들은 큰 허물이 있는 자를 탓하지 않고 행한 바를 잘 추론할 뿐이다." '古之人 所以大過人者 無他焉 善推其所爲而已矣'

라고 하여 推己及人을 잘하는 것이 聖者라고 보는 것이다 그래서 선량한 마음씨 仁心 즉 측은지심 또는 不忍人의 心이 발로하여 나와 남이 상통한다고 본다. 인간의 본연한 善心을 발로하는 계기가 친구하는 데 있다고 본다. 어버이를 따르려는 마음 그 순수한 생각을 확대하여 남을 仁愛하고 물건에까지 이 마음이 미쳐 가 愛護한다고 하였다. 이것이 孟子에 이른바 親親「仁民」「愛物」이다.[58] 이와 같이 자연하게 卑近한데로부터 高遠한데로 즉 자기로부터 對自에로 확대해 가는 것이다. 이와 같이 정상적 자기 발전을 향하여 적극적으로 정진하는 것이다. 이 모두

---

58) 『孟子』「盡心章句上」 "孟子曰 親親而仁民 仁民而愛物"

가 자기로부터 출발한 것을 알 수 있고 자기라 할 때 성실한 자기가 문제되는 것이다. 그 성실성이 문제되는 것이요 심각한 내향적 자기를 문제 삼는 성실성이 『中庸』에 있어서 가장 중요한 문제이다. 그래서 『中庸』 二十章에 誠은 하늘의 道이고 誠해 지려고 하는 것은 사람의 道다 하였으니 誠을 나누어서 眞實無妄한 성실성 그 자체를 天의 道라 하고 誠 되려고 애쓰는 것은 인간의 道라 하였다. 그리하여 誠者와 誠之者의 관계에 있어서 天人관계를 보고 誠을 통하여 天人이 만남을 말한다. 불성실하고 미숙한 자가 思誠하고 盡誠해지려는 것이 인간의 참된 모습이요 진실해 지려는 인간의 요구가 참된 의지라 하겠다.59)

"성실한 자는 힘쓰지 않고도 도에 맞으며 생각하지 않고도 알아서 자연스럽게 진리에 맞으니, 성인이요, 성실 하려는 자는 선을 택하여 굳게 잡는 자다." '誠者 不勉而中 不思而得 從容中道 聖人也 誠之者 擇善而固執之者也'

라 하였다. 思誠과 盡誠하여 至誠에 이르면 이것은 성인의 경지요 생하지 않아도 얻어지고 힘쓰지 않아도 진리에 맞는다고 하였으니 성인은 天道와 합일한 경지를 의미한다고 하겠다.

誠之者는 하나의 선한 것을 얻으면 놓칠까 염려하여 꼭 잡으며 간직하고 애쓰는 존재라고 하겠다. 이와 같이 誠之하는 정도에 따라서 君子와 賢人과 聖者에게로 上向하는 것이라 하겠다.

---

59) 『栗谷全集』 「雜著」 p.1108 "道에는 天道와 人道가 있나니 自然而然者는 天道也요 有爲而然者는 人道也다. 眞實無妄者는 天道也요 欲其眞實無妄者는 人道也라 出於性分者는 天道요 出於職分者는 人道也라"

聖人은 오직 그 기질이 인욕의 私가 없는 淸純하고 渾然한 하늘의 理다. 그래서 仁이면 表裏가 다 仁이요 一毫의 不仁도 없으며 義이면 表裏가 다 義이고 一毫의 不義도 없다.60) 이것은 그 애쓰지 않고서도 조용히 道에 맞아 행동이 법도에 어긋남이 없는 경지이다. 그러므로 최선을 다하여 至誠의 道를 실천하는 것이 聖人이라 할 수 있고 至誠 자체를 天의 道라 함으로 天之道는 곧 聖人之道라 하겠다. 이것은 聖人이 率性之함을 이름이다. 誠은 純一한 것이며 잡다하지 않은 眞實無妄이라 하여 朱子는 一이면 純이요 二면 雜이다. 純이면 誠이요 雜이면 妄이다.61) 하였으니 聖人이 誠之 又 誠之하는 가운데 唯精 唯一하여 誠의 영역에 도달코자 한다. 聖人의 그 誠의 영역에 도달은 자기 존재가 지닌 가치 실현이며 자기 존재의 深廣한 開示로서 그 生의 성취를 의미한다고 하겠다. 그런데 生知하고 安行하는 聖人과 學知하고 利行하며 困知하고 勉行하는 誠之者가 있지만 그 극치에 이르러서 동일하다고 할 수 있다.62) 天理는 말이 없다. 天命之謂性이요 率性하는 聖者이므로 聖者의 언행을 통해서 天道가 실현된다고도 할 수 있다. 周易에 이른바 "진실로 그 사람이 아니면 도가 실행 될 수 없다." '苟非其人 道不虛行' 한 것이라든가 "군자는 이 사 덕을 실행 한다 이 사 덕은 '君子行此四德者 故曰 乾 元 亨 利 貞'라 한 것이 그것이다.

『中庸』에 이른바 "진실로 지극한 덕 이 아니면 지극한 도가 이루어 질 수 없다," '苟不至德 至道不凝焉(中庸 二十八章)' 하였다. 至德이 아

---

60) 『中庸或問』 "惟聖人氣質 淸純渾然天理 初無人欲之私 以病之是以 仁則表裏皆仁 而 無一毫之不仁 義則表裏皆義 而無一毫之不義"
61) 『中庸或問』 "一則純 純則二 二則雜 純則誠 雜則妄"
62) 『中庸』二十章 "或生而知之 或學而知之 或困而知之 及其知之 一也 或安而行之 或利而行之 或勉强而行之 及其成功 一也"

니면 至道를 이룰 수 없다는 것이다. 道의 본원이 天에서 나와서 변하지 않는 것이라 하겠지만 그 실체가 자기 자신 속에 내존하여 떠나지 않는 고로 君子의 存養. 省察을 통하여 本然의性이 드러나 충만하게 된다고 보는 것이 中庸의 誠을 중시하는 所以라 하겠다.

率性之한다 함은 天命을 실현한다는 뜻이므로 率性之가 지극히 어려운 것이라 아니할 수 없다. 이야말로 天命을 다하는 君子 즉 聖者라고 할 것이다. 孟子는 堯舜性之 湯武身之 五覇假之라 하여 率性之는 堯舜과 같은 聖人이 하는 것이요 湯武는 身之는 되어도 性之는 아니라고 보는 것이다. 이것은 率性之가 어려움을 말한 것이요 이 지극한 聖者만이 가능하다고 보는 것이다.

『中庸』에 말하기를

> "오직 천하의 지성이라야만 그 성을 다 할 수 있다." '惟天下至誠 爲能盡其性'(二十二章)

라 하였고 또 孟子가 말하기를

> "자기 마음을 다 하는 자는 그 성을 알고, 그 성을 아는 자 는 곧 천도를 안다." '盡其心者 知其性也 知其性 則知天矣'(孟子 盡心上)

라 하여 인간이 최선을 다 할 때만이 자기의 본성을 다 할 수 있다고 하였다.

率性의 문제가 성실의 문제로 된다. 성실 한가 불성실한가를 반성하고 성실하되 독실 한가 不篤實한가의 문제로 바뀌어 진다고 볼 수 있다. 불순한 자기를 극복하고 성실한 자아에로 귀환하는 것을 孔子는 克己

라고 하였다. 天理대로 순수하게 하여 誠의 온전함을 얻은 자는 聖人이요 一端을 성실하게 하여 誠의 偏을 얻는 자는 賢人이라 하였으니 誠의 偏에서 全으로 충실하게 하여 가는 것이 賢에서 聖으로 가는 길이라고 栗谷은 말한다.[63]

또 誠의 본질은 자율적으로 인간 본성에서 우러나오는 것이며 誠의 道는 스스로 이루어지는 길이라 하였다.[64] 간사하고 雅曲된 생각을 막으면 내 마음 속에 誠이 간직한다고 했다.[65]

성실의 길은 그 자체에 미래지향적인 방향성을 가졌고 조화나 질서가 있는 것이며 至誠은 無息이라(中庸 二十六章) 하여 중단이 없는 것이라고 하였다. 또 자기 성실의 길은 자기완성인 동시에 남을 성취케 하는 所以가 된다고 한 것이다.

誠者 非自成己而已也 所以成物也(中庸 二十五章)라 하였으니 자아의 본래성을 따라 행하려고 노력하는 자기 자신을 참되게 하려는 것이며 이것이 곧 남을 이룰 수 있는 까닭이라 하는 것이다.

자기를 망각하고 자기의 불성실한 채로 남에게 영향을 주어 匡正하려는 것은 옳지 않다는 것이다. 진정한 자기 성취를 떠나서 남을 이룰 수 없다는 것이다. 인간의 내면적 본래성은 天命之性으로 누구에게나 보편적으로 받은바 천성이므로 자기 개인의 사유물이 아니라 共公한 도리로서 나와 남이 다를 바 없는 것이다. 그러므로 자기를 이룬다 함은 동시에 남을 이룰 수 있다는 뜻이다. 孔子는 爲己之學을 강조한다. 爲人之學을 하는 것은 옳지 않다고 한다. 이것은 사사로운 뜻에서가 아니라

---

[63] 『栗谷全書』 p.1096 "純乎天理而得 誠之全者 聖人也 實其一端而得誠之偏者 賢者也"
[64] 『中庸』 二十五章 "誠者 自誠也 而道 自道也"
[65] 『周易』 閉邪存誠

성실한 자기실현에 무엇보다도 애써야 한다는 말이다. 자기를 성실하게 하는 것은 세계를 완성하는 길이며 자기가 불성실하면 事皆無實이라 하였으니 不誠이면 無物이라 하였다. 그래서 『中庸』에 말하기를

"오직 천하에 지극히 성실한 분 이어야 능히 그 성을 다할 수 있으니, 그 성을 다하면 능히 사람의 성을 다 할 것이요, 사람의 성을 다하면 능히 물건의 성을 다 할 것이요, 물건의 성을 다하면 사람의 성을 다할 것이다." '惟天下至誠 爲能盡其性 能盡其性 則能盡人之性 則能盡人之性 能盡人之性 則能盡物之性 能盡物之性'(二十二章)

라 하였으니 인간 존재에 있어서 誠의 문제가 존재 일반을 해명하는 길이라 하겠다.

第一節. 費와 隱의 存在論的 關係

인간 존재의 성실성을 통하여 인간에 내재한 자기의 본성을 알 수 있고 자기의 본성을 알 수 있는 경지가 곧 天을 아는 것이라고 孟子는 말하였다.[66] 자기성실성을 다하지 않고 자기의 본성을 아는 자는 없다는 것이다. 盡其心하는 상태가 인간의 성실을 다하는 實存態라 할 것이요 실존의 해명이 존재 일반을 이해하는 所以라고 하는 것과 다를 것이 없다.

『中庸』에 이르기를

---

66) 『孟子』「盡心章句上」"盡其心者 知其性也 知其性則知天矣"

"오직 천하의 지극히 성실한 분이야 능히 그 성을 다할 수 있으니 그 성을 다하면 사람의 성을 다 할 것이다." '惟天下至誠 爲能盡其性 能盡其性 則能盡人之性 能盡人之性 則能盡物之性'(中庸 二十二章)

라고 하였다. 나와 남을 아는 길이 천하의 至誠을 통하여서만 가능하다고 한 것이다.

惟天下至誠이라는 문구가 五次에 걸쳐서 나온다. 天下至誠이라야 진리에 참여할 수 있는 길이라고 강조함을 알 수 있다. 誠之者는 人의 道라 하고 君子는 성실함을 귀히 여긴다. 라 하였으니(中庸 二十五章) 誠之하고 又 誠之하여 誠의 극치에 이르면 天이라고 부른다. 이것은 誠과 誠之者가 하나로 된 상태 즉 天과 人이 합일한 경지라 하겠다. 성실성이 없다면 物(對象)의 진상이 보이지 않는다고 하였다. 不誠이면 無物이다. 이때에 物은 단순한 감각적 사물을 말함이 아니라 자기의 성실성에서 보여 지는 實理로서의 物이라고 朱子는 설명하였다.67)

이때에 物이라 함은 진상으로서의 物을 말함이요 雅曲이 없는 인간의 내면적 성실에서 보여 지는 實理로 物이라고 하는 것이다.

程明道「誠仁篇」에서 萬物同體라는 物이라든가 邵康節「觀物篇」에서 말한 以物觀物의 物은 경험적 감각대상으로서의 物만이 아니라 物의 본성을 말한 것이요 주객이 따로 분열된 것이 아니요 하나로 된 상태 즉 物我가 일치한 것이다. 이 경지에 이르게 되면 "내가 남이요 남이 또한 나요 나 와 남이 모두 물라는 것을 알게 된다." '是知我亦人也 人亦我也 我與人皆物也(觀物篇)'라 하였다. 그럼으로 내가 남이요 남이 또한 나요 나와 남이 모두 物이라 하였다. 이때에 物은 존재 자체를 이름인 것이

---

67)『中庸』二十五章 註 "有是理則 有是物 徹頭徹尾 皆實理之所爲 未有無此理而有此物也"

다. 不誠이면 無物이라 할 때 誠에 대한 物이라 하겠지만 至誠인 상태에 이르러 대상의 實理의 物이 드러난다 함은 자기의 성실성을 통하여 자기 자신이 實理의 誠으로 昇華되었음을 의미하는 것이라 하겠다. 자기의 實理의 誠을 통하여 객관의 實理의 客觀의 物이 둘이 아니다. 성실하려는 의식의 나와 誠 자체의 내가 하나 된 상태요 이 경지를 초월이라 하겠다. 以復其性初라 하며 復初 또는 復性이라고 한다. 이것을 현대어로 말하면 자기초월(Ek Stase)이라 하겠다. 그러므로 내 속에 實理의 誠이 없다면 實理의 物이 보이지 않으므로 不誠無物일 수밖에 없다.

『大學』에 格物致知章을 보면 格物이 다름 아닌 致知라는 所以라고 하였다. 다시 말하여 경험하는 대상과 인식의 주체가 동시 관련성에서 깊어짐을 말한 것이다.

『中庸』의 誠과 明의 관계가 뗄 수 없는 一者의 兩端으로 설명함과 같은 것이다. 不誠無物에 있어 誠과 物의 관계가 같은 관계에 있다고 하겠다. 誠之의 면에서 物을 보면 인간의 실존에서 존재를 말하는 것이라 하겠다. 誠之가 誠에 이르러 至誠이 될 때 天이 드러난다. 다시 말하여 物의 진상이 드러난다. 이것이 다름 아닌 존재 그 자체를 이름이라 하겠다. 誠之에서 誠으로 향할 때는 실존의 상태요 誠에서 誠之者를 향할 때 존재가 드러나는 것이라 하겠다. 誠之者는 애쓰는 존재요 성실의 존재로서 中庸에 이른바 "성실 하려는 자는 선을 택하여 굳게 잡는 자이다." '誠之者는 擇善而固執之者(中庸 二十章)'라고 하였거니와 "성실한자는 힘쓰지 않고 도에 맞으며 생각하지 않고도 깨달 게 되며 자연스럽게 도에 맞는 다." '誠者는 不勉而中 不思而得 從容中道'라고 하였다. 이것은 존재가 나의 앞에 드러나 노출되는 상태요 내 자신이 존재를 드러내는 것이라고도 하겠다. 大學에 格物과 物格이 다르다. 格物은 物을

格하는 것으로 他動詞요 物格의 物 자체가 格해짐으로 自動詞로 쓴 것이다. 格物의 극치에 이르러 物格이 된 상태는 자신에게 존재가 드러나는 상태요 이 같은 상태에 주체의 知는 지극한데 이르러 있는 상태이다. 그러므로 格物에는 致知라 하지만 物格에는 知至라 하였다. 知致라고 하지 않고 知至라고 하였다. 至는 자동으로 이르러 온 것이요 致는 내가 애써 이루어가는 상태를 말함이다. 格物致知는 誠之하는 상태요 物格知至는 誠이 노출된 상태이다. 이 같이 物의 진상이 나에게 미친다 함은 나 자신이 존재 자체임을 의미하는 것이라 하겠다. 그래서 이 같은 상태는 지극히 誠한 상태요 지극히 明한 상태라 하겠다. 이것은 誠으로의 隱과 明으로서의 費가 二事로 분열된 것이 아니므로 費而隱이다. 여기에서 而字의 의미를 깊이 玩索해야 할 것이다.

　無極而太極이라 할 때 "무극으로부터 태극이 생긴 것" 自無極而生太極이라는 뜻이 아니다. "태극 외에 별도로 무극이 있지 않다." '太極之外非別有無極'라고 주의한 것 같이 太極밖에 無極이 따로 있지 않는 의미에서 而字가 작용한다.

　無極과 太極을 而字가 들어서 一元化한다. 無極이 곧 太極이라 하는 것은 논리로 하는 말이요 물리적 변화를 말함이 아니다. 그러므로 시간적으로 선후가 없고 공간적으로 방위가 없다고 하였다. Logical truth하고 Physical truth를 분별해야 할 것이다.

　宋龜峰은 而字묘미를 환기시킨다. 無極과 太極을 둘로 봄으로 陸象山의 의론이 생긴다. 이것은 而字의 의미를 충분히 이해하여야 한다는 뜻이다. 이와 같이 費而隱에 있어서 而字의 의미를 잘 이해함으로써 費隱 관계를 통찰할 수 있고 따라서 誠과 明의 관계를 이해할 수 있으며 誠과 物의 관계를 음미할 수 있게 된다. 이것은 성실한 君子가 천하의

至誠을 다 할 때 이루어진 상태이므로 간단히 이론을 얻어질 수는 없다고 하겠다. 誠之상태가 『論語』에 있어서 克己라고 하는 어려운 과제를 우리에게 제시한다. 克己는 無我가 아니다. 克은 約身으로서 애써서 이긴 상태요 고통을 통해서 이루어진 길이다. 安易하게 고통을 피하거나 고통을 떠나는 고통이 떠나고 즐거움을 얻는 것이 아니라 주어진 여건을 바탕으로 난관과 절망을 개척해가는 길이라 하겠다.

仁을 나의 임무로 삼았으니 또한 무섭지 않은가? 죽은 후라야 마칠 것이니 또한 멀지 않겠는가?[68]라고 曾子가 말했다. 그러나 이 어려운 무거운 짐은 아무도 명령할 자가 없다. 왜냐 하면 자신이 택한 所願의 길이요 자신이 할 수 이는 자율성에 근거한 정직한 자아실현의 힘이다. 孔子는 "인을 행함은 자기 자신으로 말미암는다." '爲仁由己'라 하였고 "인자는 반드시 용이 있다." '仁者必有勇'라 하였다. 자신이 스스로 어려운 줄 알면서 택한 것이니 또 누구를 원망하랴? 내가 가장 소중히 여기는 仁을 구하여 얻었으니 또 무엇을 탐내랴?[69] 스스로가 택한 자유의 길이요 내가 책임지는 행위인 것이다.

"성실한자는 힘쓰지 않고 도에 맞으며 생각하지 않고도 깨닫게 되며 자연스럽게 진리에 맞는다." '誠者 不勉而中 不思而得 從容中道'(中庸 二十章)라고 한 것 은 聖人의 경지라 하였고 誠者는 天道라 하였다. 天下至誠이라야만 가능하다고 하였으니 天下至誠은 다름 아닌 자기 부정이다. 자기의 부정을 통하여 復生한 새 질서라 하겠다. 다름 아닌 克己復禮이다. 克己된 상태를 中庸의 誠 자체라 하겠다. 따라서 이 誠은 中庸에 이른바 "성은 스스로 이루어지는 것이요 도는 스스로 행하여야 한

---

68) "仁以爲己任 不亦重乎 死而後已 不亦遠乎"
69) 『論語』「堯曰」"擇可勞而勞之 又誰怨 欲仁而得仁 又焉貪"

다."'誠 自誠也 道 自道也'[70]라고 한 바와 같이 스스로 움직이고 그 자체의 방향성과 질서가 있는 道라고 하겠다. 이 道는 다름 아닌 天道요, 天道를 따르는 人道이다. 이 禮는 天秩 天序로서 天理의 節文이다. 克己復禮가 天理에 맞는 행위로서 보편성과 실재성이 있으므로 從容中道라 한 것이 "마음에 하고자 하는 것을 쫓아가되 규범을 넘지 않는다." '從心所慾不踰矩'가 된다고 하겠다. 이것은 다름 아닌 君子의 道로 존재의 길이라 하겠다.

"솔개는 날아 하늘에 이르는데 물고기는 연못에서 뛰논다." '鳶飛戾天 魚躍于淵'는 이것을 나타낸 詩이다. 費와 隱이 而字에서 妙融한 것으로 費라고만도 할 수 없고 隱이라고 만도 할 수 없는 道體가 드러나는 費而隱으로서의 진상이다. 妙融은 주체에서 이루어지므로 君子의 道라 하여 君子의 道 費而隱이라 하겠다.

Ⅲ. 結論

費隱을 중심으로 하여『中庸』全篇을 고찰하였다.『中庸』이 본래 유가의 철학을 추상적으로 설명한 것이므로 그 논리 구조가 난해하다고 아니할 수 없다. 體用을 該盡하며 "말은 간단하나 뜻이 풍부 하게" '言簡意豊' 되어 있다. 君子의 道 費而隱은 간단한 문장 속에 中庸의 원리를 집약하고 있다고 하겠다. 上述한 바와 같이 形而上學的인 면에서 고찰하였고, 인식론의 여러 문제를 탐구해 보았으며 존재론의 입장에서

---

[70]『中庸』二十五章 上文

『中庸』을 해명해보려 하였다. 그러나 이것은『中庸』思想에 내용을 몇 분야에서 고찰한 것뿐이요 이외에 여러 가지 입장에서 재검토할 수 있다고 하겠다. 그러나 이것은 현대 철학에 있어 여러 가지 모순 대립 문제를 모색한 데 있어『中庸』思想이 관심의 대상으로 될 수 있으리라고 생각된다. 특히 誠과 明에 있어서의 문제는 현대 철학의 여러 과제와도 상통함을 알 수 있다. 이 같은 여러 문제는 앞으로의 과제로 두고 본 논문을 마치고자 한다.

2. 費隱으로 본 『中庸』

Ⅰ. 序論

本 論文은 費와 隱을 中心으로 한 中庸硏究이다. 먼저 儒家經典에 있어서 『中庸』의 位置를 살펴보기로 하겠다.

四書의 하나로 전해오고 있는 『중용』은 『大學』과 더불어 『小戴禮記』 89篇 속에 들어 있는 두 篇 글의 篇名이다. 그러나, 중용은 宋代에 이르러 性理學의 勃興과 더불어 중용의 眞價가 本格的으로 나타나게 된 것이다.

특히 程伊川은 중용을 孔門의 心法을 전한 것이라 하여 그 진가를 높이 評價했으며, 兄인 明道와 같이 중용의 內容에 대한 眞摯한 硏究를 했다. 朱子가 이 두 사람의 학설을 繼承發展시켜 南宋 孝宗 淳熙 年間에 이르러서, 『禮記』中 『대학』과 『중용』 두 편을 중요시하여 『예기』에서 빼어내어 각각 單行本으로 獨立시켜, 『論語』, 『孟子』, 『大學』과 더불어 四書라 했고, 『中庸章句』 『中庸或問』 등을 著述하여 『중용』의 오묘한 뜻을 구명했다.

다음으로 『中庸』著作者에 대한 고찰을 해보기로 하겠다. 이에 대해서 종래에는 孔子의 孫子 子思가 道學의 그 傳統을 잃어버릴까 우려하여 지은 것으로 믿어왔다.(中庸, 序文)

그러나 子思一人의 著作이라고 하는 종래의 설과 秦漢間의 無名氏의 저작이라는 설에 대해서 第三見解의 절충설이 있으니, 중용은 자사에 의해서 그 底本이 成立되어서 門流에 의해 완성된 것이라는 설이다. 중용의 여러 문장을 통해 본다면 공자의 말을 引用한 句節이 많이 나오고 또한 『중용』저자의 말의 구분이 분명한데가 많을 것을 미루어 보아서, 마지막 설이 가장 妥當性이 있다고 보겠다. 그러나 중용의 저자가 누구인가에는 구애 없이 儒家思想의 精粹가 담겼고 가장 含蓄性이 있는 哲學的인 理論이 잘 展開되어 있고 條理가 整然하게 짜여 있는 寶典인 것임에는 異論이 없다.

II. 本論

1. 費隱으로 본 中庸

『중용』은 『대학』과 함께 漢儒들이 그 趣意가 예기의 諸篇과 다른데 着眼하여 注疏한 것을 宋代에 이르러 朱子가 章句로 나누고 注釋을 가미함으로서 『논어』『맹자』와 함께 사서의 단행본으로 오늘날까지 보전으로 전하여 지고 있다.

『대학』이 유가의 政治哲學을 말한 것이라면, 『중용』은 內에서 外로 表現되는 過程을 말하는 유가의 철학사상이요, 原論이라 볼 수 있다.

그래서 首章에,

「天命之謂性」이라는 말부터 始作하여 33章에,

「上天之載 無聲無臭 至矣」라는 말로 끝을 맺고 있다. 하늘로부터 시작하여 하늘로 結論을 맺는 것이다.

이 같은 『중용』사상을 大別하면, 중용론과 誠論으로 나눌 수 있다. 『중용』을 논하게 되면 성론이 究明되고, 誠을 연구하게 되면 『중용』이 照著해지므로 『중용』과 誠은 不可離의 關係에 있게 된다. 그러므로 『중용』의 誠사상은 『중용』사상을 고찰함으로써 規明되어 진다고 하겠다. 『중용』은 中과 庸의 두字로 된 말이다. 朱子는 이에 대해서 설명하기를

'中은 不偏不倚이요 無過不及之名'이라(章句註)하여고,

'庸은 平常也' 라 하였다.

卽 中은 어느 한쪽에 치우쳐 있거나, 기대어 있지 않는 狀態이며, 人性이 至中至正하여 秩序를 이루고, 安定된 상태를 가리키고 있으며, 그와같은 상태가 事物에 接하여 感而遂通하기 以前의 人性本然을 나타내는 말이고, 庸은 日常生活에 있어서 뜻뜻하고 平常됨을 나타내는 뜻이라 하겠다.

또 程子는 말하기를

"기울어지지 않는 것은 중이요 바뀌지 않는 것은 용이다. 중은 천하의 정도요, 용은 천하의 정리 이다." '不偏之謂中' '不易之謂庸' '中 天下之正道 庸 天下之定理'(章句註)고 하였으니, 卽 中은 不偏不倚한 天下의 正道요, 庸은 不易한 天下의 定理로 보았다.

또 北溪陳은

"庸은 日用의 平常의 道로써 父子之親 君臣之義, 夫婦之別, 長幼之序, 朋友之信과 같은 五倫과 衣食住와 같은 日常의 日用의일 은 平常의 뜻을 가지고 있다."1)

라고 하였다.

그리고 茶山은 常의 뜻을 세 가지로 나누어 「恒常」, 「經常」, 「平常」이라2)하였다. 이와 같은 庸은 有常이요 經常이라 하였으니 庸은 恒久性과 持續性을 內包하고 있는 恒常을 意의미한다.

그러므로『중용』사상은 中과 庸 卽 알맞음과 꾸준함이 떨어 질수 없는 관계를 유지하면서, 기울어지거나 의지 하지 않고 지나치거나 못 미칠리 없는 中德뿐 만아니라, 꾸준한 庸德을 兼備하여야만 비로소 중용의 참된 뜻이 드러날 수 있다.

또한 유가의 敎理로서『중용』의 意義는 知行의 德을 尊重 하고 있다. 그래서『中庸』4章 에 공자는

"道가 行해지지 못함을 내 그 所以然을 알겠도다. 知者는 지나치고 愚者는 미치지 못하는 구나. 道가 밝혀지지 않음을 내 그 所以然을 알겠 구나. 賢者는 지나치고 不肖者는 미치지 못하는 구나."

라3) 하였으니, 중용의 도는 현실과, 떨어진 高遠한 곳이 있는 것이 아니라, 至極 평범한 日常生活을 바탕으로 하고 있으니, 知者는 高遠하고 精微한 것에만 洞察하여 이론적으로 너무 지나침에 있고, 愚者는 知에

---

1)『中庸』原本 第1章 小註 p.1.
2)『茶山集』「自箴」"常之義有三 一曰恒常 二曰經常 三曰平常"
3)『中庸』4章 p.16. "道之不行之 我知之矣 知者過之 愚者 不及也 道之不明也 我知 之矣 賢者 過之 不肖者 不及也"

도 미치지 못하고, 不肖者는 行에도 미치지 못하고 또 알기를 求하지 않는 다는 것이니, 중용의 도는 知가 行의 實踐을 떠날 수 없고, 行은 知의 밑바탕 없이 이루어 질 수 없다는 것이다.

『중용』5장에 또 공자는

"舜은 참말 大知 였다. 舜은 묻기를 좋아 했고 淺近한 말에서도 살피기를 좋아했다. 나쁜 점 을 숨겨주고 좋은 점은 宣揚해 주었으며, 兩極端을 파악하여 그 中을 백성에게 적용하였으니 바로 舜의 舜된 所以라"[4]

하였으니, 천하의 智惠를 自身의 智惠로 받아 들여 활용한 것은 舜의 大智인 所以요, 그 兩端을 파악하여 그 중을 백성에게 적용했다 함은 중용의 도를 실천함을 말한 이라 하겠다. 그래서 「중용을 擇하여 한가지 善을 얻으면 마음속 깊이 간직하여 잃지 않는다」[5] 라고 하였다.

『중용』은 正道이기 때문에 不正에 대한 抵抗을 지니고, 定理이기 때문에 非理에 대한 拒否를 가진다.

卽, 『중용』은 人間의 正道요, 常道이므로 平坦한 길이요, 危險이 內包되지 않은 길이다. 이와 같은 길은 중용을 택하여 그것을 굳게 固守하는데 智의 眞意가 있음을 强調한 것이다.

『중용』은 常道로써 평탄한 길이지만 사람들을 그것을 고수하기가 어렵다 하여 『중용』9장에

"天下國家를 平治할 수 있고 爵祿도 사양할 수 있으며, 白刃도 밟을 수 있으나, 中庸에는 能이 할 수 없다."[6]

---

4) 『中庸』6章 p.18. "子曰舜 其大知也 與 舜 好問而 好察邇言 隱惡而揚善 執其兩端 用其中於民其於民 其斯以爲舜乎"
5) 『中庸』8章 p.21. "子曰回之爲人也 擇乎中庸 得一善則拳拳服膺而不失之矣"

라고 하였다. 그러면 어떻게 하여야만 『중용』을 실천할 수 있을까 하는 問題가 提起된다.

주자는 이에 대해 설명하기를

"中庸은 비록 능히 하기 쉬운것 같으나 義가 精密하고 仁이 圓熟하여 一毫의 私欲도 없는 者가 아니면 미칠 수 없다."7)

고 하였고

또 『논어』에 공자 말하기를

"君子는 한기 밥을 먹는 瞬間이라도 仁에 어긋남이 없으니, 바로 그 다음 瞬間에도 반드시 이에 있고, 엎드러지고 자빠지는 사이에도 반드시 이에 있다."8)

고 한 것은 군자의 中庸의도가 바로 와같이 짧은 時間에 있어서도 『中庸』의 德을 떠날 수 없다는 뜻이다.

그러므로 『中庸』 10章에

"군자는 화 하되 흐르지 않으니, 강하다 꿋꿋함이여 중립하여 치우치지 않으니, 강하다 꿋꿋함이여 나라의 도가 있을 때에는 궁할 때의 의지를 변치 않으니, 강하다 꿋꿋함이여 나라에 도가 없을 때에는 죽음에 이르러도 지조를 변치 않으니, 강하다 꿋꿋함이여 !" '君子 和而不流 强哉矯 中立而不倚 强哉矯 國有道 不變塞焉 强哉矯 國無道 至死不變 强哉矯'

---

6) 『中庸』 9章 p.23. "子曰天下國家 可均也 爵祿 可辭也 白刃 可蹈也 中庸 不可能也"
7) 『中庸』 9章 註 "至於中庸 雖若易能 然 非精仁熟而無一豪人慾之私者 不能及也"
8) 『論語』 「里仁」 "君子 無終食之間 違仁 造次必於是 顚沛必於是"

라 하였다.

즉 和而不流와 中立而不倚는 人欲之私를 克服하여 중용지도를 고수하는 군자의 態度요 國有道에 不變塞는 時中의 道라고 볼 수 있다. 그리고 强哉矯라 함은 꾸준성을 지닌 庸德이라 할 수 있다. 그러면 君子와 小人은 어떠한 차이점이 있느냐 하는 문제점이 제기된다.

『중용』 2장에 공자는 군자와 소인을 比較하여 말하였으니,

> "君子는 中庸을 體行하고 小人은 中庸에 反한다. 君子가 體行하는 中庸은 君子로써 時中 함이요, 小人은 中庸에 反」함은 小人으로서 거리낌이 없음이다."[9]

라고 하였다. 君子의 중용은 군자로서 隨時處中하는 것이라 하겠다.

그러면 隨時處中에 이를 수 있는 바탕은 어떠한가?

주자가 「中은 不偏不倚하고 無過不及之名이라」(中庸章句註)고 말한 것에, 新安陳氏는

> "「不偏不倚」는 未發之中으로써 마음으로 論述한 것이며 中의 體이요, 無過不及은 時中의 中으로서 事物을 論述한 것이며 中의 用이다.(章句註)"

라 하였으니, 『중용』의 用에 해당하는 것이 바로 時中이다. 이 같은 時中을 可能케 하는 것은 不偏不倚인 本然의 中인 것이다. 이에 대해서 北溪陳氏는 『중용』의 中을 在心之中과 在事物之中의 合一로 보았다.[10] 在

---

9) 『中庸』 2章 p.13~14. "仲尼曰 君子中庸 小人反中庸 君子之中庸也 君子而時中 小人之中庸 小人而無忌憚也"
10) 『中庸』 1章 小註 "中庸之中 却是含二義 有在心之中 有在事物之中 所以文公 必內外而言 爲不偏不倚 無過不及 可謂確而盡矣"

心之中은 人間의 內心으로써 體로 보았고, 在事物之中은 外的 事物을 對象으로 하는 用이요, 時中으로 보았다고 할 수 있다. 內와 外 즉 體와 用이 合一되는 경지에서 중용지도가 실현될 수 있다고 하겠다. 그러므로 이 같은 境遇는 君子의道 費而隱의 경우라고 볼 수 있고 또 聖人 君子가 中庸의 道를 택하여 한 가닥 善을 얻으면 놓치지 않기 위해 拳拳服膺하는 것이 이와 같은 것이라 하겠다.

『中庸』20章에

'誠之者는 擇善而固執者也라' 했으니, 聖人은 이러한 誠之의 과정을 거쳐 誠의 경지에 이른 것이며, 이 같은 境地에 이르면 自然히 誠者는 애쓰지 않아도 中道에 맞아지며 생각하지 않아도 얻어져 從容히 도에 들어맞게 되는 것이다. (中庸 20章)

그래서 誠者 즉 聖人은 主體인 자기를 이룰 뿐만 아니라, 客體인 대상을 이루기 때문에 때에 맞게 조처하여 內와 外를 合하는 道이다. 이것은 聖人의 중용의도를 말한 것이다. 여기에서 成己는 主體로서 中이요, 成物은 客體로서 和라고 볼 수 있다. 內와 外를 合하는 道는 곧 中庸의道요 中和의道이다. 이것은 바로 君子之道, 費而隱에 相應하는 것이라 하겠다.

2. 費隱으로 본 中和

가) 中和의 槪念

『中庸』首章에서

> "喜, 怒, 哀, 樂이 發하지 않는 狀態를 中이라 하고, 發해서 節度에 맞는 것을 和라고 하고, 中은 天下의 大本이요, 和는 天下의 達道이다."

라는 말이 있다. 주자는 이에 대해서 말하기를

"喜, 怒, 哀, 樂은 情인데 그 情이 發現되지 않은 潛在狀態에 있는 것이 性이다. 이 같은 性은 過, 不及, 偏倚가 없기 때문에 中이라 말할 수 있으며, 같은 性이 外部의 事物이 感而遂通되어 乖戾하는 바가 없이 節度에 맞는 것을 情의 正이니 이것이 곧 和이다. 中은 大本으로서 道之體요, 和는 達道로서 道之用이다."[11]

라고 하였다.

주자가 여기에서 性과 情이라고 하는 것은 本體와 運用의 관계를 말하는 것이고, 中과 和는 道之體와 道之用 卽 體用의 關係를 말한 것이다.

換言하면 喜, 怒, 哀, 樂의 네 가지 情은 七情(喜怒哀懼愛惡慾)을 省略한 것이라고 보아야 한다. 이 같은 七情은 性理學에서 맹자의 四端(惻隱, 羞惡, 恭敬, 是非)과 함께 역대 유가들의 쟁점이 되어 왔다. 이 四七의 쟁점은 "誠은 善한데 情은 善하게도 되고 惡하게도 되느냐?" 하는 問題若起와 또 性理學에서는 理氣 二元論으로 性은 本然의性과 氣質의性으로 論難되어 왔다. 그래서 程頤는 말하기를 "性은 곧 理요 本善이며 천하의 理로서, 喜怒哀樂의 未發이라"는 것이다.[12] 그런데 주자의 性論은 張載와 程頤의 설을 계승하여 人性은 本然의 性과 氣質의 性으로 나누어 설명하고 발전시켰다.

주자는 『學的上篇』에

---

11) 『中庸』「中和章」註 "喜怒哀樂 情也 其未發則性也 無所偏倚故 謂之中 發皆中節 情之正也 無所乖戾故 謂之和 大本者 天命之性 天下之理 皆有此出 道之體也 達道者 循性之謂天下古今之所共由"
12) 『程頤』「語錄」"性則理也 所謂理 性是也 天下之理原其所目 未有不喜 喜怒哀樂 未發 何嘗不善 發而中節則無往不喜"

"本然의 性은 天地의 性이며 고요 하여 움직임이 없는 未發狀態로써 至善하고 純粹한 太極의 本然의 妙이며, 一本이라 할 수 있고, 氣質의 性은 已發狀態로서 氣의 正偏 淸濁을 含有하고 있으며, 善惡을 혼유하고 있는 것이다. 그래서 自然의 性은 理요, 氣質의 性은 理와 氣가 섞여 있는 것이라"13)

고 하였고, 또

"性은 心의 理요, 情은 性의 用이며, 心은 性情의 主가 되고, 性은 心에 具備하고 있는 理이며 情은 性이 事物에 느껴서 드디어 통하여 動하는 것이라."14)

고 하였다. 이와 같이 주자는 本體인 中. 卽 性의 二元論을 主張하고, 性에는 本然과 氣質의 兩面性을 言及한 것이다. 또한 주자는

"天命의 性者는 天理의 全體요(朱大 理3, 27 答林擇之)
性卽 太極之 全體라(朱大 61. 22 答嚴時享)하였으니, 性은 理요15) 太極으로서 本體라는 것이다."

北溪陳은 性 卽 理라는 주자의 설을 천명하여 설명하기를

"性卽理는 本體論的 立場에서 道德論的 입장과 관전하여 언급한 것

---

13) 『朱子大全』「學的上篇」"有天地之性 有氣質之性 天地之性 則太極本然之妙 萬殊之一本也 氣質之性 則二氣交運而生 一本而萬殊者也 以理言之 則無不全 以氣言之 則不能無偏 論天地之性 則事指理而言 論氣質之性 則以理與氣雜而言之"
14) 『朱子大全』「學的上篇」"性者 心之理也 情者 性之用也 心者 性情之主也… 性者 心之所具之理 情者 性之感於物而動者也"
15) 『中庸』1章 註 "性卽理也 天以陰陽五行化生萬物 氣以成形而理亦賦焉 於是人物之生 因各得其所賦之理 以爲健順五常之德 是卽所謂性也"

으로, 本然의 性은 寂然不動한 未發狀態로서 至純 至善하며, 道德實踐의 實體로서 우주의 본체에 비유할 수 있다."[16]

는 것이다.

주자는 性에 대하여 具體化하여, 性은 理요 體이고, 情은 用을 말한다. 心은 性과 情을 統御한다는 것이다. 未發은 性이요, 已發은 情이라 하였다.[17] 栗谷은 이에 대해서

未發之中은 至善이요 誠이요 太極이며 性이라 하였다.[18] 本體上에서 誠, 太極, 至善의 개념은 同意이므로 未發之中은 또한 實理之誠이라고 할 수 있다.

이와 같은 것은 成聖 成德의 內容에서도 찾아볼 수 있다. 栗谷의 聖學輯要 統說篇에 의하면 成聖 成德의 體인 修己와 用이 되는 治人은 中和의 內와 外로서 至善의 體와 用이 合一되는 것에서 이룩 될 수 있다는 것이다.[19] 內와 外로된 중화에 대해서 율곡은 말하기를,

"中은 大本者로서 在心의 中이요 和는 達道로서 在事의 中이니 中和는 至善의 體와 用에서 內實과 外實의 合一된다고 하였다."[20]

---

16) 『中庸』1章 小註 "性卽理也 何以不謂之理 而謂之性 盖理是泛言地間人物 公共之理性 是在我之理 只這道理 受於天 而爲我所有故 謂之性"
17) 『朱子大全』「答潘謙之書」55,1 "性之是理 情是流出運用的 心之知覺 卽所以其此理而行此情也 以智言之 所以知是非之理也 智也性也 所以知是非而是非之者 情也 其此理而覺其爲是非者 心也"
18) 『栗谷全書』 p.759 "未發爲太極之禮 旣發爲太極之用"
    『栗谷全書』 p.187 "至善之禮 卽未發之中 而天命之性"
    p.479 "誠者 天之實理 心之本體"
19) 『栗谷全集』「聖學輯要」統說篇 p.426 "聖賢之學 不過修己治人而已 今輯中庸大學 首章之說 實相表裏 已修己治大之道 無不該盡 盖天命之性 明德之所其也 率性之道 明德之所其也 修道之敎 親民之法度"
20) 『栗谷全集』 p.187~190 『栗谷全集』 卷8 答成浩原書의 至善與中 "大本者 中之在

이 같은 寂然不動한 中和의 中은 事物에 接하면 感 할 수 있고, 發現할 수 있는 것이다. 또한 事物에 接하여 感而遂通할 때 本然之中을 그대로 구체화하는 것이 和이다. 中節의 意義는 節度에 맞는 다는 뜻으로 時中이라 할 수 있다. 中節의 節은 人情의 準則으로써 行爲主體인 性과 行爲客體인 情과 의 만남을 타당하게 조절하는 行爲準則인 것이다. 이 같은 준칙이 過, 不及이 없이 그리고 乖離나 偏倚없이 적중하는 것을 和라 한다.21) 즉 주체와 객체의 합일을 의미하는 것이요, 또한 이것은 費와 隱의 조화를 가져오기 때문에 군자의 도가 실현 될 수 있는 것이다. 또한 情이 발현하여 절도에 맞는 和는 천하의 達道요, 率性의 道이므로, 인간의 본연의 性인 中은 中節에 依하여 조화를 이룰 수 있는 것이다.22)

그런데 中節에 의한 和에 대한 不中節에 의한 不和의 現象은 어떻게 惹起하느냐하는 문제가 제기된다.

이와 같은 不和는 본연의 性이 현실성에서, 기질성의 濁 駁 不純 等의 氣禀과 人欲의 私가 가리 워서, 일어나는 것이다. 즉 本然의 性인 中의 純正이 乖離, 勃戾되어 一邊道에 떨어지기 때문에 구현되지 못하고, 또한 氣禀과 人欲의 精神狀態에서는 過・不及의 現象이 일어난다. 同時에 事物에 感而遂通함에 있어서는 주체와 객체가 부조화 모순의 대립관계에 있게 된다.

  心者 達道者 中之在事物者也"
  "至善之禮 卽未發之中… 至善之用 卽 事物上自有之中"
21)『中庸』「中和章」小註 "限制也 其人情之準的乎 只是得其當然之理 無些過不及 與是理 不相節戾故曰和"
22)『中庸』「中和章」小註 "發而中節之和 無過不及之中 故 周子 曰 中也者 和也 中節也 天下之達道也 達道 卽率性之道"

本然의 性이 事物에 感而遂通하였을 때 如何히 절도에 맞게 調和하느냐 하는 문제가 제기된다.

氣質之性의 濁駁, 不純한 氣禀과 人欲을 排除하여 本然之中을 온전하기 보존해 가는 방법으로 옛 聖人들은 敬, 誠, 靜, 仁과 같은 것을 주장해 왔다.

그래서『중용』首章에 군자가 誠을 向해 誠之하고 又誠之하여 天道에 이를 수 있는 敬의 態度를 말하였고[23]

율곡은

"뜻이 성실하지 아니하면 설수 없고, 도리가 성실하지 아니 하면 바르게 되지 못 하며, 기질이 성실 하지 못하면, 변화 할 수 없다."'志無誠則不立 理無誠則不格 氣質無誠則不能變化'[24]

하였고, 또

"군자의 학문은 성실성과 독실함 뿐이라"'君子之學 誠篤而已'[25]

라 하였으니, 君子가 誠之해 갈 것을 말한 것이다.

이와 같은 中과 和는 인간의 본연지성의 靜과 動을 契機로 주체와 객체로 나누어진다. 主體는 體의 大本이요 原理이다. 객체는 주체의 發揮로 中과 和의 二物이 아니요 하나인 것이다. 즉 隱으로서의 주체와 費로서의 객체는 二元的 一元論인 것이다.『周易』序文에

---

[23]『中庸』首章 "君子 戒愼乎其所不睹 恐懼乎其所不聞 莫見乎隱 莫顯乎微 故 君子愼其獨"
[24]『栗谷全集』p.499 "志無誠則 不立 理無誠則不格 氣質無誠則不能變化"
[25]『栗谷全集』p.495

"至微者는 理也요 至著者는 象也라. 體用一源이며 顯微爲間이라"

함은 理가 주체의 中이요, 象은 객체의 和라 할 수 있다. 주체와 객체 즉 中과 和는 顯微無間인 것이다. 이것은 바로 "비 가운데 은 이 있고, 비 외에 별도로 은이 있는 것이 아니라" '費中有隱 非費之外別有隱' 한 것과 같은 것이다.

이상에서 中은 本體論上에서 理, 太極, 至善, 未發, 大本, 性, 誠으로써 體요, 隱에 해당하고 和는 達道, 中節, 時中, 調和로서 用이요, 費에 해당한다는 것을 알았다.

다음으로 費와 隱으로서 中과 和의 關係를 구명하고자 한다.

나) 中과 和의 關係

中和의 中은 喜, 怒, 哀, 樂이 아직 발현되지 않은 상태로써 天賦本然의 誠이요, 自然의 性이며, 天命의 性이다. 그것은 未發상태에 있는 만큼, 不偏, 不倚이요, 過, 不及이 있을 수 없는 의미에서, 體로서 隱이다. 이 未發之中은 곧 天命之性으로써 천하의 大本이므로, 모든 것의 根源이 되는 우주의 본체이기도 하다.

中和의 和는 喜, 怒, 哀, 樂 즉 情이 發하여 節에 맞는 것을 말하는 것으로써 천하의 達道이며, 우주의 작용으로 萬象에 顯現되는 것이므로 費라 할 수 있다. 그러면 隱으로서 體인 中과 費로서 用인 和는 어떠한 關係이며 그 功效는 어떠한 가를 구명하고자 한다.

주자의 「中和新說」에 의하면

"寂然不動한 中은 心의 본체로서 사물에 교감된 후에는 七情이 感而

遂通하여, 각각 主하는 바가 있으니, 이것이 和요, 心의 작용이 되는 것이다. 그리고 心은 寂然不動한 性과 感而遂通한 情을 周流貫徹하고 있으므로 體와 用이 不相離의 관계에 있게 된다."26)

이때 心은 性과 情을 포괄하고 있는 것이다. 그러므로 中和는 性情의 德이요, 寂感은 心의 體用이 된다. 이 같은 心은 寂然時는 未發의 中이요, 感通時에는 中節로서 和가 된다. 또한 性情之德과 中和之妙는 마음의 主體가 確立될 때는 條理가 있고 질서를 유지한다.27)

그리고 退溪도「주자의 中和新說」과 같은 내용으로 말하였다.28)

그러면 致中和의 방법은 如何한가?

주자는 '心의 寂感이 周流貫徹하여 不離不卽의 관계에 있을 때, 主敬하면 잠시도 仁되지 않음이 없이 致中和하는 것이라' 하였다.29)

이때 主敬이 致中和하는 방법이라 하겠다. 그래서

"주경의 학은 동정을 관통 한다. 단 발하지 않을 때 인즉, 혼연 하여 경의 체가 되고 임이 발 할 때 인즉, 사실에 따라 성찰되어 경의용이 된다." '敬學通貫動靜, 但未發時, 則渾然是敬之體… 旣發, 則隨事省察, 而敬之用'30)

---

26) 『朱子大全』32, 25 "其所爲中 是及所以爲體 而寂然不動者也 及動也 事物交至 思慮萌焉 則七情迭用 各有攸主 其所爲和 是乃心之所以爲用 感而遂通者也 …是則心之所以寂然感通周流貫徹而體用未始相離也

27) 『朱子大全』32, 25 "此理須以心爲主而論之 則性情之德 中和之妙 皆有條而不紊矣"

28) 『退溪全書』19 최후1서 p.486, 己未年 答黃仲擧書 "人心備體用 該寂感 貫動靜 故其未感於物也 寂然不動 萬理咸具 而心之全體無不存 事物之來 感而遂通 品節不差 而心之大用無不行 靜則寂而未發之謂也 動則感而已發之謂也 人之所以參三而立極者 不出此端而已"

29) 『朱子大全』22, 26 "有以主乎靜中動 是以寂而未嘗不感 有以察乎動中靜 是以感而未嘗不寂 寂而常感 感而常寂 此心之所以周浩貫徹而無一息之不仁 然則君子之所以治中和而天地 萬物育者 在此而已"

30) 『朱全』43, 21「答林澤之書」

라 한 것이 바로 그것이다. 또 北溪陳은

"계신 공구 하지 아니 할 때가 없으니, 이것이 주경이다" '無時不然, 戒謹恐懼. 只是主敬'라[31] 하여. 愼獨을 主敬으로 보았다. 또한 東陽許는 致中和에는 主敬이 중요함을 示唆하였던 것이다.[32]

그러면 致中과 致和의 관계는 如何한가? 雲峰胡는 致中 致和에 대하여.

"致中은 天命의 性이요, 致和는 率性의 道"

라 하였고[33] 율곡은

至善의 體는 곧 未發의 中이며 天命의 性이요(栗全 p.187) 明德의 體는 곧 至善의 體이며 未發의 中이라(栗谷全集 p.190) 하였다. 여기에서 致中은 天命之性이고 未發之中이며, 明德, 至善의 體이다. 致和는 率性의 道로서 用이라고 보아야 한다. 이 같은 體와 用은 兩事가 아님을 강조하여 주자는

"체가 선 후에 용이 대행한다." '體立而後 用有代行'[34] 하였다. 이에 대해 新安陳은,

"가 선후에 용이 대행한다." '體靜用動은 分言也요 體立而後 用行은 合言也라. 致中則必能致和이니 中和一理라"[35]

하였고, 雲峰胡는

---

31) 『中庸』 1章 小註
32) 『中庸』 1章 小註
33) 『中庸』 「中和章」 小註 "致中 天命之性 致和 率性之道"
34) 『中庸』 「中和章」 小註
35) 上揭書

"중화는 반드시 체가 확립 된 후에 용이 이에 작용 하게 되니, 또한 양사가 아니다." '中和… 必其體立而後 用有以行하며 亦非有兩事也'[36]
라 하였으니, 致中 致和는 由體以推用[37]이요, 緣體爲用으로서 體와 用이 一源이며 "나타내는 것과 나타내지 않음은 차이가 없다." '顯微無間'[38]함을 뜻하는 것이다. 그러므로 體로서 致中은 隱이고 用으로서 致和로 費라 할 수 있다. 또한 이것은 두 개의 개념을 말하는 것이 아니라 二元的 一元論 關係에 있기 때문에 由體推用이로되 顯微無間인 것이다.

율곡은 中和는 至善의 體用이요, 至善의 體는 未發之中이며 大本이고, 至善의 用은 在事物의 中이며, 達道이다. 그리고 致中和는 止至善이고, 明明德이며, 大本이 定立되고 達道가 實行된다고 하였다.[39] 즉 致中和는 내 마음이 中으로서 體와 事物의 中으로서 用의 一致이다. 이것은 곧 君子의 道 費而隱의 관계이다.

이와 같이 中和를 이루면 천하가 제자리를 잡고, 萬物이 자라난다는 것이다.[40]

栗谷「聖學輯要」統說篇에

「致中和의 功效를 말한 것으로[41] 天地位의 位를 朱熹는「安其所」의 뜻으로 보았고, 鄭玄은「正」의 뜻으로 보았으므로, 天地位焉은 질서가

---

36) 上揭書
37) 『中庸』「費隱章」小註
38) 『易傳』序 "至微者理也 至善者象也 體用一源 顯微無間"
39) 『栗谷全書』卷八「答成浩原書」p.187~190.
40) 『栗谷全書』p.426 "致中和 而位育者 明德親民止於至善而明明德於天下之謂也 但所及有象寡 而功效有廣狹 致中和之功 止於一家則一家之天地位 萬物育而明德明於一家 至於一國 則一國之天地位 萬物育而明德明於一國 及天下 則天下之天地位 萬物育而明德明於天下矣"
41) 『中庸』「中和章」小註

확립되고 안정된 세계를 말하는 것이고, 萬物育焉의 育을 주희는 「遂其生」으로 보았으므로, 萬物育焉은 세계가 제자리 잡히고 안정되면, 발전과 번영을 위한 창조적 활동이 될 수 있는 것이다.[42] 그래서 中和를 擴充하면, 家, 國, 天下에 이르기까지 對立, 矛盾, 不調和같은 것은 除去하고 中節케하면, 齊家, 治國, 平天下의 실현이 가능하다 함을 시사한 것이다. 이것은 中和의 내부적 주관적 실현을 전제로 하여 외부적 객관적 실현을 구체화한 것으로[43] 內와 外를 합일하는 中庸의 道라 할 수 있다. 近思錄에

"체용은 두 물이로되 서로 떨어 질 수 없는 고로, 한 근원이라 말할 수 있다." '體用是兩物而不相離, 故可言一源'라 하였으니, 致中은 體요 致和는 用이라 한다면, 中和之道는 君子之道 費而隱에 상응하는 것이라 할 수 있다.

이 같은 君子의 道는 至善 至誠 盡誠이 되어야만 致中和할 수 있다고 보아 『中庸』 22章에

"오직 천하에 지극히 성실한 분이어야 능히 그 성을 다할 수 있으니, 그 성을 다하면 능히 그 사람의 성을 다할 것이요 사람의 성을 다하면 능히 물건의 성을 다할 것이요 물건의 성을 다하면 천지 화육을 도울 것이요 천지 화육을 도우면 천지와 더불어 참여하게 될 것이다." '唯天下至誠 爲能盡其性 能盡其性則能盡人之性 能盡人之性則能盡物之性 能盡物之性則可以贊天地之化育 可以贊天地之化育則可以與天地參矣'

---

42) 『中庸』 「中和章」 小註 "致中和而能使天地 位 萬物 育 是有此理 但所居 位有高下 則 力之所至 有廣狹 如爲一家之主則 能使一家之天地 立 萬物 育 爲一國之主則 能一國之天地 位 萬物育 爲天下主則 能使天地 立 萬物 育"
43) 『中庸』 25章

하였다. 즉 천하의 至誠은 천하의 大本이며, 達道로서 中和이다. 人性은 인간의 性情이요 天下化育은 立育萬物이라 하겠다. 여기에서 至誠이 되어야만 天賦之性의 實現을 極盡케 할수 있다고 하였으니, 性의 실현의 극진함은 自己完成 뿐만 아니라, 他者의 完成을 가져온다. 그래서 不誠이면 無物인 고로 君子는 誠之爲貴라44) 했으니 이것이 바로 中和의 道요 군자의 道인 것이다.

3. 費隱으로서의 忠恕

『중용』 13장에

"충서는 도와 거리가 멀지 않다." '忠恕違道 不遠'란 말이 있다. 이 말은 論語 里仁篇에

'夫子之道 忠恕而已'라 하였으니 子思가 그 祖父인 공자의 말씀을 그대로 인용한 듯하다. 공자의 一貫의 道는 忠恕이니45) 忠恕 그것이 곧 道라고 할 수 있으나, 중용의 忠恕는 그것이 곧 道가 아님을 말하여 違道不遠이라 하였다.

그러나 道와 멀리 떨어져 있는 것을 意味하는 것은 아니므로, 인간이 자기의 마음을 다하고 眞實無妄한 본성에서 推己及人하여 남을 이해할 수 있는 경지에 이르면 忠恕가 곧 도가 될 수 있음을 시사한 것이다.

그러면 충과 서에 대한 의의를 살펴보자. 주희는 말하기를

---

44) 『論語』「里仁」 "子曰 參乎 吾道一以貫之 曾子曰 唯 子出 門人問曰 何謂也 曾子曰 夫子之道 忠恕而已矣"
45) 『中庸』 13章 註 "盡己之心爲忠 推己及人爲恕"

"나를 다하는 마음이 忠이요 나를 미루어 남에게 미침이 恕라"46) 하여 忠恕의 내용을 盡己와 推己로 보았는데 兩者는 二物이 아니라 서로 不可分의 관계에 있으며, 忠일때는 恕를 아직 볼 수 없으나, 恕일때는 忠이 그 사이에 行한다."47)

고 하였고, 北溪陳은 이에 대해서 말하기를

"忠은, 마음을 두고서 말한 것이니 나의 진실됨이 그거요, 恕는 得人 接物의 경우를 두고서 말한 것이니 이것은 내 마음의 진실됨을 미루어 인간과 사물에 미칠 뿐이다."48)

라고 하였다. 이와 같이 忠은 자기의 속마음을 다 해서 속임없이 타인에게 대하는 것이다. 忠字는 中과 心의 合으로 되었다. 中心은 속마음이다. 이 속마음을 다하면 그것이 盡己이다. 恕字는 如와 心으로 된 것으로 자기의 마음과 같이 남의 마음을 받아 주는 것이다. 그런데 나의 마음을 안다는 것은 나의 마음을 미루어서 아는 것이므로 推己를 恕라고 해석한 것이다.

이와 같이 忠의 발현이 恕요, 恕의 바탕이 忠이니 忠은 道之體요 恕는 道之用으로 體와 用의 관계라 하겠다.49)

그러므로 忠은 體로서 隱이요, 恕는 用으로서 費에 해당된다고 할 수 있으므로, 이 忠恕는 費而隱의 관계에 있으며, 이것은 곧 「違道不遠」이

---

46) 『中庸』 13章 小註 "忠恕兩箇 離不得 方忠時 未見得恕 及至恕時 忠行乎其間"
47) 『中庸』 13章 小註 "北溪陳氏曰忠 是就心說 是盡己之心 無不眞實者 恕是就待人接物處說 只是推己之心眞實者 以及人物而已"
48) 『論語』 「里仁」 註 "曾子 有見於此而難言之 故昔學者盡己推己之目 而著明之 欲人之易曉也 蓋至誠無息者 道之體也 萬殊之所以一本也 萬物各得己所者 道之用也"
49) 『中庸』 13章 小註 "天地穆穆不已 乾道變化 各正性命 便是天之忠恕 純亦不已 萬物 各得己所 便是聖人之忠恕 施諸己而不願 亦勿施於人 便是學者之忠恕"

라는 것이며, 君子의 道의 실천으로 다음에는 찾아 볼 수 있다.

"君子의 道 넷에 丘는 한 가지도 잘하지 못한다 자식들에게 섬김을 잘하지 못하고"(중용 13장)

라고 하여 '자식들에게 바라는 것으로 아버지 섬김을 잘하는 것' 등은 君子의 道요 忠恕인 것이다.

주희는 忠恕에는 天의 忠恕, 성인의 忠恕, 學者의 忠恕의 階次를 두었다.50) 天의 忠恕, 성인의 忠恕는 完全無缺한 誠者의 경지요 學者의 忠恕는 불완전한 誠之者로서의 경지이다.

완전무결한 忠恕는 「以己及物」 즉 나 바로 그것으로써 인간과 사물에 미침이니 仁이 곧 그것이다. 공자는 論語 里仁篇에

"仁者는 자신이 서고자 하는 데에 남을 세우고 자신이 達 하고자 하는 데 남을 達하게 한다"51)

고 한 것은 "자기에게 베풀기를 원하지 않은 것을 다른 사람에게 베풀지 말라" '施諸己不願 亦勿施於人'와 함께 성인의 忠恕이요, 天의 忠恕인 것이다.

불완전한 學者의 忠恕는 入門 下學處에 있으므로 天의 忠恕, 성인의 忠恕를 향해서 부단히 노력해 가는 것이다. 이와 같이 誠之 又誠之하면 성인의 忠恕 즉 誠의 경지에 達하는 것이다.

---

50) 『論語』「里仁」 "仁者 己欲立而立人 己欲達而達人"
51) 柳承國, 『東洋哲學論考』 (成大大學院, 東洋哲學硏究室, 1974) p.149 참조.

이상에서 본 바와 같이 忠恕는 體用으로 볼 수 있으며, 忠恕는 곧 中庸의 道요, 君子의 道 費而隱으로 볼 수 있다.

4. 費隱으로 본 誠

가) 誠의 槪念

성에는 천도와 人道의 양면성을 언급하고 있다. 특히 중용의 誠者에 대하여 주자는 眞實無妄이니, 天理의 本然이라 하였고, 율곡은 이에 대하여,

誠에 實理之誠과 實其心之誠을 말하여 誠의 인간적 형태로서 實其心之誠을 제시하고 있다. 誠 즉, 眞實無妄하는 것은 天道이지만 진실무망하고자 하는 것은 人道요 天道로서 誠이 本然論的 개념이라면 人道로서 誠은 修養論的 개념이라 할 수 있다. 그러므로 誠에는 實理와 實心 즉 天道와 人道는 體로서의 隱과 用으로서의 費의 양면성이 誠을 通하여 이루어지는 것이며 誠을 통하여 인간 가치관이 정립된다고 하겠다.

나) 天道와 人道

그와 같은 誠을 가장 잘 顯示하고 있는 곳이 중용 20장에
"誠者는 天之道요, 誠之者는 人之道也라"
한 것이다.

誠者 는 眞實無妄을 말하는 것으로 천리의 本然이요, 誠之者는 아직 진실무망 해지려고 함을 말하는 것으로 人事의 當然이다. 성인의 덕은

單然히 天理인지라 진실하고 허망함이 없이 思勉을 기다리지 않고 從容이 도에 맞나니 이것이 天道요, 성인의 경지에는 아직 도달하지 못하여서는 人慾의 私가 없을 수 없어 그 德됨이 진실하지 못하여, 思慮하지 않고 얻을 수 없으니, 반드시 선을 택한 후에야 선을 밝힐 수 있고, 힘쓰지 않고 中節할 수 없으니 반드시 굳게 잡은 뒤에야 몸을 誠케 할 수 있나니, 이것이 바로 人道라고 주희는 말한다.

즉 여기에서 말하는 誠이란 天道요, 성인의 도로서 천도와 성인의 도는 동일한 개념으로 인간이 지향하는바 천도는 至誠인 것이다. 이 같은 경지에 도달하면 인간의 행하는 바가 無過不及의 상태인 中節에 처하여 진 무망한 인간상인 성인의 극치에 이른다. 그래서 주희는 「一이면 純이요, 二이면 雜이다. 純이면 誠이요, 雜이면 妄이다」[52] 하였으니, 성인 즉 천도에 達하기 위하여서는 匹夫匹婦의 인간에게는 誠之의 수양이 요청된다. 이 같은 것은 인간윤리관에서 보아도 誠이 얼마나 핵심적인 위치에 있다는 것을 말해 주고 있으며, 이것은 인간윤리면의 주체로서 隱에 해당한다고 보아도 過言이 아니다.

또한 주자는

"誠字를 指鬼神之實理而言이라" 하여 實理의 面을 말하고, 율곡은 "誠字는 天之實理요 心之本體라"(聖學輯要卷三) 하여 天과 人의 根源은 실리요, 본체로서 성을 인식하고 있다. 이것은 유교가 인본주의를 넘어 초월적 天을 인간에 내재화 하여 파악하고 있음을 중용에서 天命之謂性이라 하여 성을 天命之로 보고 있음이 명백하다.[53]

---

52) 류승국, 前揭書 p.149
53) 『栗谷全書』「誠策」

이 같은 誠思想은 『栗谷全書』 拾遺卷六 雜著 「誠策」과 「四子言誠疑」 및 「四子立言不同疑」 등에서 찾아 볼 수 있다. 그중 「四子言誠疑」에 의하면

"誠은 진실 무망한 것으로 實理之誠과 實心之誠이 있다"고 하였다. 그러면 實理와 實心은 어떻게 다른가하는 문제가 제기된다.

實理는 本體論的인 것으로 天道自體로서 化育할 수 있는 體와 用을 겸비하였으므로 天道요, 성인인 것이다. 그리고 實心은 나의 現象界에서 氣禀과 氣質의 偏僻됨을 克己하고 修身하여 天理 즉, 天道에로 복귀하려는 賢者와 같은 것으로, 이 같은 것을 人道라 하겠다.[54]

그러므로 聖人은 天道의 경지에 到達하였으므로 全體之誠이 아님이 없으나, 賢人君子는 全體之誠이 없으므로 偏僻되고 偏差가 있으므로 實理를 밝히고, 天道로 복귀하려고 노력하는 것이 인간이다. 그런데 賢人, 君子의 인간은 誠之 又誠之의 수양이 요청된다. 또한 生知安行하는 聖人은 수양을 필요로 하지 아니해도 從容中道하지만 學知 利行하는 賢人, 君子는 수양에 의하여 擇善固執하여야 비로소 天道에 도달할 수 있는 것이다. 그러면 수양의 방법은 如何한가하는 문제가 된다. 『중용』 27장에

'尊德性과 道問學'을 들 수 있다.

군자는 이 같은 尊德性과 道問學의 수양 하는 데는 지극한 덕이 아니면 지극한 도가 이루어지지 못한다는 것이다. (중용 27장)

그러므로 "군자는 德性을 尊崇하면서 學問으로 말미암는 것이요, 廣大하게 擴充하면서 精微를 極盡히 하고 옛것을 溫習하면서 새것을 찾

---

54) 『栗谷全書』 「誠策」

아내고 高明을 극진하면서 중용에 말미암고 敦厚함으로 禮儀를 崇尙한다."56)고 했다. 즉, 군자는 덕성을 존중하여 정미를 극진히 하고, 중용으로 말미암고, 새것을 찾아내며 예의를 숭상하면서, 광대하게 확충하고, 고명을 극진이 하고, 옛것을 온습하며 돈후함에 힘써야만 天道 즉, 성인의 경계에 도달할 수 있음을 시사한 것이다. 그러므로 덕성을 높이는 데는 愼獨의 工夫라고 할 수 있고 道問學하는 데는 博學, 審問, 愼思, 明辨, 篤行과 같은 五事를 말 할 수 있다.

 注意해야 할 것은 尊德性而道問學은 二個의 개념이 아니라 二元的 一元論인 것으로 相互表裏의 관계에 있다는 것이다.

 인간은 이 같은 수양의 방법을 통하여 성인의 경계에 도달하게 되면 공자와 같이 "마음에 하고자 하는 것을 하되 규정에 넘지 아니 하다." '從心所欲 不踰矩'의 경계가 되며, "힘쓰지 아니하되 시중 되며, 생각하지 아니 하되 깨달게 되며, 자연스럽게 진리에 맞아간다." '不勉而中 不思而得 從容中道'하여 君子之道 費而隱의 경지가 되며, 體와 用이 일치된 天道에 도달하게 된다.

Ⅲ. 結 論

 費隱을 중심으로 하여 中庸全篇을 고찰하였다. 중용이 본래 유가의 철학을 추상적으로 설명한 것이므로 그 논리구조가 난해하다고 아니할 수 없다. 君子之道 費而隱은 간단한 문장 속에 중용의 원리를 집약하고 있다고 하겠다. 上述한 바와 같이 중용의 의의를 費隱으로 고찰하였고,

費隱으로 中和 및 忠恕를 탐구해 보았으며, 費隱으로 본 天道와 人道를 해명해보려 하였다. 그러나 이것은 중용사상에 내용을 몇 분야에서 고찰한 것뿐이요, 이외에 여러 가지 입장에서 재검토할 수 있다고 하겠다. 그러나 이것은 다만 문제의식을 가져 본데 불과하다. 현대철학에 있어서 여러 가지 모순대립문제를 모색하는데 있어서 중용사상이 관심의 대상으로 될 수 있으리라 생각된다.

3. 『中庸』의 費隱으로 본 天道

Ⅰ. 序 論

　『중용』의 誠사상 연구에 있어서 費・隱을 중심으로 한 것은『霞谷集』의 費・隱思想에서 유래한다. 霞谷은 "中庸一篇之所推明 只是費隱微顯之指耳"[1])라 하여『중용』일편이 費와 隱으로 추명 됨을 살폈다. 논자는 霞谷의 이 견해에 타당한 근거가 있다고 생각되어『중용』의 성 사상을 費・隱의 관점에서 살피고자 한다. 그리고『중용』사상을 대별하면 中庸論과 誠論으로 나눌 수 있다. 중용을 논하게 되면 誠論이 구명되고 誠論을 구명하게 되면 중용이 昭著해지므로 중용과 誠은 不可離의 관계에 있게 된다. 그러므로『중용』의 誠思想을 규명함으로써『중용』전체를 보고 유가사상의 방향을 내다보려는 것이 필자가 본 연구를 시도하게 된 취지이다.
　이 같은 취지를 살리기 위하여 본론에서 費・隱의 개념을 밝혀 誠의 의미를 살피고, 또한 誠思想의 費隱的 해명을 통하여 천인관계를 규명

---

1)『霞谷集』「雜解」卷之七. p.324

하고, 끝으로 誠의 費隱的 구현을 통하여 誠의 현대적 의의를 찾고자 한다.

Ⅱ. 誠의 意味

1. 誠의 뜻

誠의 의미를 고찰하기 위해서는 우선 字意上의 의미를 구명하고 역사적 전개변천을 고찰하여 그것이 『중용』에 이르러 어떻게 해석되어 졌는가를 서술하고자 한다.

許愼(後漢 召陵人, 字는 叔重)의 『說文』에 의하면 "誠 信也 從言成聲"이라 하였으니 誠 이란 字는 言과 成의 합으로 이루어진 것으로, 言에 의미가 있고 成에는 音符로만 취한 것이라 하였다. 『설문』에 의하면 成字의 뜻은 戊字와 丁字의 결합으로, 戊는 茂字와 상통하며 초목이 무성하다는 뜻을 내포하고, 丁字도 초목의 싹이 돋아난다는 뜻을 의미하는 것이다. 즉 成字는 音符로만 나타날 뿐만 아니라 成就, 成遂의 뜻을 내포하고 있다. 그러므로 誠字는 言과 成의 양쪽 의미가 함축되어 있다고 하겠다.[2]

이와 같이 문자상의 어의로 볼 때 일상생활에 통용되고 있는 언어는 이것을 사용하는 사람 자신부터 진실성을 내포하는 언어통용이 되어야만 타인에게 신실성과 신뢰성을 줄 수 있다고 하겠다. 환언하면 자기가 전달하려고 하는 언어는 純一無雜하고 眞實無妄하여야만 자기가 지향

---

2) 柳承國, 『東洋哲學論攷』, 成大大學院, 1974, p.149 참조.

하려는 바 목표와 의도에 대해서 행할 때 타인의 신실감을 줄 수 있고, 또한 'Logos'로서 자기완성뿐만 아니라 타자완성을 함께 도모할 수 있는 것이다.

이와 같이 인간 상호간에 생활하여 가는데 언어를 통한 행위에 僞나 虛僞가 있어서는 아니 되기 때문에 『논어』子路篇에, "말을 했으면 반드시 행하여야 된다."고 할 것이라든가, 『중용』에 "말을 반드시 행위를 돌아보아야 되고, 행위는 말을 돌아보아야 한다."3) 고 한 것은 말이 행위를 통해 이루어진 자기의 진실성을 남에게 표명하는 것이기 때문에 언행일치를 강조한 것이다.

誠字가 고전 중에서 가장 먼저 보이는 것으로는 『商書』太甲篇 (B.C. 18C)의 "鬼神 無常享 享干克誠"이라든가, 『周易』의 乾卦 文言에 "閑邪在其誠"이라는 글귀에서 찾아 볼 수 있다.4)

또한 『설문』에 의하면 誠은 '允', '信', '敬'의 뜻으로 전부 진실의 뜻을 내포하고 있다. 이 같은 誠의 의의는 공자시대에 이르러서는 忠信의 개념으로 표현되었는데, 『논어』學而篇 에 "主忠信"이라 하였고, 이에 대해서 註하여 "人不忠則 事皆無實"이라 하였다. 이러한 忠信의 개념이 더욱 심화되어 『중용』의 誠으로 되어진다.

誠의 개념은 『중용』에 와서 유학의 중심사상으로 정립되어 그 위치를 확립하게 되었던 것이다. 『중용』제二十장에 誠에는 天道와 人道의 양면성을 언급하고 있다.5) 특히 『중용』의 誠에 대하여 주자는 誠은 眞實無妄이며 천리의 본연이라 하였다. 그뿐만 아니라, 栗谷은 이에 대하여

---

3) 『中庸』第30章 "言顧行 行顧言"
4) 柳承國, 上揭書
5) 『中庸』第20章 "誠者天之道也 誠之道也誠之者人之道也"

"誠에 實理의 誠과 實其心의誠"6)이 있음을 말하여 眞實無妄한 것은 천리의 본연으로서 '實理'의 영역이요, 그것이 내 마음 속에 내재화해 있는 것을 밝혀내는 노력, 다시 말해서 인간의 당위적인 노력이 '實其心之誠'의 영역임을 말하고 있다. 즉 '實理之誠'은 인간의 당위성 여부가 개재될 수 없는 天理의 영역이요, '實其心之誠'은 인간의 당위성 여부에 따라 誠이 좌우되는 것으로 여기에는 인간의 수양이 필요하게 된다. 이렇듯 眞實無妄한 것은 天道이지만 眞實無妄하고자 하는 것은 人道이며, 天道로서 誠이 본연론적 개념이라면 人道로서 誠은 수양론적 개념이라 볼 수 있다.

2. 誠者와 誠之者

誠을 가장 잘 현시하고 있는 곳이, 『중용』제二十장에 "誠者는 天之道요 誠之者는 人之道也라" 하는 것이다. 誠之者는 아직 성실하지 못하고 미숙한 자가 眞實無妄해지려고 함을 말한 것으로 人事의 당연이다.

聖人의 덕은 당연히 天理인지라 진실하고 虛妄함이 없이 思勉을 거치지 않고 곧바로 從容히 道에 맞나니 이것이 天道요, 聖人의 경지에는 아직 미치지 못함으로 인욕의 私가 없을 수 없어 그 德됨이 진실하지 못해서 思慮하지 않고 얻을 수 없으니, 반드시 善을 택한 후에야 善을 밝힐 수 있고, 힘쓰지 않고 中節할 수 없으니 반드시 굳게 잡은 뒤에야 몸을 誠케 할 수 있으니 이것이 바로 人道라고 주자는 말하였다.7)

즉, 여기에서 말하는 誠이란 天道요 聖人의 道이며 天道와 聖人의

---

6) 『栗谷全書』四 「誠疑」 p.1107.(影印本)
7) 『中庸』第20章 註

道는 동일한 개념으로서, 인간이 지향하는 바 天道는 至誠인 것이다. 이 같은 경지에 도달하면 인간의 행하는 바가 無過, 不及의 상태인 中節에 처하여 眞實無妄한 인간상인 聖人의 경지에 이른다. 그래서 주자는 "一이면 純이요, 二이면 雜이요, 雜이면 妄이다."[8]하였다. 실로 聖人, 즉 天道에 달하기 위하여서는 匹夫匹婦의 인간에게는 誠之의 수양이 요청된다. 이러한 것은 인간윤리관에서 보아도 誠이 얼마나 핵심적인 天 道있는가에 말해 주고도 남음이 있으며, 이것은 인간 윤리면의 주체로서 隱에 해당한다고 보아도 과언이 아니다.

또한 주자는 "誠字를 指鬼神之實理而言이라" 하여 실리의 면을 말하였고, 栗谷은 "誠者는 天의實理요 心의本體라"(聖學輯要, 券三) 하여 天과 人의 근원은 실리요, 본체로서 誠을 인식하고 있다. 이것은 유교가 인도주의를 넘어서 초월적 天을 인간에 내재화하여 파악하고 있음을 볼 수 있는데, 『중용』에서 "天命之謂性"이라 하여 性을 천명으로 보고 있는 점에서도 명백히 나타나 있다.[9]

이 같은 誠思想은 『栗谷全書』捨遺卷六 雜著 誠策과 「四子言誠疑」 및 「四子立言不同疑」등에서도 찾아볼 수 있다. 그 중 「四子言誠疑」에 의하면 "誠은 眞實無妄한 것으로 實理의 誠과 實心의 誠이 있다."[10]고 하였다. 그러면 實理와 實心은 어떻게 다른가 하는 문제가 제기된다.

實理는 본체론적인 것으로 天道 자체로서 化育할 수 있는 體와 用을 겸비하였으므로 天道요 聖人인 것이다. 그리고 實心은 나의 현상계에서 기품과 기질의 편벽됨도 극기하고 修身하여 天理, 즉 人道에로 복귀

---

8) 『中庸或問』「誠章」"則純 二則雜 純則誠 雜則妄"
9) 柳承國, 上揭書, p.149.
10) 『栗谷全書』p.1107.(影印本)

하려는 賢者와 같은 것으로, 이 같은 것을 人道라 하겠다.[11]

그러므로 聖人은 天道의 경지에 도달하였으므로 全體의 誠이 아님이 없으나, 賢人, 군자는 全體의 誠이 없으므로 편벽되고 편차가 있으므로 실리를 밝히고 天道로 복귀하려고 노력하는 것이 인간이다. 그럼에도 불구하고 賢人, 군자의 인간은 "誠之 又誠之"의 수양이 요청된다. 또한 生知 安行하는 聖人은 비록 수양을 하지 아니한다 할지라도 從容히 中道하지만, 學知 利行하는 賢人, 君子는 수양에 의하여 선을 택하여 굳게 잡아 비로소 天道에 도달할 수 있는 것이다. 그러면 수양의 방법은 과연 어떤 것인가를 살펴보는 것이 중요하다.『중용』제二十七장의 "尊德性과 道問學"을 들 수 있다. 군자는 이 같은 "尊德性과 道問學"의 수양에는 "지극한 德이 아니고서는 道를 이루지 못한다."는 것이다(중용, 第二十七章). 그러므로 "군자는 德性을 尊崇하면서 학문으로 말미암는 것이요, 광대하게 확충하면서 精微를 극진히 하고 옛 것을 溫習하면서 새것을 찾아내고 高明을 극진히 하면서 中庸에 말미암고, 敦厚함으로 예의를 숭상한다"[12]고 했다. 즉 군자는 덕성을 존중하여 精微를 극진히 하고, 中庸으로 말미암아 새것을 찾아내며, 예의를 숭상하면서 광대하게 확충하고, 高明을 극진히 하고, 옛 것을 溫習하면서 敦厚함에 힘써야만 天道, 즉 聖人의 경계에 도달 할 수 있음을 시사한 것이다. 그러므로 덕성을 높이는 것은 愼獨의 공부라 할 수 있고, 道問學하는 데는 博學, 愼思, 明辨, 篤行과 같은 五事를 준행해야 된다고 할 수 있다. 여기에서 주의해야 할 것은 尊德性而道問學은 두 개의 별개 개념이 아니라 상호

---

11) 『栗谷全書』「誠策」, p.1096.(影印本)
12) 『中庸』第27章 "君子·尊德性而道問學 致廣大而盡精微 極高明而道中庸 溫故而知新 敦厚以崇禮"

표리의 관계에 있다는 점이다.

　인간은 이처럼 끊임없이 수양의 방법을 통하여 성인의 경지에 도달하면 공자와 같이 "從心所欲 不踰矩"의 경지가 되며 "不勉而中 不思而得 從容而中道"하여 "君子之道 費而隱"의 경지가 되며, 體와 用이 일치된 天道에 도달하게 된다. 따라서 君子之道로서 誠은 一則多 多則一, 다시 말하면 費而隱 隱而費로서 圓融無礙하게 된다는 것이다.

Ⅲ. 誠思想의 費隱的 理解

1. 人道와 天道

　『중용』제十二장의 "君子의道 費而隱"이라는 말의 '費와 隱'은 군자의 道이다. 그러므로 道를 객관적 대상으로서의 진리로 보아서도 아니되며, 또한 도리의 규정을 외적인 것에 두어서도 아니 된다. 진리와 인간과의 관계인 군자와 道, 즉 君子之道가 문제된다. 道를 인간 자신과 무관계한 외적 대상으로서 단순한 초월적인 것으로 보지 않고 인간자신의 道라고 본다. 그래서 "君子之道 費而隱"에 있어서 '費와 隱'이라는 설명도 인간자체에 대한 깊은 해명에서 연유한다. 인간이해를 깊이 한다는 것이 費·隱을 아는 소이가 된다고 하겠다.

　『중용』제十三장에, "道가 사람에게서 멀리 있지 않다"고 한 것은 인간자체에 내재한 道이므로 사람이 곧 진리의 주체라 "人能弘道 非道弘人"[13]이라 했다. 人心이 道體인 性을 넓히는 것이지 無爲로서의 道體

---

13) 『論語』「衛靈公篇」

(性)가 사람의 心을 넓힐 수 없는 것이다. 그래서 "人能弘道 非道弘人"이다. 이 말은 '道不遠'이란 뜻으로 내 자신 속에 이미 天命之性으로서의 道가 내재하며, 그 道를 주체인 내가 넓혀 가야 한다는 뜻이다.

『중용』제十三장에, "執柯以伐柯"라 하여 柯를 잡고 柯를 벌하면서 도리어 나와 무관계한 것으로 본다는 비유이다. 이 말은 자루의 표준이 나에게 있듯이 道도 이미 나에게 있다는 뜻이다.

그러나 대부분의 현실적 인간은 일상적 타락으로 말미암아 物欲掩蔽를 면하기 어렵다. 그러나 이 같은 物欲掩蔽된 인간이라 할지라도 자각할 수 있는 가능성(所能然)이 상존하여 있고 또 자기의 내면성을 근거로 하여 他를 이해할 수 있다는 뜻에서 '道不遠'이며 '人能弘道'이다. 그러므로 나의 자각과 확충이 문제된다고 하겠다. 그래서 雙峰饒氏는 『중용』의 篇次 내용을 설명함에 있어서 처음에 中和를 말함으로써 道가 吾心에서 管攝됨을 나타내 보이고, 다음 『中庸』을 말함으로써 道가 사물에 昭著됨을 나타내 보이고, 費·隱은 道가 천지에 充塞됨을 나타내 보인다고 했다.14) 이같이 道는 吾心에 管攝되어지고 나아가서는 천지까지 充塞됨을 알 수 있다.

인간이 행하는 道는 인간이 인간본성에 따르는 의미에서 率性之道가 君子之道라 할 수 있다. 맹자가 말한 바 있는 "요순은 性之"15)라고 한 性之는 곧 『중용』의 "率性"이다. 그래서 『중용』 備旨에서 道는 天에서 本原하는 것이지만 군자가 행함으로써 天道가 드러난다고 보았던 것이다.16) 그러나 이해를 중심으로 사는 인간과 의리를 중심으로 사는 인간

---

14) 『中庸』第20章 註. "始言中和 以見此道管攝於吾心 次言中庸以見此道充塞乎天地"
15) 『孟子』「盡心章」
16) "子思自立言曰 道原於天而盡於君子 故爲君子之是道也"

으로 구별하여 小人은 下達, 군자는 上達이라고[17] 공자는 말씀하였다. 小人, 士, 君子, 聖人 등은 그 수양된 경지가 다르다. 周濂溪가 말한 바와 같이, "聖希天 賢希聖 士希賢"[18]이라 한 것은 인간의 본성을 회복하기 위하여 성실성의 極處에로 환원하여 가는 것을 말한 것이다. 이것은 一朝一夕에 가능한 것이 아니오, 生知, 學知, 困知의 차가 있다 할지라도 인간의 성실과 수양의 정도에 따라 점진되어가는 것이라고 보아야 한다. 공자의 "吾十有五而志于學 三十而立 四十而不惑 五十而知天命 六十而耳順 七十而從心所欲不踰矩"[19]가 바로 이를 말함이 아니겠는가? '率性之'하여 가는 비근한 방법에서 毋自欺의 忠(中心 즉 本心)으로써 타자를 恕하는 마음씨를 베풀 때, 中庸之道가 드러난다고 하여 『중용』제十三장에서 "충서는 도로부터 멀지 않아" '忠恕違道不遠'이라고 하였다. '道不遠人'이므로 사람이 忠恕의 마음씨로써 임하면 道에 가깝다고 한다. 이에 사람이 忠恕를 행함에 있어서는 어떻게 해야 할까하는 문제가 제기된다.

주자는 忠恕에 註하기를 "자기의 마음을 다하는 것을 충이라 하고, 자기를 미루어 다른 사람에게 미쳐가는 것을 서라." '盡己之心爲忠 推己及人爲恕'[20] 하여 忠은 나의 중심(본심)을 다하는 마음이요, 恕는 자기를 미루어 남을 이해함이라 했다. 즉, 忠恕는 誠의 道를 따르는 入門이요 下學處이며, 恕는 忠을 근거로 하여 나오게 됨으로 忠은 體이요 恕는 用이 된다. 그러므로 忠이 더욱 근본적인 문제가 된다. 이 忠을 『중용』에서 더욱 심화하여 極化할 때 誠으로 되는 것이다.

---

[17] 『論語』「憲問篇」
[18] 『性理大全』p.61. 「周濂溪 卷二通書」
[19] 『論語』「爲政篇」
[20] 『中庸』第13章 註.

『논어』에서는 曾子의 말로 "夫子의 道는 忠恕뿐"이라 한 바 있다. 이 忠恕의 의미는 공자의 "一以貫之"[21]를 풀이한 것이다. 여기서 말한 이 '忠恕'는 『중용』에서 "忠恕違道不遠"이란 말로 나타나고 있다. 『논어』에서는 이 같은 말을 찾아볼 수 없다. 違道不遠이란 말은 道에서 떨어짐이 멀지 않다는 뜻으로서 아직 道의 단계에 일치된 것이 아니라고 보아야 한다. 그러나 曾子는 공자의 "一以貫之道"를 忠恕라 했으나 이때의 忠恕는 바로 道 그 자체로 보아야 할 것이 아닌가? 그러면 『논어』의 이른바 忠恕는 道 자체요, 다. 그러나 이른바 忠恕는 아직까지 道에는 미치지 못한 것이다. 여기에 있어서 후세의 忠恕에 대한 풀이가 달라지게 되는데, 주자는 생각하기를 盡己나 推己란 말은 違道不遠의 뜻이며, 이것은 학자의 일로서 忠恕工夫의 과정에 있는 것이요, 忠恕工夫가 극에 이르면 "一以貫之"하는 것이다. 그러므로 聖人의 忠恕는 다만 誠字나 仁字로 말해야 하고 盡字나 推字로는 말할 수 없으며 학자의 忠恕에 있어서는 推를 말해야 한다고 한다. 이에 程伊川의 이른바 "以己及物은 仁也요 推己及物은 恕也며 違道不遠이 是也라"한 것을 가지고 聖人의 忠恕와 학자의 忠恕로 변별한다.[22]

君子의道는 학자가 忠恕를 통함으로 말미암아 仁과 誠을 체득한 것이다. 그러나 성실하지 않은 것이 대다수의 인간존재양상이다. 그러면 일상적인 대다수의 凡人은 어떻게 하여야 성실한 인간이 될 수 있을까 하는 문제가 제기된다. 程伊川은 인간은 不誠한 데에서부터 성실할 수 있는 가능성을 가졌고 또 자각할 수 있는 존재라 하고,

---

21) 『論語』「里人篇」
22) 『中庸』第13章 小註 p.35 참조

"만물 일체가 되는 근거는 다 이 리가 있는 것이다. 사람은 추론 할 수 있으나 사물은 추론 할 수 없는 것이다." '所以爲萬物一體者 皆有此理 …人則能推 物則推不得'23)

라고 한 바 있다. 이에 朱子는 주해하기를 "사람이 받은 바 氣는 밝게 통하는 고로 능히 추리할 수 있으나, 物은 받은 바 氣가 濁하고 塞한 고로 능히 추리할 수 없다"24)고 했으니 物은 진리를 자각할 수 없으나, 인간은 진리를 자각할 수 있다는 뜻이다. 그러나 인간은 원래 성실의 가능근거를 지니고 있으나 실제 현실에서는 모두 성실한 것만은 아니다. 대부분의 사람은 성실성이 결여된 채로 살아가고 있는 것이다. 그러나 불성실한 인간이 성실한 인간으로 전환될 수 있는 가능성은 누구에게나 다 있다고 말할 수 있다. 그러므로 인간에게는 성실한 자기가 문제 되는 것이다. 성실 한가 불성실한가를 반성하고, 성실하되 독실 한가 불독실한가의 문제로 바뀌어 진다고 볼 수 있다. 불순한 자기를 극복하고 성실한 자아에로 귀환하는 것을 공자는 "克己"라고 하였다. 천리대로 순수하게 하여 誠의 온전함을 얻는 자는 聖人이요, 一端을 성실하게 하여 誠의 偏을 얻는 자는 賢人이라 하였으니 誠의 偏에서 全으로 충실하게 하여 가는 것이 賢에서 聖으로 가는 길이라고 栗谷은 말한다.25)

또 誠의 본질은 자율적으로 인간본성에서 우러나오는 것이며 誠의 道는 스스로 이루어지는 길이라 하였다.26) 간사하고 왜곡된 생각을 막으면 내 마음 속에 誠이 간직된다고 했다.27) 성실의 길은 그 자체에 미래

---

23) 『近思錄』「二程全書」辨思端類
24) 『近思錄』"朱子曰 然人所禀之氣通 故能推 物所禀之氣塞 故不能推"
25) 『栗谷全書』p.1096. "純乎天理 而得誠之全者 聖人也 實其一端 而得誠之偏者 賢者也"
26) 『中庸』第25章 "誠者 自成也而道 自道也"
27) 『周易』「閑邪存誠」

지향적인 성향을 가짐과 동시에 조화나 질서가 있는 것이며,. 至誠은 無息이라(중용, 第二十六章)하여 중단이 없는 것이라고 하였다.

또 자기성실의 길은 자기완성인 동시에 남을 성취케 하는 까닭이 되기도 한다. "성자는 스스로 자기만을 이룰 뿐이 아니요, 남을 이룰 수 있는 것이다." '誠者 非自成己而已也 所以成物也'(中庸, 第25章)라 하였으니, 자아의 본래성을 따라 행하려고 노력하여 자기 자신을 참되게 하려는 것이며, 이것이 곧 남을 이룰 수 있다는 것이다. 자기를 망각하고 자기가 불성실한 채로 남에게 영향을 주어 匡正하려는 것은 옳지 않다. 진정한 자기성취를 떠나서 남을 이룰 수 없다는 것이다.

인간의 내면적 본성은 天命의 性으로 누구에게나 보편적으로 받은바 천성이므로 개인에게만 주어진 것이 아니고 인간 모두에게 도리로서 나와 남이 다른 바 없는 것이다. 공자는 '爲己之學'을 강조하면서 '爲人之學'을 하는 것은 옳지 않다고 한다.[28] 이것은 사사로운 뜻에서가 아니라 성실한 자기실현에 무엇보다도 애써야 한다는 말이다. 자기를 성실하게 하는 것은 세계를 완성하는 길이며 자기가 불성실하면 事皆無實이라 하였으니, 곧 不誠이면 無物인 것이다. 그러므로 인간존재에 있어서 성실의 문제는 天道와 人道가 합일되는 요체라고 하였다.

『중용』제二十장에 "誠者 天之道也요 誠之者 人之道也"라 하였으니 眞實無妄한 誠自體를 天之道라 하고 誠되려고 하는 것은 人之道이다. 불성실한 자가 思誠(孟子)하고 誠之(中庸)하려는 것이 所當然으로서의 人之誠이다. 그러면 誠者와 誠之者의 차이는 무엇인가?『중용』에 "誠者는 不勉而中이요 不思而得하여 從容中道이니 此聖人也라, 誠之者는

---

[28] 『論語』「憲問篇」"古之學者 爲己 今之學者 爲人"

擇善而固執之者라" 하였다. 周濂溪는 誠을 聖人이本이라 하고 人極으로 보았는데, 주자는 誠을 太極이라 풀이하고 있다. 그러면 太極은 萬物化生의 근원으로서 우주의 본체이다. 이에 周濂溪는 만물資始의 乾元을 誠의 근원으로 보고 "乾道變化에 各正性命하니 誠斯立焉이라"29)한다. 이는 誠을 天道의 元으로 본 것이다. 聖人은 天道에 도달한 존재로서 바로 誠이다. 그러므로 聖人은 "從心所欲不踰矩"로서 힘쓰지 아니해도 天道에 中하고 思慮하지 아니해도 天道를 얻어서 從容히 天道에 적중하니, 이것이 곧 天人合一의 경지로서 君子의道의 극치이다. 그러나 聖人 이하는 誠의 단계에 아직 도달하지 못한 존재로서 한 가지 善을 알면 그것을 택하여 굳게 잡는 자이니 誠되려고 하는 존재이다.

2. 天人關係

인간존재의 성실성을 통하여 인간에 내재한 본성을 알 수 있고, 자기의 본성을 알 수 있는 경지가 곧 天을 아는 것이라고 맹자는 말하였다.30) 자기의 성실성을 다하지 않고 자기의 본성을 아는 자는 없다는 것이다. 盡其心하는 상태가 인간의 성실을 다하는 實存態라 할 것이요, 실존의 해명이 존재일반을 이해하는 까닭이라는 것이다. 『중용』에 이르기를, "오직 천하에 지극히 성실한 사람이라야 자기의 성품을 다할 것이며, 사물의 성품을 다하면 천지의 化育을 돕고, 천지의 化育을 도우면 천지와 더불어 참여할 수 있다."31)고 하였다. 나와 남을 아는 길이 천하

---

29) 『性理大全』 卷三, 「通書」 p.49.
30) 『孟子』 「盡心章句上」 "盡其心者 知其性也 知其性 則知天矣"
31) 『中庸』 第22章 "唯天下至誠 爲能盡其性 能盡其性 則能盡人之性 能盡人之性 則能盡物之性 則可以贊天地之化育 可以贊天地以與天地參矣"

의 至誠을 통하여서만 가능하다고 한 것이다. 至誠이란 문구가 『중용』에 두 번 나온다. 天下至誠이라야 진리에 참여 할 수 있는 길이라고 강조함을 알 수 있다. "誠之者는 人之道也라"하고, "군자는 誠之爲貴"라 하였으니32) 誠之함으로써 誠의 극치에 달하면 天이라 부른다. 이것은 誠과 誠之者가 하나로 된 상태, 즉 天과 人이 합일된 경지이다. 성실성이 없다면 사람의 事爲가 虛僞라는 것이다. 그러므로 『중용』에서는 "誠之爲貴"라 한다. 이때의 物은 우주론적으로 본 천지만물과 인생론적으로 본 人間事爲를 통칭하는 것이다. 앞에서 말한 바와 같이 誠은 太極이요 人極이다. 誠을 太極으로서 보면 太極은 우주만물을 化生한 존재이므로 太極이 없으면 우주만물이 존재할 수 없을 것이요, 誠을 人極으로써 보면 주자도 말했듯이, 사람의 마음이 한 번 불성실함이 있는 즉, 비록 事爲는 드러난다 할지라도 그것이 虛僞가 없는 것과 같다. 그러므로 인간에 있어서 事爲는 드러난다 할지라도 그것은 허위가 없는 것과 같다. 그러므로 인간에 있어서 事爲는 성실한 마음에 드러나야만이 비로소 진실한 事爲로 그 존재성이 인정될 것이다. 이에 우리는 不誠이면 無物이라고 한 참 뜻을 알 수 있을 것이다. 이에 誠이 天人一貫의 진리임을 알 수 있다.

이상에서 忠과 恕의 관계와 誠과 物의 관계를 논하였다. 이에 우리는 이것을 體用과 費隱으로 풀이해 보자.

첫째, 忠恕에 있어 忠은 인간본심으로서 體요, 恕는 그 활용으로 用이다. 그러면 忠은 體로 一이요 恕는 用으로 多이다. 맹자는 "形色은 天性也"33)라 하였으니, 우리는 형색으로서의 多를 통해 그 천성의 一을

---

32) 『中庸』 第25章
33) 『孟子』 「盡心章句上」

推知하는 것이다. 그러면 費는 多로서 分殊요 隱은 一로서 理이다.

둘째, 誠과 物의 관계를 보면, 誠은 太極으로서 一이요 物은 만물로서 多이다. 여기서도 多而一로 費而隱의 관계가 성립된다고 보겠다. 그리고 또 誠은 人極으로 心의 본체요 物은 心의 발현으로서의 事爲이다. 여기에서도 역시 費而隱의 관계를 알 수 있다. 결국 天人의 관계를 미루어보면 여기에서도 역시 體用의 관계와 費隱의 관계가 있다고 하겠다.

Ⅳ. 誠의 費隱的 具顯

1. 誠과 敬

인간이 최고의 목표로 하는 바, 誠 즉 天道는 도덕적 극치로서 聖人의 道이다. 인간은 이 경지를 여하히 하여야만 그 목표하는 바의 天道에 도달할 수 있을 것인가라는 문제가 제기되는 것이다.

天道, 즉 誠을 향하는 전제의 수양공부로서 '敬'을 중요시하고 있는 것이다. 敬이란 용어는 본래 고래로부터 誠과 함께 중요하게 다루어 왔다. 이같이 중요시되는 '敬' 字는 어떤 내용을 갖고 있는지 먼저 字意부터 고찰하고 다음으로 經書 속의 敬思想, 宋代의 성리학자의 敬思想, 退栗의 敬思想 등의 순위로 고찰하고자 한다.

敬字에 대한 字意上의 고찰은 다음과 같다.

『설문』에 의하면 "敬 肅也 從支苟"라 하였으니 모든 것을 조심하고 삼가 하는 것으로 보았고 『詩經』周頌閔豫少子篇에서는 "夙夜敬止"에 대한 同註에 "敬 愼也"라 하였으니 삼가 한다는 뜻이고, 『禮記』曲禮上

에서는 "恭敬樽節"이라 한 데 대한 同疏에 "貌多心少爲恭 心多貌少爲敬"이라 하였으니 恭과 敬으로 설명했다. 즉 조심성이 외모에 많이 나타나고 마음이 적은 것은 恭이고, 조심성이 마음 속에 많고 외모에 적게 나타나는 것을 '敬'이라 했다. 또 『呂覽孝行』에는 '敢不敬乎'의 註에서 "敬畏愼也"라 하였으니 두려워하고 조심하는 뜻에서 쓰이고 있다.[34]

위의 것을 요약하면 인간의 행위와 말을 삼가고 마음을 조심한다는 뜻으로, 마음은 내적이고 말과 행위는 외적이라 할 수 있다. 이러한 '敬' 思想은 경서 중에서 찾아볼 수 있다. 즉, 『書經』와 『詩經』에 이미 '敬'의 관념이 있는데 그것은 도덕적 관념이 농후하다. 『書經』召誥에는 "惟不敬厥德 乃早墜厥命"하였고, 『書經』無逸에는 "則皇自敬德"이라는 글귀가 있고, 『詩經』小雅 雨無正에는 "各敬爾身"과 「魯頌泮水」에는 "穆穆魯候 敬明其德"이라는 말이 있으며, 『論語』에는 21개의 '敬'字가 나오는데, 그것은 모두 行事의 면을 말한 것이고 '敬'이 철학적으로 중요한 지위를 점하는 것은 『周易』文言傳의 "敬以直內"에서 비롯되며, 그것은 宋代 성리학에 큰 영향을 미친다. 『논어』의 "主忠信", 『맹자』의 "盡其心", 『中庸』의 "戒愼恐懼", "愼獨", 『대학』의 "格物致知", "誠意", "正心", 『周易』의 "閑邪存誠", 『書經』의 "惟精惟一"이 '敬'의 근본되는 사상으로 宋儒들이 특히 중요시하여 왔다. 이를테면 성리학의 鼻祖인 周濂溪(宋 眞宗—神宗, 1017-1073, 名 惇頤)는 인간의 본성은 본래 純粹至善이지만 외물에 접하여 감동되면 선악이 생기는 까닭으로 인간은 主靜하지 않으면 안 된다고 하였다.[35] 수양공부로서는 主靜과 無欲을 주

---

34) 梁大淵, 『儒學槪論』p.229. 참조
35) 『太極圖說 全集』卷一 "五性感動 善惡分 萬事出矣 聖人定之以中正 仁義而主靜 立人極焉"

장하였다. 그의 생각으로는 聖人은 靜을 주로 하여 본성인 誠을 온건하게 세웠기 때문에 인간도 主靜지켜야 되지만 五性(仁義禮智信)이 감동하여 惡이 발생하는 바는 욕심을 내포한 것으로 보는 까닭에 主靜의 수양공부를 제시한 것이다. 『周易』文言傳의 "경으로서 내를 곧게 하고 의로서 외를 방정케 한다." '敬以道內 義以方外'를 받아들여 程明道는 "敬으로써 內를 정직하게 하고 義로써 外를 方正하게 하여 敬義를 세울 것 같으면, 德은 외롭게 되지 않는다"36)고 하였다. 이것은 '敬'과 '義'라는 것으로 수양방법을 제시하였다. 또 誠敬으로 내면적 수양을 할 것을 강조하여 "배우는 자는 모름지기 먼저 仁을 알아야 한다. 仁은 만물과 渾然하여 동체가 되어 있다. 義禮智信은 모두 仁인 것이다. 이 이치를 알아서 誠敬으로 간직하고 있을 뿐이다"37)라고 한 것은 먼저 仁이 혼연히 만물과 동체인 까닭을 알고 誠敬으로 存養할 것을 말한 것이다. 그리고 그는 "誠은 天의 道요, 敬은 人事의 근본이니 敬은 곧 誠이다"38)라 말한 것은 '誠'은 內로 '敬'은 외로 보아 상호표리 관계에 있음을 말한 듯하다. 이 같은 '誠'과 '敬'의 관계는 程伊川에 이르러 더욱 상세하게 설명되고 있다. 程伊川의 수양방법에 다음과 같은 특징을 찾아볼 수 있다. 이는 主敬과 致知를 설명하기를 "함양은 반드시 경을 사용하고 진학은 치지함에 있다." '涵養須用敬 進學則在致知'(二程全書, 卷十九)라

---

36) 『二程全書』卷二 "敬以直內 義以方外 敬義立而德不孤" : 이 敬과 義의 관계는 그의 아우 伊川이 좀더 자세히 밝힌 바 있다. 즉 "問必有事焉 當用敬否 曰敬只是涵意一事 必有事焉 須當集善 只知用敬 不知集義 却是都無事也 問敬義何別 曰敬只是持己之道 義便知有是有非 順理而行 是爲義也"(伊川語錄)에서 持己의 道로써 敬을 강조하고 그 持己의 道가 옳은가 그른가를 밝혀서 順理대로 行하는 것을 義라 하여 直內로서의 敬을 本으로 삼고, 方外로서의 義를 그 本을 바르게 하는 방법으로 보았다.
37) 『二程全書』卷二 "學者須先識仁 仁者 渾然與物同體 義禮智信皆仁也 識得此理 以識敬存之而已"
38) 『二程全書』卷二 "誠者 天之道 敬者 人事之本 敬則誠"

하여 내적으로는 主敬하고 외적으로는 致知해야 한다는 수양법을 제시하고 있는 듯하다. 그러나 程伊川은 정신이 외계의 자극에 의하여 동요되고 산만해질 憂慮를 지양하기 위하여 主敬을 중하게 여겨 靜坐와 용모단정하게 할 것을 말하였던 것이다.39)

이 같은 '主一無適'의 敬思想은 주자에 이르러 더욱 고조되어 '居敬窮理'로서 근본 원칙을 삼았다. 이것을 내적, 외적으로 볼 수 있는데, 居敬은 程伊川의 主敬을 계승한 것으로서 내적으로 보았고, 窮理는 외적인 것이다. 외적 수양인 궁리는 『중용』의 "道問學", 『대학』의 "致知格物"을 말한다고 볼 수 있다.

그의 敬思想은 聖門의 第一義로서 40)堯가 천하를 통치할 때의 근본 원리인 '允執厥中'의 中이라든가 공자의 '仁', 『맹자』의 '仁義', 『중용』의 '天道'와 같은 사상은 모두 '敬' 一字에 歸하는 것이라 하여 매우 중요시하였던 것이다. 그래서 '敬'을 설명하기를 "사람이 능히 敬을 보전할 수 있으면 吾心이 담연해져서 천리가 찬연하여지며 一分도 현저하게 하는 바도 없고, 一分도 현저하게 하지 않는 바도 없는 것이다"41)라 하였으니, '敬'에 처하면 心이 담연해져서 사리에 명석해진다는 것이다. 이와 같이 居敬과 窮理는 마치 『중용』의 尊德性과 道問學이 서로 不可離인 것과 같이 어느 하나라도 결하게 되면 목적을 달할 수 없는 것이다. 이 양자를 "비유컨대 사람의 兩足과 같아서 左足이 행하면 右足이 정지하

---

39) 『二程全書』卷二 "但惟是動容 整思慮則自然生敬 敬只主一則旣不之東 又不之西 如是則只是中"
40) 『朱子語類』卷十二, "敬字工夫 乃聖門第一義 撤頭撤尾 不可頃刻間斷" 周濂溪의 主靜과 朱子의 敬과의 차이점을 설명해 주는 중요한 용어이다. 즉 "自早至暮有許多事 不成說事多撓亂 我去是此 若事至也 前面自家却要主靜 頑然不應 便是心都死了 無事時 敬在事上 有事無事 吾之敬 未嘗 問斷"
41) 『朱子大全』「語類」卷二十八

고 右足이 行하면 左足이 정지하여 보조를 맞춤으로써 보행의 목적을 달성하는 것과 같다"42)고 할 수 있으므로 여기에 대해서 주자는 말하기를 "주경과 궁리는 비록 두 가지 단서이나 그 실은 일본이다." '主敬窮理 雖二端 其實一本'(朱全語類, 卷九)라고 하였다.

위에서 말한 것을 요약하면 誠과 敬의 관계는 상호불리의 관계이며, 주자가 誠과 敬을 주해하기를 '誠'은 "純一無僞", "敬"은, "主一無適"이라 하였고, 또한 "誠은 天의 道요 敬은 人事의 근본이니 敬은 곧 誠이다"(朱全, 卷之五十六, 遺書)라 하였으니 '誠'과 '敬'을 상호표리 관계에 있다고 볼 수 있으며, 用으로서의 '敬'이 體로서의 誠에 일치되어 天道가 드러날 때 君子之道로서 費而隱에 상응되는 것이다. 또한 이 같은 경지는 천인합일의 경지요 전인적인 聖人의 경지이다.

다음으로 한국의 巨儒인 退溪와 栗谷의 誠敬思想을 살펴보기로 하겠다.

退溪는 程朱의 存養省察의 방법을 계승하여 居敬窮理로서 求人의 방법을 말한다. 그리하여 '居敬'에 대하여 다음과 같이 말하기를, "다만 敬而直內를 日用第一義로 삼는다."43) "格物도 진실로 쉽지 않지만 持敬도 또 어찌 쉬우리까? 대개 敬이란 것은 徹頭徹尾한 것으로 진실로 持敬의 방법을 알면 理明하고 心定해진다. 이것으로써 格物한다면, 곧 物理는 나의 心鑑을 벗어나지 못하고 이것으로 事爲가 心의 累가 될 수 없다"44)라 하였다. 이것은 '敬以直內'로서 '存養省察'하는 것이 日用

---

42) 『朱全語類』卷九 "譬如人之兩足 左足行則右足止 右足行則左足止 又如一物室中 右抑則左昂 左抑則右昂 其實只是一事 居敬窮理 雖二端其實一本 持敬是窮理之本 窮理理明 又是養心之助"
43) 『退溪集』卷二十九. 「答金而精」"只將敬以直內爲日用第一義"
44) 『退溪集』卷二十八, 「答金惇叙」"格物固不易 然持敬亦豈易乎 盖敬者 徹頭徹尾 苟能知持敬之方 則理明而心定 以之格物 則物不能逃 吾之鑑以之應事則事不能爲

事爲의 第一義가 되며, '敬而直內'로서 '持敬' 방법을 알게 되면 '理明 心定'하여 窮理가 극진해진다는 것이다. 그리하여 그는 '敬'의 수양공부로서 '存養省察'을 말하여 "無事時에는 存心養性하여 惺惺할 뿐이요, 講習應按時에 이르러서는 바야흐로 義理를 思量해야 한다"45)라 하였다.

그리고 "靜해서는 天理의 본연을 함양하고 動해서는 人欲을 幾微해서 결단한다"46)라고 하였으니, 存養은 靜한 가운데 天理의 心을 보존하는 것이고, 省察이란 마음이 발한 후에 나타나는 것이므로 人欲의 幾微를 식별하는 것이다. 그러므로 涵天理는 存養之事이요 決人欲은 省察之事인 듯하다.

이와 같이 退溪에 있어서 '敬'은 一心의 主宰이요 참된 주체로서 자기 자신을 가늠하면서 동시에 진리에 나아가게 하는 힘인 것이니 이를 持敬修養工夫라 한다. 또한 '敬'은 '誠'에 이르는 길이라 하겠거니와 誠을 향해 오래 힘쓰고 노력하는 군자의 '敬'으로부터 不勉而中 하고 不思而得하여 從容而中道하는 聖人의 '敬'에 이르기까지 인간의 성장과 성숙을 가능하게 하는 힘이요 仁을 실현케 하는 길잡이가 되는 것이라 하겠다.47)

이와 같이 退溪는 先主敬 後格物의 방법으로 主敬하면 心定理明이 될 것이고, "窮理하여 踐履를 徵驗해서야만 비로서 眞知로 된다. 敬을 주로 하여 능히 마음에 二三이 없어야 바야흐로 實得이 된다"48)라고 하였으니 이는 곧 『中庸』의 "明則誠"의 경지라 할 수 있다.

心之累"
45) 『退溪續集』「自省錄」 卷一 答李叔獻珥
46) 『退溪集』 卷二十 「答金惇叙」 "靜而涵天理之本然 動而決人欲於幾微"
47) 李東俊, 『十六世紀韓國性理學派의 歷史意識에 關한 硏究』 p.136 참조
48) 『退溪全書』 卷十四 「答李叔獻」 "窮理而驗乎踐履如爲眞知 主敬而能無二三 方爲實照"

다음으로 栗谷의 誠敬을 살펴보기로 한다.

위에서 居敬窮理를 통하여 心定理明하여 誠의 경지에 도달할 수 있음을 말한 바 있다. 그런데 栗谷은 主誠을 내세워 수양 방법을 제시한다.

"敬은 用功의 要領이요 誠은 收功의 地(結果)이니 敬으로 말미암아 誠에 이른다"[49]

"理는 誠이 없으면 궁구되어지지 않는다"[50]라고 하였으니, 즉 栗谷은 先主誠 後理明으로 보아, 誠은 『중용』의 從用而中道로서 聖人의 경지이므로 '誠則明'의 방법인 듯하다.[51]

栗谷에 있어서 誠과 明을 갖추어야만 成聖 成德이 가능하다고 보았으므로 '誠'은 본체론적 문제이고 '明'은 방법론적 문제이다.

인간은 誠을 체험하고 實體上에서 天道에 달하면 誠이 바로 吾心의 전부가 되어 誠은 眞實無妄의 理임을 자각하게 되니, 이것이 곧 聖人의 경지이다. 그러므로 聖人이 聖人이 된 까닭은 이 誠에 全體全用하는 데 있고, 賢人 君子의 賢人 君子된 까닭은 '誠'을 향해 덕성을 쌓아 감에 있다. 즉 聖人은 전체가 誠이나, 군자는 全體之誠에 아직 이르지 못했으나 이 誠을 반성하여 誠之하는 자란 것이다.[52]

이와 같이 全者專一한 聖人은 '誠則明'이요, 偏者 反身하여 誠에 이르는 수양공부는 '明則誠'인 것이다. 그러므로 栗谷에 있어서 '誠'은 인

---

49) 『栗谷全書』卷二十一「聖學輯要三」"敬是用功之要 誠是收功之地 由敬而至於誠矣": 또한 이 誠과 敬의 관계는 이미 程明道가 '誠者 天之道 敬者 人事之本 敬則誠'이라 하여 誠敬이 誠은 天道, 敬은 人事의 문제로서 栗谷的 의미에서 보면 '誠'은 '實理'의 측면이요, '敬'은 '實其心'의 측면으로 서로 內外가 됨을 말했고, 孟子는 '陳善閉邪 謂之敬'(離婁上)이라 해서 周易 文言傳의 '閉邪存誠'과 같은 것임을 시사하고 있다.
50) 『栗谷全集』「聖學輯要三」"理無誠則不格"
51) 裵宗鎬, 『韓國儒學史』p.116 참조.
52) 『栗谷全書』p.1097. "不誠無物 聖人性此誠者也 君子反此誠者也"

간 주체의 성실성을 고정함에 있고 '明'은 善을 규명하여 誠을 향해 가는 수양공부로 보았으니 『중용』제二十장에 "誠身有道 不明乎善 不誠乎身"이라 한 것에 해당된다고 할 수 있다.

그러므로 栗谷은 成聖成德의 수양 공부가 '誠'을 위주로 하고 있으므로 '誠意', '正心', '實心'을 주장하여 '靜'과 '明'은 이에 기초를 두어야 한다고 보았다. 그래서 "일심이 성실하지 못하면 만사가 다 가식이 되고 일심이 성실 하면 만사가 다 참이 된다." '一心不實 萬事皆假…一心苟實 萬事皆眞(栗全, p.405)라 하였다. 이와 같이 栗谷의 誠思想은「四子言成疑」에서 찾아 볼 수 있다.

"성은 진실하고 망령됨이 없는 것을 이름이다. 그리고 실리의 성과 실기심의 성이 있다. 이것에 대해서 이해하면 가 이 성에대해서 논 할 수 있다." '誠者 眞實無妄謂 而有實理之誠 有實其心之誠 知乎此則可以論乎誠矣'(栗全, p.1107)

라 하여 '誠'에는 '實理之誠'과 '實其心之誠'이 있다고 하였다. 그러면 '實理之誠'과 '實其心之誠'은 여하히 다른가? 栗谷은 다음과 같이 말한다.

"이른바 實理實心은 誠을 말하는 데 불과할 뿐이다. 天理에 純하고 誠之全을 얻는 것은 聖人이고, 一端에 성실하여 誠之偏을 얻는 것을 賢人이다"[53]라고 하였으니, 聖人은 實理를 얻었으므로 나타나는 것이 全體之誠이고, 賢人·君子는 誠之偏者이므로 '實理'의 경지로 환원해 가기 위해 '主敬', '戒愼', '謹獨'으로 힘써 나아가야 한다.

그리고 "天道則實理 而人道卽實心也"(栗全, p.1108)라 하여 實理는

---

[53] 『栗谷全書』「誠策」p.1096. "所謂 實理實心者 不過曰誠而己矣 純乎天理而得誠之全者 聖人也 實其一端而得誠之偏者 賢者也"

천도에 해당하고 實心은 人道에 해당한다고 볼 수 있다. 그러므로 栗谷이 말하는 主誠은 天道인 '實理'와 人道인 '實心'을 通貫하는 것으로, 人道는 明善하여 수양공부하는 데 있으나 그의 지향하는바 최고 목표는 역시 至誠에 있다.

이상에서 논술한 바와 같이 敬思想을 경서를 통하여 살펴보았고 宋代 성리학자, 退栗의 견해를 살펴보았다. '誠'과 '敬'과의 관계에서 '誠'은 내적이요 天道이며 '實理'이고, '敬'은 외적이요 人道이며 實心이다. '誠'과 '敬'은 상호표리의 관계에 있으며 不可離의 관계에 있음을 알았다. 즉 用으로서 '敬'이 體인 '誠'에 일치될 때 '君子之道'로서 '費而隱'에 해당되며 聖人의 경지이가 된다.

2. 誠과 信

誠과 信의 의의를 살펴보기 위해서는 먼저 字意上 그 뜻을 분석해 보기로 한다. 誠의 문자 상 구성에 관해서는 앞 장에서 규명하였으므로 여기서는 생략하기로 하고 信의 문자 상의 구성을 알아보고, 다음으로 그 의미를 규명하고자 한다.

『설문』에 '信 誠也 從人言'이라 하였다. 또 이에 許愼의 『說文解字註』에 "誠 信也 從言成聲"라 하였고, 『段玉裁解字註』에서는 "사람의 말은 신아님이 없는 고로 사람의 말을 따르라" '人言則無不信者 故從人言'라 풀이하고 있다. 이것은 인간의 언어에 허위가 배제된 신실성과 성실성이 있어야 하기 때문에 人言이 합하여 信이라 하였고, 誠과 통한다고 하였다. 즉 타자와의 언어 통용에 있어서 자기의 내면적 성실성을 가진 언어를 통용 하여야 만이 타자의 신실 성을 얻을 수 있다는 것을 뜻하는 것이라 하겠다. 인간은 이 같은 언어와 사유능력을 가지고 있으므로 새로운 문화를 창조하기도 하였고, 의사교환의 수단으로 이용하기도 하였던 것이다. 이와 같이 타자와 나와의 관계에서 서로와의 신뢰성은 언어로써 이어진다. 『周易』 繫辭上에 "군자가 집에서 생활 할 때에는 그 말을 선하게 하니, 곧 이것은 천리 밖에까지도 감응해 가는 것이니 하물며 가까운데 있어서야 말할 것도 없다"54)라 하였으니, 참된 군자의 언어는 원근 할 것 없이 누구에게나 신뢰성을 줄 수 있음을 나타낸 말이라고 보아야 한다. 그리고 『논어』 學而篇에 "벗과 사귀되 말에 信이 있으면 비록 그가 배우지 않았다 할지라도 나는 반드시 그를 배웠다 하리라"55) 하였고, 또 曾子는 "벗과 더불어 사귀는 데 불신스러운 일이나 없었던가?"56)라고 하였으니, 信이란 言과 行을 검증하는 것을 의미한다고 볼 수 있다. 그래서 『논어』 衛靈公篇에서는 子張이 한 行에 대한 물음에 공자께서 답하기를 "말은 참되고 信實해야 하며 行動은 돈독하고 공경스러워야 한다"57)고 하였으니, 인간의 言과 行에 신실성과 독실성이 있어야 함을 시시한 것이다. 그리고 신실성의 중요성을 강조하여 子貢이 공자에게 정치에 관한 것을 물었을 때 이르시기를 "식량을 풍부하게 하고 국방을 견고하게 하고 백성이 이것을 신뢰하는 일이라 하였을 때, 또 묻기를 반드시 부득이 해서 하나를 빼라면 세 가지 중에서 어느 것을 빼야 하겠습니까 라고 하니, 공자께서 국방을 빼라 하였고, 또 묻기를 부득이 해서 또 하나 빼라면 두 가지 중에서 어느 것을 빼야 하겠습니까 하니, 이르시되 식량을 빼라 하시며 예로부터 다 죽음이 있지마는 백성

---

54) "子曰 君子居其室 出其言善 則千里之外應之 況其邇者乎"
55) 『論語』「學而篇」 "與朋友交 言而有信 雖曰未學 吾必謂之學矣"
56) 『論語』「學而篇」 "與朋友交而不信乎"
57) 『論語』「衛靈公篇」 "子曰 言忠信 行篤敬"

에게 신뢰를 못 받으면 나라를 지탱하지 못 할 것이다"[58])라 하였다. 이 같은 신실성이 인간의 개인윤리에서 사회윤리로 확충되어 가더라도 言과 行의 검증자이며 또한 공동윤리를 실천하려는 신념으로서 독실성을 의미한다. 이와 같이 誠과 信은 인간윤리적 측면에서는 거의 같은 의미를 지니고 있으나, 철학적 입장에서는 그 의미를 달리하고 있는 것이다. 즉 형이상학적, 인식론적, 존재론적인 문제로 생각할 수 있다. 형이상학적면에서는 誠을 天道로서 體로 볼 수 있다면 信을 用으로 볼 수 있고, 인식론적 면에서는 誠을 인간의 주체로 볼 수 있다면 信을 대상으로서 객체로 볼 수 있고, 존재론적면에서는 誠과 信은 이원적 일원화로서 존재일반으로 취급할 수 있다. 그리고 費隱의 관점에서는 體로서 誠은 隱에 해당하고, 用으로서 信은 費에 해당한다고 볼 수 있다.

그러나 여기서는 誠의 의미가 信의 근저가 되며 道自體의 自成으로서 자명적인 이성체인 天道인 것이다. 그러므로 誠을 규명함으로써 信의 뜻은 저절로 드러난다고 본다.

誠者가 고전 가운데 가장 먼저 나타난 것은 『古文尙書』太甲篇에 나오는 誠字와 『周易』乾封 文言에 "사악한 것을 막고 성실한 것을 보존한다." '閑邪存其誠'라는 곳에서 誠字를 찾아볼 수 있다. 그러나 『古文尙書』라고 하는 것은 今文에 없는 僞書라는 경향에 속하고, 『周易』의 文言이라는 것도 戰國末期의 시대로 거슬러 올라갈 수 없는 것이므로, 이 설도 신빙성이 없는 것이다.

---

58) 『論語』「顔淵篇」"子貢問政 子曰 足食 足兵 民信之矣 子貢曰 必不得已而去於斯三者 何先 曰去兵 子貢曰 必不得已而去於斯二者 何先 曰去食 自古皆有死 民無信不立"

그러므로 誠이란 문자가 윤리적 의의와 철학적 의미로 나타나기 시작한 것은 공자 이후 諸經典에서 찾아볼 수 있다. 특히 『대학』과 『중용』에서 비롯했다고 보아야 한다. 『중용』에서 誠字가 더욱 심화하여 논리적인 의의를 가지고 철학적인 전개를 하게 된 것이다. 이 같은 誠思想의 연원은 요순의 윤리정치로 거슬러 올라가서 살펴보아야 한다. 『書經』 大禹謨篇에 "오로지 정밀하게 오로지 한결같이 하여 진실로 그 중을 잡아라." '惟精惟一 允執厥中'이 말에서 찾아볼 수 있다. 그러나 이것을 주자가 『중용장구』 序에서 설명하기를 "진실로 그 中을 잡아라 한 것은 堯가 舜에게 傳授한 것이요, 인심은 危殆하고 道心은 미묘하나니 정밀히 하고 한결같이 하고서야 진실로 그 中을 잡으리라 한 것은 舜이 禹에게 전수한 것이다"[59]라고 하였다.

생각컨대 "진실로 그 中을 잡아라"한 것은 『중용』제六장에 "나쁜 일을 숨기고 좋은 일은 드러내며, 그 양단을 붙잡아 그 中을 백성에게 쓴다"[60]라는 말과 같은 의미라고 볼 수 있다. 그러므로 "允執厥中"의 中은 隨時處中으로써 적의 타당하다는 말로서 時中과 같은 뜻이며, 何事何物을 막론하고 中正의 大本原理에 입각하여 그때 그때의 위치한 바에 적의하게 한다는 말이다. 이 같은 時中은 惟精惟一의 태도로서 擇善固執하는 것이므로 요순과 같은 大聖人이 아니고는 불가능한 것이다. 즉 堯임금이나 舜임금이 자기의 人欲과 私欲을 이기고 그 본심의 바름을 지켜서 天理之公인 道心으로써 정사에 임할 때, 人心을 교화할 수 있고, 백성들로 하여금 신뢰성을 얻어 덕치주의가 실현될 수 있는 것이

---

59) 『中庸章句』序 "允執厥中者 堯之所以授舜也 人心惟危 道心惟微 惟精惟一 允執厥中者 舜之所以授禹也"
60) 『中庸』第6章 "隱惡而揚善 執其兩斷 用其中於民 其斯以爲舜乎"

다. 그러나 위정자 그 자체가 眞實無妄하고 思無邪한 성실성 없이는 時中이 불가능하며, 또한 백성들의 절대적인 신실성을 얻을 수 없다는 것이다. 그러므로 允執厥中에는 윤리적 誠思想이 함축되어 있음을 알겠다.

『논어』里仁篇에 "子曰吾道一以貫之"라고 한데 對해 曾子는 "우리 夫子의 道, 오직 忠恕일 뿐이다"라고 하였다. 여기서 孔子의 仁思想을 생각해 본다면, 『논어』에 나타난 仁者는 58장이나 된다. 仁의 개념은 제자의 개성이나 장소, 환경에 따라서 그 표현이 달랐다. 그렇다 하여 仁의 개념이 체계화가 없다 할 수 없다. 그 仁의 시상을 체계화시킨 것이 곧 '一以貫之'이다. 曾子가 '一以貫之'를 忠恕로 풀이하고 있는 이것은 仁의 실천방법이라고 보아야 한다. 그러면 忠恕의 의미는 무엇인가? 이에 주자가 설명하기를 "자기의 마음을 극진히 하는 것이 忠이요, 나를 미루어 남을 이해하여 주는 것이 恕이다"라고 한다.

생각컨대 자기의 마음을 극진히 한다는 것은 하늘로부터 부여한(天命之謂性) 그대로 다한다는 말로 자기의 마음을 虛靈不昧케 하여 天理의 性을 다한다는 것이다. 이 같은 마음이 이루어 졌을 때 이것을 미루어 남에까지 나아가면, 成己하고 成物하여 남을 이해하게 되고, 동시에 남도 나를 이해하여 서로간에 誠實性과 信實性을 가질 수 있게 된다는 것이다. 그러므로 인간은 성실한 자기실현이 무엇보다도 중요한 것이다. 자기를 성실하게 독실하게 하는 것은 세계를 이루는 길이라 하여 『중용』에서는 "不誠이면 無物이라"하였다. 이때의 '物'은 단순한 감각적인 사물을 말한 것이 아니다. 자기의 성실성에서 보여지는 실리의 物이라고 朱子는 설명하고 있다. 즉 진상으로서의 物을 말함이요 邪曲이 없는 인간의 내면적 성실에서 나타나는 실리의 물인 것이다. 그러므로 자기 자신이 불성실하면 사물의 진상이 드러나지 않기 때문에 타자의 신뢰성을 받지 못하게 된다. 여기서 體인 誠과 用인 信의 두 개의 개념이 아니라 이원적 일원화의 면이 됨을 엿볼 수 있다. 가령『대학』의 明德과 親民의 관계를 살펴본다면 위정자 자신이 虛靈不昧하고 天理의 性을 갖춘 堯舜과 같은 '性之'한 마음 상태, 즉 주체인 明德을 갖추고 있어야만 백성들로 하여금 신실성을 얻게 되어 그들을 교화할 수 있고 또 새롭게 할 수 있게 되어 덕치주의가 실현될 수 있듯이 개인 각자가 盡性하고 思誠하여 자기의 명분(君君 臣臣 父父 子子)을 다할 때 자기주체인 성실성은 곧 대상인 타자의 신실성과 상통하여 조화가 이루어지게 된다. 그러므로 體인 誠과 用인 信은 費而隱에 상응됨을 엿볼 수 있다.

V. 結論

1) 이상으로『중용』의 誠思想은 다음과 같이 요약될 수 있다.
   ① 費와 隱은 고래로 학자의 견해에 따라 그 이해가 다르지만, 주자학적으로 보면 '體用一源', '顯微無間'과 같은 의미에서 費隱도 '一源無間'이라 하겠다.
   ② 아직 誠, 즉 天道에 이르지 못한 인간이 思誠하고 誠之함으로써 드디어 天道에 도달하게 되면, 中和를 이루어『중용』의 이른바 "君子之道 費而隱"의 體顯이 가능해진다.
   ③ 誠敬을 費隱으로 풀이하면, 적어도『중용』의 경우 誠자체는 天道이고 敬은 人道라는 점에서, 誠은 隱이요 敬은 費에 해당한 것이다.

④ 至誠의 방법 및 功效로서의 '盡己之性', '盡人之性', '盡物之性' 및 '與天地參'등을 費·隱으로써 보면, 이 네 가지는 用之廣으로서의 費요 至誠은 體之微로 隱이라 할 수 있다.

2) 『중용』은 주자가 말하듯이 首章에서 天命之性의 一理를 말하고 중간에서는 五倫, 三達德, 九經등 만사를 확산하고 끝으로, 上天之載 無聲無臭의 一理로 귀일시키고 있다. 이것은 『중용』의 체계가 費隱으로 이루어진 것이라 볼 수 있다. 그리고 人道와 天道가 합일된 聖人의 경지는 공자에 이른바 "從心所欲 不踰矩"의 경지로서 이상적인 인간상이요, 이러한 聖人은 仁과 誠이 체현된 것으로, 그 교화는 민주주의가 이상으로 삼는 세계를 바로 구현할 수 있을 것이다. 그리고 『중용』에서 주장하는 인도존중은 민주주의의 인권존중사상의 바탕이 될 것이며, 더우기 大本을 세우기를 강조한 것은 오늘날 우리가 외치는 주체성 확립의 전범이 될 것이며, 자기본심을 미루어 사람에 미치게 하는 忠恕의 사상은 민족협동은 물론이요, 나아가서는 인류애의 사상으로 확충될 것으로 본다.

특히 현대 산업경제시대의 병폐로 말미암아 빚어진 물질존중, 인간경시의 사상은 '不誠無物'이란 『중용』의 誠思想으로써 바야흐로 구출할 수 있으리라 생각하고, 여기서 『중용』의 誠정신은 현대의 세계적 위기를 극복할 수 있는 힘이 되리라 믿는 바이다.

4. 『中庸』의 價値觀과 그 功效性

Ⅰ. 序 論

본 논문은 『중용』에 있어서 費隱의 공효성에 관한 연구이다.

먼저 유가경전 속에서 『중용』의 위치와 가치성을 성찰해 보기로 하겠다.

四書의 하나로 단행본으로 전해 오고 있는 『중용』은 小戴禮記 八十九篇 속에 들어 있는 두 편 글의 편명이다. 그러나 『중용』은 성리학이 발흥하는 宋明代에 이르러 『중용』의 진가가 본격적으로 나타나게 된 것이다.

그리고 宋代의 성리학도 儒, 佛, 道, 三敎의 사상이 교섭된 것으로부터 배태된 것이나, 유교사상의 핵심인 중용사상이 주축을 이루고 있다는 것을 주의해야 한다. 특히 程伊川은 중용을 孔門의 心法을 전한 것이라 보고, 그 진가를 높이 평가하여 소중시 했으며 형인 明道와 함께 『중용』의 내용에 대한 진지한 연구를 했다.

주희가 이 두 사람의 설을 계승발전시켜 禮記 중 『대학』과 『중용』 두 편을 중요시하여 禮記에서 빼어 내어 각각 단행본으로 독립시켜 『논어』,『맹자』와 더불어 四書라고 했고,『中庸或問』,『中庸章句』등을 저술하여『중용』의 뜻을 이론적이요 철학적으로 해명했다.『중용』이 四書로 나눠진 후부터, 유가의 철학적 사상이 집적되어 있는 것으로 높이 평가하게 되었다.

다음으로『중용』저작자에 대하여 고찰해 보기로 하겠다.

종래에는 공자의 손자 子思가 道學의 그 전통을 잃어버릴까 우려하여 작한 것으로 믿어왔다. 그러나 子思 일인의 作이라고 하는 종래의 설과 秦漢間의 無名氏의 저작이라는 설에 대해서 제 삼견해의 절충설이 있으니『중용』은 子思에 의해서 그 저본이 성립되어서 門流에 의해서 완성된 것이라는 설이다.『중용』의 諸文章을 通觀해 본다면 공자의 말을 인용한 구절이 자주 나오고 또한『중용』 저자의 말의 구분이 분명한데가 많은 것을 미루어 보아서 마지막 설이 가장 타당성이 있다고 보아야 한다. 그러나『중용』의 저자가 누구인가에는 구애 없이 유가사상의 정수가 담겼고 가장 함축성 있는 철학적인 이론이 잘 전개되어 있고 조리가 정연하여 짜여 있는 寶典인 것임에는 이론이 없다.

유가경전에 있어서『논어』,『맹자』는 경험적 사실을 말하고 있는데 반하여『대학』『중용』은 철학적 이론적 사상을 구현한 것이라 하겠다. 그러나『대학』이 유가사상의 전반적인 개설이라면『중용』은 유가사상에 있어서 가장 근본적인 철학사상과 이론적인 체계를 전개한 것이다.

『중용』연구에 있어서 費隱章을 중심으로 한 所以는 성리학에 있어서의 所以然과 所當然의 골자가 여기에 있고, 또한『중용』에 있어서 가장 철학적 사상을 집약하고 있다는 것이다. 그래서 費와 隱을 구명함으로서『중용』전체를 보고 유가사상의 방향을 내다보려는 것이 본 연구를 시도하게 된 취지이다.

다음으로 본 논문을 전개하고자 하는 것은 費隱의 개념을 구명하고 費와 隱의 관계 및 費隱의 一源論에 대하여 살펴보고, 다음으로 費隱의 구현을 고찰하고자 한다.

Ⅱ. 本 論

1. 費隱의 槪念

『중용』의 12장에서 「군자의 道는 費하되 隱하나니라」는 말이 있다. 주희가 설명하기를,

「費는 用의 廣이요 隱은 體의 微라」고 말했다.

雲峯 胡氏(12章小註)는 말하기를,

「費字 當作費用之費」라 하여 費用의 費로서 작용으로 보았고, 說文 에는 「散財用也」라 하여 費用의 費로서 재물을 흩어서 쓴다는 것으로 보았지만 隱字에 대해서는 언급치 아니했다.

그러나 주자의 費隱의 설명에서 보아 隱에 대해서는 體之微의 體로 보았다고 하겠다.

楚辭招魂 「晋制犀比 費白些」의 주에 의하면 費는 「光貌」 즉 빛나는 모양이라고 하였고, 四書白話 해설에는 費는 「廣大」한 것이라고 했고[1], 丁茶山 전서에는 「費는 흩어져 있으면서 큰 것이며 隱은 닫혀 있으면 서 隱微한 것이라」[2]하여 散과 閟로 보았으며, 또 鄭齊斗(A.D 1649~

---

1) 金敬琢 著 『中庸硏究』 「費隱章」 參照.
2) 費者, 散而大也 隱者悶微(也與猶當全書, 經集二卷 p.16)

1736)는 費를 「文之著라 하여 博之所在라」하였으며 隱은 「體之微요 約之所存이라」3)하여 博文約禮로 보아 所在와 所存으로 費를 外在, 隱은 內存으로 보았다.

栗谷은 말하기를 「費는 所當然者이고 隱은 所以然者」로서 所當然者는 人事에 있어서 당위성을 가지고 있는 작용을 말하였고 所以然者는 지극히 隱微하게 이에 內存하여 있는 體라 하였다.4)

上記諸說은 표현은 다르지만 크게 말하면 體와 用으로 설명한 것이다. 이것은 주자가 설명한 費는 用之廣이요 隱은 體之微라고 하는 體用說의 범주라 하겠다.

그러나 鄭玄은 말하기를, 「費字는 釋文에 의하면 拂字와 같은 음이고 佹字와 같은 뜻이라」고 하여 違戾의 뜻으로 보았으며 隱字는 숨는 것, 즉 隱退하는 것으로 보았다.

이 같은 설에 대해서 孔穎達은 疏하여 「군자가 혼란한 世代를 만나 윤리·도덕이 어기어지면 은거하여 벼슬을 하지 않고, 만약에 道가 행하여져서 안정된 사회가 되면 마땅히 벼슬자리에 나아간다」5)라고 하였으니 世上의 진리가 행하여질 때는 나아가 벼슬하고 無道한 사회가 되면 은거한다는 뜻으로 본 것이다.

鄭玄은 漢代人으로서 費와 隱을 정치적이요 윤리적 견지에서 보았는

---

3) 費而隱卽, 下文 微顯之說之指也 費者 文之著也 博之所在也 隱者 禮之微也 約之所存也 是皆理之實也 (鄭霞谷集Ⅰ卷 中庸雜解 p.101)
4) 臣答曰 中庸曰 君子之道 費而隱 朱子釋之曰 費用之廣也 隱體之微也 理之散在事物 其所當然者 在父爲慈 在子爲孝 在君爲義 在臣爲忠之類 所謂費也 用也 其所以然者則 至隱存焉 是其體也(栗谷 聖學輯要 卷之三 p.545)
5) 鄭玄 費字釋文 古本拂字同音 孔穎達疏 君子之道 費而隱 註云 '言可隱之節' 費猶佹也 言君子之人 遭値亂也 道德違費則 隱而不仕 君道不費則 當仕也 (經註疏 禮記註疏 中庸篇 p.8-9)

데 반하여 주자는 宋代人으로서 성리학의 입장에서 철학적이요 이론적으로 본 것이라 하겠다. 그러므로 주자는 이론적으로 형이상학적 체계를 형성한 것이라 하겠다.

이상에서 상술한 바와 같이 학자의 견해에 따라서 또한 시대적 배경에 따라서 費와 隱을 보는 견해는 다소 차이가 있으나, 費는 用之廣으로서 현상계에 顯現하고 있는 所當然이요, 隱은 體之微로서 우리가 감지할 수 없는 所以然으로 개괄할 수 있다.

2. 費와 隱의 關係

『중용』 12장의 「君子之道 費而隱」에서 費는 用之廣으로서 형이하의 성질을 가지고, 隱은 體之微로서 우리의 오관으로 감지할 수 없는 형이상으로 개괄할 수 있다. 주자는 말하기를,

「군자의 道는 體와 用을 겸비하고 있으며 이것은 費隱에 해당하는 말이다.」[6]

라고 했고, 또한 「형이상자는 甚廣하며 형이하자는 그 사이에 실행하고 있으면서 사물에 구비되지 아니한 것이 없으며, 있지 않은 곳이 없다.」[7] 라고 했으니 費와 隱이 두 개의 개념을 의미하는 것이 아니다. 이원적 일원론으로서 군자의 道를 설명한 것이라 볼 수 있다. 그래서 이것을 설명하기를,

---

[6] 道者 兼體用 該費隱而言也 (中庸 12章 小註)
[7] 形而下者 甚廣 其形而上者 實行乎其間 而無物不具 無處不有故曰費 就其中 形而上者 有非視聽所及故 曰隱(上同)

「어리석은 부부도 알 수 있지마는 지극한데 이르러서는 비록 성인이라도 또한 알지 못하는 바가 있고, 不肖한 부부라도 능히 행할 수 있지마는 그 지극한데 이르러서는 비록 聖人이라도 또한 능히 하지 못하는 바가 있다. 그 천지의 큼으로서도 사람이 오히려 부족하게 여기는 바가 있다. 그러므로 군자가 큰 것을 말할 적에는 천하에서 그것을 쪼갤 수 없다.」[8]

고 한다. 이에 대해서 주자의 견해는

「道의 작용은 광대하나 그 體인즉 微密하여 볼 수 없으니 이른바 費而隱이다. 이것은 가까운데에 卽하여 말한다면, 男女居室은 人道의 常이므로 비록 愚 不肖한 것이라도 能知·能行할 수 있으나, 그 먼데에 極하여 말하면 천지의 至大함과 만물의 많음에는 聖人도 역시 能知能行할 수 없게 된다. 이같이 그 큼이 밖이 없으며 그 작음이 안이 없으니, 費하다고 할 것이다.

그러나 그 이치가 그러한 까닭은 隱微해서 보이지 않는다. 대개 알수 있고, 할 수 있는 것은 道 가운데 한 가지 일이고 그 지극함에 미쳐서는 聖人도 알지 못하고 능하지 못하니, 곧 전체를 들어서 말하면 聖人도 진실로 다 할 수 없음이 있다.」[9]

라고 하였고 侯氏는 이에 對해서 설명하기를

「聖人이 알지 못하는 것은 공자께서 예를 묻고 벼슬을 물으신 것과

---

8) 夫婦之愚 可以與知焉 及其至也 雖聖人 亦有所不知焉 夫婦之不肖 可以能行焉 及其至也 雖聖人 亦有所不能焉 天地之大也 人猶有所憾 故 君子 一語大 天下 一莫能載焉 語小 天下一莫能破焉
9) 費用之廣也 隱體之微也 君子之道 近自夫婦居室之間 遠而至於聖人天地之所不能盡 其大無外 共小無內 可謂費矣 然共理之所以然則隱而莫之見也. 蓋可知可能者 道中之一事 及共至而聖人不知不能則擧全體而言 聖人 固有所不能盡也.(中庸 12章註)

같은 類이고, 능치 못한 것은 공자께서 직위를 얻지 못하신 것과 요순이 博施하는 것을 근심하신 類와 같은 것이다.」10)
라고 하였다.

주희의 해석을 종합해 본다면 匹夫匹婦의 愚·不肯로도 能知·能行하는 바로부터 聖人과 천지로도 다 할 수 없는 바에 이르기까지 道의 禮와 道의 작용이 無所不有함을 말하고 있다.

그리고 道의 크기로 말한다면 천지와 聖人이라도 다 할 수 없는데까지 다 포괄하지 않음이 없고 작기로는 匹夫匹婦라도 능히 알 수 있고 능히 행할 수 있어서 道가 體하지 않음이 없어서 천하가 쪼개낼 수 없게 된다. 道의 작용한 바가 이같이 甚廣 甚大하기 때문에 費에 해당한다고 할 수 있고 그 작용되는 바 體인즉 用에서 不可離이면서 不視聽인 형이상의 존재인 것이다. 이것이 바로 費와 隱의 不可離의 관계를 설명하고 있는 것이다.

鄭齊斗의 견해를 살펴 본다면,

"費는 얕고 쉬운 것을 말한 것이요 隱은 깊이 쌓인 것을 말하는 것이니, 군자의 道가 능히 하기 쉽고도 다하기 어려움을 말한 것이다. 대개 淺近한 것은 능하기 쉬운 것이요, 고원한 것은 이르기 어려운 것이다. 가깝고 작은 것은 그 시초요 멀고 큰 것은 그 극치이다. 그런즉 費隱은 始終의 어렵고 쉬운 것이요, 대소란 것은 始終의 얕고 깊은 것이다. 얕고 깊음이 있으므로 어렵고 쉬움이 있으니, 實은 한 가지 말이다. 그 크기로는 밖이 없으므로 천하의 넓음을 다해도 그것을 실을 수 없고, 그 작기로는 안이 없으므로 천하의 큼으로서도 그것을 쪼갤 수 없다."11)

---

10) 侯氏曰, 聖人所不知 如孔子問禮問官之類 所不能 如孔子不得位 堯舜病博之類. (中庸 12章)

윗글에 "능히 하기 어렵다." 한 말은 道는 고환한 것이 아니라, 쉬우면서도 능히 실행하기 어렵다는 것을 시사한 말이며, 얕고 쉬우면서 깊고 먼 것이라는 것이다. 그러므로 능히 하기 쉽고 어려움은 『중용』의 首章에서 말한 性에 따라 命에 이르는 뜻이다. 따라서 道로 말하면 작고 큰 것이 없어 하나라는 것이다.

이와 같이 子思의 말이 이에 이르러 極을 이루었으나, 그 뜻을 나타내기에 부족함이 있어 詩經의 구절을 인용하여 밝히기를,

"솔개는 날아 하늘에 이르는데, 물고기는 연못에 뛰논다." '鳶飛戾天 魚躍于淵 言其上下察也'(『중용』 12장)라고 하였으니 부부에서 造端하는 것은 細小하여 알 수 있겠으나, 鳶과 魚의 상하로 現顯됨은 너무 커서 알 수 없는 것이다. 이것은 道의 體用이 아래 위로 顯示됨을 시사하는 동시에 無所不有임을 말하기도 한 것이다. 그래서

"군자의 道는 匹夫匹婦에서 발단되지만 그 지극한 데에 이르러서는 천지에 나타난다."[12]

고 했다. 여기에서 군자의 道란 天道와 人道를 합한 道를 가리키는 것이다. 가령 匹夫匹婦의 愚 不肖로서도 능히 알고 행할 수 있는 것은 부부간에 있어서의 애정의 질서 관계라든지, 한 가정의 부모 자식 간의 慈孝의 질서 관계는 시간적으로나 공간적으로 유한한 존재를 나타내는 道의 발단이라고 할 때 이것을 人道라고 할 수 있다.

그러나 인생의 일체 현상에서 顯示되어지는 제질서와 그 현상에 내

---

11) 費謂淺多 隱謂蘊奧 言君子之道 易能而難盡也 盖淺近者 而高遠者爲難致 近小則共始也 而遠大卽 其極者也 然則費隱者 始終之難易 大小者 始終之淺深 以其淺深 故 有難易 其實一說耳 其大無外故盡天下之廣而不能載 其小無內故 以天下之大而不能破 (霞谷集 中庸篇註 p.78.)
12) 君子之道 造端乎夫婦 及其至也 察乎天地 (中庸 12장)

재하여 질서를 질서되게 하는 所以然之理는 道의 體인 동시에 天道라고 볼 수 있다.

詩經에서 인용한 구절에

'솔개는 하늘에 飛翔하는데 물고기는 연못에서 뛰어 오르누나' 라고 말한 것은 道의 공간상의 顯示性을 나타내는 동시에, 솔개는 하늘에만 비상하지 물속에는 뛰어 놀 수 없고 물고기는 물속에서만 뛰어 놀 수 있으되 물을 떠나서 공중에 비상할 수 없기 때문에 솔개와 물고기는 각자 자성이 있다는 것이다. 이와 마찬가지로 삼라만상은 모두 각자의 자성이 있다는 것이다. 이 같은 자성에 쫓아 행동하는 것을 天道라 할 수 있다. 또한 이 같은 道는 『중용』의 首章에 있는 「率性之謂道」와도 같은 뜻을 내포하고 있으며, 만물각자가 생득적으로 지녀온 道라고 보아야 하겠다. 따라서 인간의 道는 인간의 자성에 따르는 데에 있는 것이라고 보아야 한다.

3. 費隱의 一元論

『중용』 13장에

"道는 사람에게서 멀리 있지 않나니 사람들이 道를 하되 사람에게서 멀리한다면 道일 수 없다."[13]

라고 하였다. 「道가 사람에게서 멀리 있지 아니한다.」한 것은 어리석은 부부도 능히 행할 수 있다는 것이요, 또한 바로 사람 자신 속에 道가 내재해 있음을 의미하고 있다. 그렇기 때문에 道를 똑바로 실행하는 길

---

13) 道不遠人 人之爲道而遠人 不可以爲道 (中庸 13章)

은 자기 자신을 수기하고 스스로 그것을 추구하여 인식하고 또한 구현하는데 있으며, 그와 같은 것을 현실 위에서 성취해야 한다. 어찌하든 인간과 현실을 떠나서 道가 성립될 수 없다는 데서 「사람에게서 멀리한다면 道일 수 없다.」고 한 것이며 이 같은 것은 道의 현시 성을 말한 것이다. 반면에

'군자의 道 네 가지에 丘는 한 가지도 못한다.'[14]

한 것은 聖人도 능히 하지 못한다는 것이니 그 體의 隱한 것이 사람으로부터 멀지 아니한 얕은 데로부터 聖人도 능히 못하는 데 이르기까지 지극하여 미치지 못하는 妙가 있음을 말한 것이다. 이와 같은 것을 일러 「君子之道 費而隱」이라고 한다. 얕고 깊은 양단을 가지고 隱한 것을 설명한 것이니, 隱은 얕고 깊은 것으로 말한 것이다. 君子之道의 얕고 깊은 일면을 설명한 것은 『중용』 15장에

"군자의 道는 비유하면 먼 곳을 행함에는 반드시 가까운 데서부터 출발함과 같으며 높은 곳에 오름에는 반드시 낮은 곳에서부터 출발함과 같다."[15]

라고 했다. 이것은 道가 인간으로부터 멀리 떠나서 존재하지 않음을 말한 것이다. 즉 匹夫匹婦面에서도 능히 행할 수 있음을 시사한 것이다. 또한 이것은 隱한 것이 고원한 데에 있는 것이 아니라 卑近한데 있으면서 스스로 고원한 데 이르는 것을 말한 것이다. 이것을 일러 군자의 道가 費하면서 隱한다고 하는 것이다.

여기에서 낮고 가까운 것은 주로 가정 관계를 가리킨다. 가정에서 가

---

14) 君子之道 四 丘未能一焉 (上同)
15) 君子之道 辟始行遠必自邇 辟如登高自卑 (中庸 15章)

족간의 조화와 친목이 이루어진 뒤에 사회적 원만성을 생각할 수 있는 것이다. 가족간에 있어서의 상하 전후 관계의 구조가 그대로 사회의 상하 전후 관계의 구조로 추급될 수 있다고 보는 것이다. 이것은 『대학』에서 이른바 絜矩之道와 같은 뜻을 내포하고 있다. 즉「웃사람에게서 싫어하는 것으로 아랫 사람을 부리지 말며, 아랫 사람에게 싫어하는 것으로 웃사람을 섬기지 말며, 앞사람에게 싫어 하는 것으로 뒷사람을 먼저 하지 말며, 뒷사람에게 싫어하는 것으로 앞사람을 따르지 말며, 오른쪽 사람에게 싫어하는 것으로 왼쪽 사람에게 건네지 말며, 왼쪽 사람에게 싫어하는 것으로 오른쪽 사람에게 건네지 말라.」16)

고 하였다. 이것을 개괄하면 『중용』 13장에 "나에게 베풀어짐을 원하지 않는 것을 또한 남에게 베풀지 말라."17)

고 한 것과 『논어』에서 공자는,

"仁者는 자신이 서고자 하는 데에 남을 세우고, 자신이 達하고자 하는데 남을 達하게 하는 것"18)

이라는 말로 요약되는 것이니, 禮와 用이 一體되어 忠恕가 이원적 일원론이 될 때, 군자의 道는 費而隱으로 자신이 서고자 하는 데에 남을 세우고 자신이 達하고자 하는 데에 남을 達하게 함으로서 道의 원만한 실현을 얻을 수 있게 된다. 『중용』 13장에,

"군자는 그 자신의 처지에 마땅하게 처신할 뿐이요 처지 밖의 것은 바라지 않는다고 말하고 부귀에 처하여서는 빈천에 마땅하게 처신하고,

---

16) 所惡於上 母以使下 所惡下 母以事上 所惡於前 所惡於後 母以從前 所惡於右 母以交於左 所惡於左 母以交於右 此之謂絜矩之道 (大學傳文)
17) 施諸己而不顧 亦勿施於人 (中庸 13章)
18) 仁者 己欲立而立人 己欲達而達人 (論語雍也篇)

夷狄에 처해서는 夷狄에 마땅하게 처신하고 환난에 처신하나니 군자에게는 들어가 自得하지 못할 데가 없다."[19]

고 하였다. 이것은 匹夫匹婦에서 造端하는 것을 이름이니, 그 隱한 것이 실로 素其位[20]하는데 있으므로 밖으로 바라지 말라는 뜻을 내포하고 있다. 이것을 일러 군자의 道는 費하면서 隱하다는 것이다. 또한 位에 常을 말하며 隱이 常에 있다는 것을 밝힌 것이니 지극한 데에 이르러서는 聖人도 알지 못하고, 지극한데 이르러서는 聖人도 능하지 못하다는 것도 또한 그 가운데 있다는 것을 시사한 것이다. 또한 이것은 군자의 生의 태도를 말하고 있는 것이다.

항상 자신의 처지를 깊이 자각하고 충족할 줄 알고 자기 처지 이외의 것을 바라지 않는 소위 知足의 인생관을 세워 나가는 태도, 또한 부귀, 빈천, 夷狄, 환난과 같은 如何한 경지에 처하여서도 그 처지에 알맞게 처리 해 나가는 中庸之道와 그리고 그와 같은 외부적인 자기처지에 거리낌 없이 自得할 줄 아는 達道, 知足할 수 있는 인생관에 대한 태도라든지, 자득할 수 있는 達道의 근거는 오로지 자기생의 본분을 다하고 자기생을 충실하게 실현하는데 있는 것이다. 그래서 자기 인생이 지닌 충실한 본분이란 점에서 볼 때 부귀, 빈천, 이적, 환난 등 그 어떤 처지에 있더라도 素地 아닌 때가 없다. 그러므로 '군자에겐 들어가 자득하지 못할 데가 없다' 고 한 것이다. 이런 경우를 일러 군자의 道는 費하면서 隱하다는 것이다.

---

19) 君子 素其位而行 不願乎其外 素當貴 行乎富貴 素貧賤 素夷狄 行乎夷狄 素患難 行乎患難 君子 無入而不自得焉 (中庸 13章)
20) 素는 本來의 땅이다. 君子는 恒常 本來 의리에 處하여 편안히 行하고 그 밖의 것을 바라는 마음이 없다는 말이다.

공자께서 말씀하시기를,

"귀신의 덕 됨은 성하기도 하다. 보려고 해도 보이지 않고 들으려 해도 들리지 않지만 만물에 體納되어 있어 만물이 이를 빠뜨릴 수 없다. 천하 사람들로 하여금 齋戒. 明潔히 하고 服裝을 성히 하여 제사를 받들게 하나니, 洋洋히 그 위에 존재해 있는 듯 그 좌우에 존재해 있는 듯하다."

詩에서는,

"神의 來臨하오음을
헤아릴 수 없는데
하물며 꺼려할 수야 있으랴?"

하였으니, 대저 은미한 것의 드러남과 誠의 가리울 수 없음이 이와 같도다."21)

라고 하였다.

이것은 귀신의 微하면서 顯함을 설명함으로써 군자의 道가 隱하면서 費함을 규명한 것이니, 그 體의 微한 것은 隱이요 用의 顯한 것은 費이다. 그 體의 미묘한 것이 顯한 用이 되는 바이니 지극히 微한 것으로써 顯한 用이 되는 것은 體한 바가 誠인 때문이다.22)

여기에서 '귀신의 덕 됨은 성하기도 하다.'에 있어서 德은 군자의 道로써 費而隱이라 볼 수 있다. '보려고 해도 보이지 않고 들으려 해도

---

21) 鬼神之爲德 其盛矣乎 視之而弗見 聽之而非聞 體物而不可遺 使天下之人 齋明盛服 以承祭祀 洋洋乎如在其上 如在其左右 詩曰 '神之格思 不可度思 矧可射思' 夫微之顯 誠之不可揜 如此夫.
22) 國譯霞谷集 第一卷 中庸篇註 p.87.

들리지 않는다.'는 것은 體之微로서 隱이라고 볼 수 있다. 이와 같은 것은 '만물에 體納되어 있어 빠뜨릴 수 없다.'함은 用中에 體가 소장되어 있는 것을 의미함이요, '천하 사람들로 하여금 齋戒 明潔히 하고 服裝을 성히 하여 제사를 받들게 하다.'라고 한 것은 用의 넓음으로 費의 구현이라 하겠다. 그리고 '대저 은미한 것의 現顯함이니 誠의 덮어 가릴 수 없음이 이와 같구나'라고 한 것은 모든 현상의 근원적인 동인을 誠에 귀착 시키고 있음을 말하고 있다. 이 같은 誠은 본체인 까닭에 은미하여 不視, 不聞, 無形이며 덮어 가릴 수 없는 형이상인 것이다. 그러나 모든 현상의 구현은 이 誠의 발현임을 시사한 것이다.

또 공자께서 말씀하시기를,

"舜은 大孝인져! 德은 聖人이 되고 높기는 천자가 되었고 富로서는 천하를 가졌으며 종묘에서 歆饗으로 받들고 자손들이 保有한다."[23]

라고 하였다. 그러므로,

"큰 德 반드시 그 지위를 얻고, 반드시 그 祿을 얻으며, 반드시 그 명성을 얻으며 반드시 그 수명을 얻는다. 그러므로 하늘이 物을 生할 적에 그 재질로 인하여 두텁게 하여 준다. 그러므로 심어진 자를 북돋아 주고 기울어지는 자는 엎어 버린다. 라고 하였고, 시에 이르기를 「아름답고 즐거운 군자여! 드러난 어진 덕이 백성에게 좋고 벼슬살이 하는 사람에게도 좋아서 하늘로부터 녹을 받고 하늘로부터 복을 명해 주어 다함이 없도다."[24]

---

23) 舜 其大孝也與 德爲聖人 尊爲天子 富有四海之內 宗廟饗也 子孫保之 (中庸 18章)
24) 大德 必得其位 必得其祿 必得其名 必得其壽 故天之生物 必因其材而篤焉 故栽者

라고 하였다. 이것은 모두 道의 功用을 말한 것으로써 舜의 덕 됨이 費하고 隱함을 밝힌 것이니 「舜의 大孝인져!」함은 庸의 큼을 말함으로써 庸德의 大德이 그 속에 내재해 있으니 이것이 큰 庸의 德으로 聖人이 된 道의 功用이요, 舜은 大孝이고 大德을 갖추고 있어서 그 지극함이 천명을 받을 수 있는데 까지 뻗어 있으니, 이것이 바로 隱이다. 庸德으로부터 지극한 德을 얻어 極道의 천명을 받는데 이르는 것은 앞에서 설명한 小大, 淺深, 卑高에 근본 하는 것과 같은 뜻으로 이것을 일러 道의 功效性이라 할 수 있다.

4. 費隱의 具顯

武王과 周公을 가리켜 達孝라고 했다. 그들이 達孝인 所以는 父祖들의 뜻을 받들고 그 경영해 오던 사업을 이어 받아 발전 성수 시켰기 때문이다.[25] 선왕의 位에 올라서는 선왕이 행하던 예법을 행하고 선왕이 演奏하던 歌樂을 演奏하고 선왕이 높이던 것을 공경하고 선왕이 친애하던 이를 친애하고, 그리고 죽고 없는 이를 섬기기를 살아 있는 이를 섬기듯 하여 孝의 지극함을 하셨다.[26] 周나라의 文武는 治者의 덕성을 가장 잘 닦고 쌓아 올린 內聖外王이라 할 수 있다. 周나라의 文王과 武王은 內聖外王으로서 가장 훌륭하게 덕치주의의 이상을 직접 실현한 사람이었고, 그 시대에 있어서 덕치주의를 구현시켰고 모든 제도와 정

培之 傾者 覆之. 詩曰 '嘉樂君子 憲憲令德 宜民宜人 受祿于天 保佑命之 自天申元' 故 大德者 必受命.
[25] 武王周公 其達孝矣乎 夫孝者 善繼人之志 善述人之事者也 (中庸 19章)
[26] 踐其位 行其禮 奏其樂 敬其所尊 愛其所親 事死如事生 事亡如事存 孝之至也 (中庸 19章)

치적 행적이 뚜렷하였다. 그래서 공자께서는 늘 덕치주의를 전범으로 말씀하셨다. 그래서 공자께서는 哀公의 물음에 대하여 말씀하시기를,

"文王 武王의 政事가 典籍에 실려 있으니, 文武의 임금 및 그 신하와 그런 사람들이 있으면 그 정사는 행하여지고, 그 같은 사람들이 없으면 그 정사는 息滅한다."27)

라고 했다. 여기에서 文武가 실현한 덕치주의에 있어서 어떠한 형식적인 제도보다 治者의 인격적인 덕성이 기본이었다. 이 같은 治者의 덕성에 비유하여 말하기를,

'사람의 道는 정치에 敏速하고 땅의 道는 栽植에 敏速하다.'28)

는 것이 바로 이것이다. 그러므로,

'정치의 성패는 사람의 덕성에 달려 있고 사람을 취함은 몸으로써 할 것이요, 道를 닦음은 仁으로써 할 것이다.'29)라고 했다.

위에서 말하는 道란 人道이며 『중용』 首章에 「率性之謂道」의 道로써 인간이 생활하면서 잠시도 떠날 수 없는 道이다. 이 같은 道는 천하의 達道이다. 아랫사람으로 어버이를 섬기는 것과 어진 이를 높이는 五典이 곧 그것이니 이것도 人道이다. 人道를 닦음은 仁으로 한다는 仁은 性의 德이요, 義·禮 智를 포섭하는 性의 본질로서 하나의 실체인 동시에 道의 體이다. 이것은 生의 본질이므로 인간은 體가 되는 仁을 자각하고 그것을 體認해야 한다.

그래서,

---

27) 文武之政 布在方策 其人 存則其政舉 其人 亡則其政 (中庸 20章)
28) 人道 敏政 地道 敏樹 夫政也者蒲盧也 (中庸 20章)
29) 爲政在人 取人以身 修身以道 修道以仁 (上同)

"仁은 人이나 친족을 친애함이 크고 義란 宜이니 어진 이를 높임이 크다. 친족에 대한 친애의 降殺와 어진 이에 대한 높임의 等差가 예의 발생근거이다."30)

라고 했다. 여기서 仁이란 義, 禮, 智와 함께 단순한 덕목이라고 보기에 앞서 人道의 善之長으로 義, 禮, 智를 포섭하고 있는 道의 본체인 것이다. 요컨데 仁은 인간과 인간이 서로 통한다는 데에 큰 의의를 내포하고 있다.

주체와 객체, 즉 나 자신과 타자가 대립의 영역을 떠나서 서로 이해해 주고, 서로 애정을 주면서 '하나로 상통'할 때에 仁의 실체는 파악될 수 있는 것이다. 맹자의 四端 중 惻隱之心의 경우, 그것은 하나로 상통하는 좋은 예라 할 수 있다. 이같이 인간의 각 개체가 애정이 상통될 때 그것이 仁이요, 그 仁이 바로 인간성인 것이다. 「仁은 人이다.」라는 말은 바로 仁이 인간된 所以然之理와 인간된 근거를 제시한 말이라 할 수 있다. 따라서 仁의 추구는 인간이 인간된 所以然之理를 추구하는 것인 동시에, 인간성의 관계에 대한 구명이라 하겠다. 위에서 말한 바와 같이 인간과의 각 개체 사이를 交通하는 仁의 본질은 애정이라 할 수 있다. 이 애정은 가까운 六親을 중심으로 한 사이부터 구현된다. 즉 가까운 데로부터 먼 데로 애정을 베풀어 간다는 것이다. 그래서 「親之爲大」라 했고 맹자도 「親而仁民 仁民而愛物」31)이라는 말을 한 것이다.

그래서,

'군자가 몸을 닦지 않을 수 없다.'고 했다. 수신이란 仁을 體認하는 길이요, 體認의 근본은 孝에 있기 때문에 '몸을 닦으려면 어버이를 섬기

---
30) 仁者人也 親親爲大 義者宜也 尊賢爲大 親親之殺 尊賢之等 禮所生也 (中庸 20章)
31) 孟子篇

지 않을 수 없다.'

고 했다. 지극한 효로써 어버이를 섬기고, 사람의 사람 된 所以를 철저하게 자각하기 위해서는 仁을 깊이 體認해야 한다.

그래서,

'사람을 알지 않으면 안된다.'

는 말을 한 것이다. 그리고 인간이 인간된 所以然을 철저하게 자각하는 것은 곧 天에 대한 인식을 하는 것으로써 '天을 알지 않으면 안되는 것 이다.'32)

라고 말한 것이다. 그래서 정치는 修身에서 시발점을 잡아 궁극은 天理에 귀결시키고 있다.

人道는 天道의 구현이 되기 때문에 天道를 깨닫고 內聖外王할 수 있는 哲人의 정치를 해야 한다는 것이 유교의 이상정치라 할 수 있다. 『중용』 20장에 達道와 達德을 설명하기를,

"天下의 達道 다섯이나, 그것을 행하는 所以는 셋이다. 군신과 父子와 부부와 昆弟와 朋友와 사귀는 것, 다섯가지는 천하의 達道요, 知仁勇 세가지는 천하의 達德이니 그것을 행하는 所以는 한가지이다."33)

라고 했다. 여기서 말하는 達道란 인간이면 누구나 참여하게 되는 인간과의 관계, 그 구현의 길을 말하는 것이다. 그 관계란 君臣, 父子, 夫婦, 兄弟, 昆弟, 朋友와 같은 범주로 볼 수 있다.

이와 같은 관계는 다른 존재와의 밀접한 交通에 의하여 실질적으로

---

32) 君子不可以修身 思修身 不可以不事親 思事親 不可以不知人 思知人 不可以不知天 (中庸 20章)
33) 天下之達道 五 所以行之道地者 三 曰君臣也父子也夫婦也昆弟也朋友之交也五者 天下之達道也 知仁勇 三者天下之達德也 所以行之者一也 (中庸 20章)

상호연대를 말하고 그 파악거점은 인간의 안팎에 있는 것이다. 그래서 達道란 인간자신과 타자와의 交通의 길이요, 관계 실현의 길이다. 이 같은 인간관계를 실현케 하는 근거로서 三達德, 즉 知, 仁, 勇을 제시하고 있다. 知, 仁, 勇의 三達德은 達道 구현의 주체적인 계기가 된다.

이 같은 「知, 仁, 勇의 셋은 천하의 達德이니, 이것을 행하게 하는 것은 하나다.」라고 한 하나가 誠을 가리키고 있다.(『중용』20章註) 達道는 몸을 닦는 道이므로 人道라 할 수 있다. 그래서 用之廣으로 費에 해당한다고 보아야 한다. 達德은 道를 닦는 仁이 그것이다. 이것은 達道의 所以然之道로써 사람의 性된 바이니, 體之微로 隱에 해당된다고 볼 수 있다. 위의 하나란 誠을 말한 것이니, 이것은 天道요 誠의 命이다. 誠의 개념을 『중용』에서 '不欺' '眞實無妄' '天理之本然' 등으로 해석하였고 『논어』에서는 '思無邪'로 풀이 되었다. 그 개념의 핵심은 진실에 있으므로 不欺이니 不息이니 無妄이니 할 수 있다. 그러나 誠의 존립근거는 知, 仁, 勇의 三德에 있으며, 또한 誠이 없으면 知, 仁, 勇의 三德은 존립할 수 없다. 達道의 구현도 誠이 없이는 불가능한 것이다. 그래서,

'불능이면 無物(『중용』25장)란 말이 나오게 된 것이다. 또한 人道로서 天道에 도달할 수 있는 것을 知와 行의 양면으로 설명하였으니, 이를테면,

"자연히 알기도 하며, 배워서 알기도 하며, 고심해서야 알기도 하나, 그 앎에 미쳐선 한가지다. 힘들지 않고 행하기도 하며, 마땅하게 여기어 행하기도 하며, 힘써서 행하기도 하나, 그 성과를 거두는 데에 미쳐선 한 가지다."[34]

---

34) 或生而知之 或學而知之 或困而知之 及其知之一也 或安而行之 或利而行之 或勉强而行之 及其成功一也 (中庸 20章)

라 하였다. 이것은 인간의 자질의 차이점을 나누어 본 것이겠지만, 인간마다 자질의 차이점을 宋代에서는 기의 淸濁, 純駁으로 풀이하고 氣質의性과 自然의性이 있음을 말하였다. 인간은 天道를 향해 한결같이 人道를 알고 행하면 선천적인 자질인 自然之性은 후천적인 노력에 의해에 달성될 수 있다고 보았으며, 그것을 달성할 수 있는 길은 眞實無妄한 誠인 것이다.

그리고 알고 행한다는 것은 達道요 그 아는 所以와 행하는 所以는 達德이다. 그 體는 본래 하나로 誠인 것이다. 그래서 주희가 말하기를,

"達德이라는 것은 천하 고금이 한가지로 얻는 이치이니, 一은 곧 誠뿐이다. 達道가 비록 사람에 의하는 것이나 이 三德이 없으면 행함이 없을 것이며, 達德이 비록 한가지로 얻는 것이나 그러나, 하나라도 성실치 못한 것이 있으면 사람의 욕심이 개재되어 덕이 그 덕이 아닐 것이다."[35]

라고 말하였고 程子가 말하기를,

'정성이란(誠) 이에 그쳐서 이 세가지를 성실케 하는 것이니, 이 세가지 밖에 다시 따로 誠이 없는 것이다.'

라고 하였으니 이것은 費隱의 功效가 성실성이 없으면 이룩되지 못한다는 것을 나타낸 말이다. 『중용』20장에 治理의 아홉가지 常道를 제시하고 있다.

"몸을 닦음과 賢者를 존경함과 친족을 親愛함과 大臣을 공경함과 群臣을 體察함과 서민을 자식처럼 사랑함과 백공을 와서 모이게 함과 遠方

---

35) 謂之達道者 天下古今所同得之理也 一則誠而已矣 達道 雖人所共由 然 無是三德 則無以行之 達德雖人所同得 然 一有不誠則人欲 間之而德非其德矣 (中庸 20章註)

사람들에게 寬柔히 함과 제후를 포용함이다."36)

라고 말하였고, 또한 九經의 功效를 말하기를,

"몸을 닦으면 道가 확입되고, 賢者를 존경하면 의혹치 않게 되고, 친족을 친애하면 諸父·형제가 원망하지 않게 되고, 대신을 공경하게 되면 眩迷하지 않게 되고 群臣을 體察하면 그들의 報禮가 무겁게 되고, 서민을 자식처럼 사랑하면 백성들이 받들어 모시기를 서로 힘써하게 되고, 백공을 와서 모이게 하면 財用이 풍족하게 되고, 遠方 사람에게 寬柔히 하면 사방이 귀순해 오게 되고, 제후를 포용하면 천하가 畏服하게 된다."37)

고 했다. 이상의 아홉가지 常道의 근저를 파헤쳐 들어가면 知·仁·勇의 三德과 仁과 義의 정신에 있다고 볼 수 있다.

"仁義에 입각된 德治의 아홉가지 常道, 그것을 행하게 하는 것은 하나다.(『중용』 20장)

라고 했으니 또한 人道와 天道를 가능케 하는 것은 誠이 아니고는 불가능 하다는 것이다. 그래서 事爲가 미리 정해지면 이루어지고 미리 정해지지 않으면 폐한다."(上同)

고 했다. 여기에서 事爲란 達道, 達德, 九經 등의 일에 해당된다고 하겠다. 미리 정해진다는 것은 먼저 誠에 바탕 하여 선다는 뜻이다. 즉, 道는 성실성과 진실성을 근저로 하여야만 성립이 가능하다는 것이다. 그래서,

---

36) 凡爲天下國家一有九經 曰 修身世 尊賢也 親親也 敬大臣也 體羣臣也 子庶民也 來百工也 柔遠人也 懷諸侯也 (中庸 20章)
37) 修身則道立 尊賢則不惑 親親則諸父昆弟怨不 敬大臣則不眩 體羣臣則士之報禮重 子庶民則百姓勸 來百工則財用足 柔遠人則四方歸之 懷諸侯則天下畏之

"아랫 자리에 있어 웃사람에게 신임을 얻지 못하면 백성을 다스리지 못할 것이다. 웃사람에게 신임을 얻는 데는 道가 있으니, 벗들에게 불신임을 받으면 웃사람에게 신임을 얻지 못한다. 벗에게 믿음을 받는 데는 道가 있으니, 어버이 마음에 들지 않으면 벗들에게 불신을 받으리라. 어버이 마음에 들게 하는 데는 道가 있으니, 자신을 돌이켜 보아서 성실치 못하면 어버이 마음에 들지 못하리라. 자신을 誠케하는 데는 道가 있으니 善에 밝지 못하면 誠케 못하리라."38)

한 것이 바로 이것이다. 즉 자신이 성실되지 못하면 외부로부터 신망을 얻을 수 없으며, 내면으로 애경의 實이 없게 된다. 그러므로 내면을 純一無雜하게 하고 齋戒 明潔하게 한 경지에 達한 연후에 외면이 방정하여지고 주체와 객체가 합일된 君子之道 費而隱이 가능한 것이다. 그래서 『중용』 20장에,

"誠은 하늘의 道요, 誠해지려고 하는 것은 사람의 道다. 誠한 者는 애쓰지 않아도 모든 도리에 맞아지며, 從容히 道에 맞나니 聖人이다 했고, 또 誠해지려고 하는 者는 善을 가려 굳게 잡는 者이다."39)

라고 하였다. 이에 대해 주희는 다음과 같이 말하였다.

"誠은 眞實無妄을 말하는 것이니 천리의 본연이요, 誠之는 아직 眞實無妄하지 못하여 眞實無妄하려고 함을 말하는 것이니, 人事의 당연이다. 聖人의 덕은 運然히 天理인지라 진실하고 허망함이 없어 思勉을 기다리지 않고, 종용히 道에 맞나니 곧 또한 하늘의 道이다. 또 聖人에

---

38) 在下位 不獲乎上 民不可得而治矣 獲乎上 有道 不信乎朋友 不獲乎上矣 信乎朋友 有道 不順乎親 不信乎朋友矣 順乎親有道 反諸身不誠 不順乎親矣 誠身有道 不明乎善 不誠乎身矣 (中庸 20章)
39) 誠者 天之道也 誠之者 人之道也 誠者 不勉而中 不思而得 從容中道 聖人也 誠之者 擇善而固執之者也 (中庸 20章)

아직 이르지 못한 사람은 人欲의 私가 없을 수 없이 그 덕됨이 다 진실하지는 못한 것이다. 그렇기 때문에 생각하지 않고 얻을 수 없으니, 반드시 선을 택한 후에야 선을 밝힐 수 있고 힘쓰지 않고 맞을 수는 없으니, 반드시 굳게 잡은 뒤에야 몸을 誠케 할 수 있나니 이것이 곧 이른바 사람의 道이다."[40)]

라고 하였다. 이것은 天道와 人道를 설명한 것으로 常人이 현상이전의 본체계가 실재하고 있는 天道에 도달하기 위해서는 私欲을 버리고, 선을 택하여 굳게 지키려면 博學, 審問, 愼思, 明辨, 篤行과 같은 수학의 태도를 가지고 꾸준히 수신해 나갈 때 기질이 淸純하고, 人欲의 私가 없어져서 표리가 다 仁이요 義가 된다. 이른바 聖人의 영역 즉, 誠의 영역에 도달된다. 이때에는 힘쓰지 않아도 中道에 맞으며 생각하지 않아도 얻어져 從容히 道에 맞아진다. 이것이 바로 天道에 합치된 聖人으로서 인간의 존재가 드러나는 君子의 道 費而隱의 경지인 것이다.

또한,

"생각하지 아니하고 힘쓰지 아니한다는 것은 生知 安行하는 자로서 知·仁의 上品이라 할 수 있고, 선을 택하여 굳게 지키면서 博學, 審問, 愼思, 明辨, 篤行을 하는 것은 學知, 利行하는 자로서 知·仁의 中品이라 할 수 있고, 다섯가지를 己百, 己千으로 하는 것은 困知, 勉行하는 자이니 知·仁의 下品이라 할 수 있다."[41)]

---

40) 誠者 眞實無妄之謂 天理之本然也 誠之者 未能眞實無妄而欲其眞實無妄之謂 人事之當然也. 聖人之德 渾然天理 眞實無妄 不待思勉而從容中道則亦天地道也 未至於聖則不能無人欲之私而其爲德不能皆實故 未能不思而得必擇善然後 可以明善 未能不勉而中則必固執而後 可以誠身 此則所謂人之道也 (中庸 20章註)
41) 誠者誠之者 其曰 不思不勉 生知安行者也 知仁之上品 擇善固執而五之者 學知利行者也 知仁之中品 五之之千百者 困勉之事也 知仁之下品 (霞谷集 p.97)

그리고 『중용』 21장에,

'誠으로 말미암아 밝아짐을 性이라 하고 明으로 하여 誠해짐을 敎라 한다. 誠하면 밝아지고 밝으면 誠해진다.'[42]

라고 하였다. 위에서 誠은 天道요 性의 본연으로 體가 된다는 것을 밝혔다. 이에 대해 明은 人道로서 所當然이라 볼 수 있다. 人道에 의해 天道에 도달 되어짐을 敎라고 했다. 여기의 性과 敎는 『중용』 首章의 天命之謂性의 性과 修道之謂敎의 敎와 같은 것이라 볼 수 있다. 여기에서 말하는 性은 天道이며 體之微로서 隱이요, 敎는 人道이며 用之廣으로써 費로 볼 수 있다. 그래서 性은 誠者의 의미로서 본연적임을 가리키고 敎는 學知, 困知로서 所當然인 誠之者를 가리킨다. 그리고 '誠則明'하고 '明則誠'이라고 한 것은 誠者와 誠之者, 즉 天道와 人道가 합일됨을 밝힌 것이다. 이와 같이 人道가 天道에 도달하게 되면,

"誠은 자신을 成遂시킬 뿐만 아니라 사물을 成遂시키는 所以가 된다. 자신을 成遂시킴은 仁이요, 사물을 成遂시킴은 知이니 性之德으로 내외를 합일하는 道가 된다."[43]

'자신을 成遂시킴을 仁이라고 한 것은 天道의 보존을 뜻하고, 사물을 成遂시킴을 知라고 한 것은 人道로서 用之廣의 구현이라고 볼 수 있다.'[44]

주희는 또 설명하기를,

"誠은 비록 자신을 成遂시키는 所以가 나에게 있어서 眞實無僞이면, 자연히 사물에 미쳐 갈 수 있다. 자신을 成遂시키는 것을 두고 말하면 나 자신을 다하여 一毫의 私僞도 없음이니, 이 때문에 仁이라 했고, 사

---

42) 自誠明 謂之性 自明誠 謂之敎 誠則明矣 明則誠矣
43) 誠者 非自成己而已也 所以成物也 成己仁也 成物知也 性之德也 合內外之道也 故 時措之宜也 (中庸 25章)
44) 中庸 25章註

물을 成遂시키는 것으로 말하면 사물자체에 따라 성취시켜 각기 마땅함을 얻음이니, 이 때문에 智라고 했다."45)

여기에서 仁과 智는 性의 고유한 덕이며 주체인 內와 객체인 외물을 합일하는 道라 한 것은, 주체와 객체가 합일하는 君子之道이며 費而隱의 극치라고 볼 수 있다. 그런 까닭으로,

"至誠은 그침이 없다. 그치지 않으면 오래게 되고, 오래게 되면 징험된다. 징험되면 멀어지고 멀어지면 넓고 두터워지고, 넓고 두터워지면 높고 밝아진다."46)

고 했다. 이것은 지성의 功效를 말한 것이다. 『중용』 22장에,

"오직 천하의 지성이라야 능히 그 性을 다할 수 있나니 그 性을 다할 수 있으면 능히 사람의 性을 다할 수 있을 것이요, 사람의 性을 다할 수 있으면 능히 物의 性을 다할 수 있는 것이요, 物의 性을 다할 수 있으면 천지의 化育을 도울 수 있을 것이요 천지의 化育을 도울 수 있으면 천지와 함께 병립하게 된다."47)

라고 했다. 이것은 천하의 至誠 즉, 위대한 인간의 덕성이 극히 진실됨을 말하는 것이며, 또한「천하의 지극한 誠이란 것은 聖人이 가지고 있는 德의 實이 천하에 능히 더할 것이 없음을 이르는 것이다.」48)

또한 이것은 天賦의 性이 실현이 극치에 이르고 있음을 시사한 것이며, 아울러 君子之道의 극치라고도 볼 수 있다.

---

45) 上同
46) 不息則久 久則微 微則悠遠 悠遠則博厚 博厚則高明 (中庸 26章)
47) 唯天下至誠 爲能盡其性 能盡其性則 能盡人之性 能盡人之性則 能盡物之性 能盡物之性則 可以贊天地之化育 可以贊天地 之化育則 可以與天地參矣 (中庸 22章)
48) 中庸 22章 註

Ⅲ. 結論

費隱을 중심으로 하여 『중용』전편을 해명하고 그 功效性을 고찰하였다. 『중용』이 본래 유가의 철학을 추상적으로 설명한 것이므로 그 논리구조가 난해하다고 아니할 수 없다. 體用을 該盡하여 言簡意豊하게 되어 있다. 君子之道 費而隱은 간단한 문장속에 『중용』의 원리를 집약하고 있다고 하겠다. 상술한 바와 같이 費隱의 개념을 구명하였고 費와 隱의 관계 및 費隱의 一源論을 탐구해 보았으며, 또한 費隱의 구현을 해명해 보려 하였다. 그러나 이것은 중용사상의 내용을 몇 분야에서 고찰한 것뿐이요 이외에 제 입장에서 재검토할 수 있다고 하겠다.

현대철학에 있어서 여러 가지 모순대립 문제를 모색하는데 있어 중용사상이 관심의 대상으로 될 수 있으리라고 생각된다.

5. 『大學』의 德治主義

Ⅰ. 序論

　『大學』은 본래 『小戴禮記』 四十九篇 가운데 제 四十二篇으로 수록되어 있었다. 『禮記』는 유교의 윤리·도덕의 이론과 실천 방법에 대한 절차 문제까지 설명하고 있으므로 동방 여러 나라의 유학자들에게 매우 중요한 古典으로 삼아 왔던 것이다.
　그러나 六朝時代부터 『대학』과 『중용』은 『禮記』에서 떼어내어 그 사상의 중요성을 강조하는 학자들은 있었지만, 唐에 이르기까지 불교와 도교가 성행하여 『대학』의 修身과 明德을 바탕으로 하는 政敎一致思想은 그 당시 학자들의 취향에 어긋나게 적용되었다.
　唐代에 와서야 비로소 韓愈(七三八~八二七)에 의해 『대학』의 내용이 높이 평가되기 시작했다. 韓愈는 「原道」란 글에서 요순에서부터 공자, 맹자로 이어지는 유학의 전통을 논했는데 여기서 『대학』의 八條目을 끌어내어 修身으로부터 平天下에 이르는 것을 윤리·도덕의 근거로 보았다.

宋代에 와서 『대학』의 가치성을 널리 인식하게 되었다. 그래서 宋代에 와서야 단행본으로서 『예기』에서 별도로 다루어지기 시작했다. 程頤와 程顥 형제의 討究를 거쳐 朱熹에 이르러 비로소 「大學章句」가 이루어지고 동시에 『중용』, 『논어』, 『맹자』와 함께 이른바 四書라는 명칭이 붙게 되었다.

그런데 주희는 『예기』 中 『대학』편에 章, 節 없이 句로만 되어 있던 것을 분리·독립시킨 뒤 章·節을 나누고 句·節도 고쳐 「대학장구」를 편찬하고 이에 주석을 붙였다. 그리고 주희는 程顥, 程頤의 형제의 뜻을 이어 大學의 본문을 교정하고 문장의 編序를 改編하여 經一章과 傳十章으로 나누었다.

經과 傳의 구별은 대학장구 서문에서 설명하기를 「聖經賢傳」 즉 聖人의 말씀을 기록한 것을 經文이라 하고 經文의 내용을 설명하는 의미를 지니는 賢人의 말을 傳文이라 하였다. 경문은 곧 『대학』의 중심부분에 해당되는 총론격으로 공자가 품었던 생각으로 曾子가 기록한 것이라 하여 經이라 불렀던 것이다. 그리고 전문은 경문을 演述한 각론격으로 증자에게 나온 것을 그 문인이 기록한 것이라 하여 傳이라 하였다. 그리고 대학의 저자에 대해서는 학자에 따라서 구구하게 유추하고 있으나, 주희는 『대학』 속의 「曾子曰」 句에 근거하여 『대학』이 증자에게서 나왔다고 보았다. 『대학』의 저자가 누구인가에 관계없이 주희가 '대학이란 것은 大人의 學이다' 「대학장구」라고 했다. 여기서 '大人'이란 有德者를 일컬음이다. 즉 이것은 군자 또는 성인과 같은 바람직한 사람이다. 그러므로 大人의 학문은 바람직한 가치관을 갖춘 有德者를 요청하고 있는 것이다.[1]

大學의 내용은 三綱領과 八條目으로서 요약할 수 있다. 三綱領은 明明德, 新民, 止於至善이고 八條目은 格物, 致知, 誠意, 正心, 修身, 齊家, 治國, 平天下이다.

三綱領은 大學의 목표로서 바람직한 인간의 가치관을 나타낸 것이고 八條目은 三綱領을 구현하는 방법을 제시하고 있다. 그리고 八條目은 大學의 범위라 볼 수 있다. 格物로부터 시작하여 致知·誠意·正心을 거쳐 修身을 바탕으로 하여 齊家·治國·平天下로 발전하는 것이다. 즉 修身인 修己와 齊家, 治國, 平天下인 治人으로서 요약 할 수 있다.

그러므로 大學은 修己로서 자기 가치관 정립이 이룩된 연후에 대상인 治人의 교화가 가능하다는 그 원리를 설명하고 있다. 주희는 이것을 한마디로 '窮理·正心을 하고 修己 治人하는 道'[2] 라고 말했다. 이것은 수양을 통해서 자기 가치관을 갖춘 인물이 된 후에 治人이 가능함을 시사한 것이다. 이 같은 '大學之道'의 취의를 살려서 오늘날 물질주의, 실리지상주의가 팽배됨으로서 바람직한 인간성이 상실되어 가고 있는 이때 교육적으로 바람직한 교육 철학을, 정치적으로 위정자들의 바람직한 政治 哲學을 定立하는데 본 논문이 주요한 역할을 할 수 있으리라 믿는다.

이 같은 취의를 살려 주희 주석을 중심으로 하여 본체론에서는 大學의 三綱領 중 修己로서의 明德과 治人으로서의 新民을 구명하고 그 관계를 구명해 보고자 한다. 그리고 실천론에서는 明德의 구현과 齊家의 확충 및 덕치주의 실현을 구명함으로써 현대적 의미를 알아보고자 한다.

---

1) 『大學集註』朱子章句 序 參照
2) 『大學章句』朱子章句 序

Ⅱ. 本體論

1. 明德

『대학』經一章에서 『대학』은 大人의 學으로 明德을 밝히는데 있다 했고, 백성을 새롭게 하는데 있다 했고, 至善에 머무는데 있다고 했다. 즉 明明德, 新民, 止於至善의 三綱領을 제시하고 있다. 주자가 明明德을 『대학』의 제 1강령으로 삼고 있는 의의를 살펴보면

"明德은 사람이 하늘에서 얻은바 虛靈하고 어둡지 않아서 衆理(仁義禮智)를 갖추어 만사에 응하는 것이다. 다만 기품에 구애된 바와 인욕에 가리운 바가 되면 때로 어두울 적이 있으나, 그 본체의 밝음은 일찍이 쉬지 않는다. 그러므로 배우는 자가 마땅히 그 발하는 바를 인하여 마침내 밝혀서 그 처음을 회복해야 한다. … 이미 스스로 그 명덕을 밝혔으면, 또 마땅히 미루어 남에게까지 미쳐서 그로 하여금 또한 옛날에 묻든 더러움을 제거함에 있음을 말한 것이다."3)

여기서 '天'이 무엇인가를 알아야하겠다. 대개 천의 개념을 네가지로 요약 설명할 수 있다. 첫째는 자연의 天으로서 '上天下地'의 上天이요, 둘째는 만물의 주재자로서 인격신을 상징하는 天帝, 天神, 上帝, 上天 등의 의미로서 天이요, 셋째는 운명·숙명의 뜻으로서의 天이다. 즉 주재자로서의 天이요, 넷째 理의 근원으로서 본체론적인 의미를 가진 형

---

3) 『大學章句』「大學章句註」 "明德者 人之所得乎天而虛靈不昧 以具衆理而應萬事者也 但爲氣稟所拘 人欲所蔽 則有時而昏 然其本體之明 則有未嘗息者 故 學者當因其所發而遂明之 以復其初也… 言旣自明其明德 又當推以及人 使之亦有以去 其舊染之汚也."

이상학적의 天이다. 그리고 주자가 설명하는 天은 바로 본체론적 형이상학의 天을 의미한다고 볼 수 있다. 위의 明德에 대한 주자의 설명은 마치 하늘이 인간에게 부명하는 것을 인성이라[4] 할때와 같이 性卽理의 의미를 내포하고 있다.

'虛靈不昧'는 인간의 마음을 두고 설명한 것으로 하늘로부터 부여 받은 인간의 마음이 自然之性으로서 소박하고 純一無雜하여 靈明한 마음을 표현한 것이다. 그리고 '모든 이치를 갖추었다'는 것은 인간행위의 모든 법칙인 인간의 도리가 하늘로부터 부여 받은 성품 속에 이미 내재하고 있음을 의미한다. 즉 性卽理를 설명하고 있다. 다시 말하면 인간이 하늘로부터 인성을 부여 받을 때 이미 仁·義·禮·智와 같은 인간의 도리를 내재하고 있기 때문에 이 같은 性卽理로서의 明德은 바람직한 인간 가치관을 형성하고 있다고 말할 수 있다. '온갖 일에 응해간다'는 것은 본체로서의 明德이 대상에 접했을 때 내재해 있는 性卽理가 구현되어 감을 말한다. '모든 이치를 갖추었음'이 明德의 體이고 '온갖 일에 응해감'은 明德의 用이라 볼 수 있다. 또 주자는 『或問』에서 明德은 인성에 관계 된 것임을 설명하고 있다.

> "理로서 말하면 만물의 한 근원으로서 사람과 사물에 귀천의 다름이 없지만, 氣로서 말하면 바르고 소통되는 氣를 얻으면 사람이 되고, 치우치고 막힌 氣를 얻으면 사물이 된다는 것이다. 이 때문에 어느 것은 귀하고 어느 것은 천하며 같을 수 없다는 것이다. 저 천하에 사물이 된 것은 이미 形氣의 치우치고 막힘에 질곡되어 본체의 온전함을 확충할 수 없다. 오직 사람은 태어나면서 바르고 소통되는 氣를 얻어서 그의 본성이 가장 고귀한 것이다. 이 때문에 사람의 마음은 虛靈하고 밝으며, 모든

---

4) 『中庸』第1章 "天命之謂性."

도리를 갖추고 있다. 사람이 禽獸와 다른 점은 바로 여기에 있으며 모든 사람이다 堯·舜과 같은 인물이 될 수 있고 또한 천지에 참여하여 변화하고 자라남을 도울 수 있는 근거는 또한 여기에서 벗어나지 않는다. 이것을 일러서 밝은 덕(明德)이라 한다."5)

理의 차원에서는 만물의 일원으로서 사람과 사물에 차별이 없지만, 氣의 차원에서는 각각 人性과 物性으로 나뉘데, 明德은 性卽理로서 인간성에만 관계한다는 것이다. 明德의 有無는 바르게 소통되는 氣를 품부 받느냐 받지 못하느냐에 달려 있다는 것이다.

사물은 偏塞된 氣를 품부 받아 明德을 가질 수 없고, 사람은 正通한 氣를 품부 받아 明德을 가질 수 있다는 것이다.

그러므로 누구나 인간은 태어날 때부터 虛靈不昧한 明德을 부여 받았기 때문에 堯·舜과 같은 天道의 마음을 가지고 있다고 보아 인성은 善하다고 한 맹자의 性善과 같은 의미를 부여하고 있다.

이 같은 明德은 性卽理로 天道의 마음으로 볼 때 누구나 堯·舜과 같은 聖心을 가지고 태어났으나, 누구나 동일하게 드러낼 수 있는 것은 아니다. 그것은 氣質의 차이가 있기 때문이다. 기질의 기품에는 淸濁·美惡의 氣의 질적인 차이로 해서 智愚·賢不肖의 구별이 생기는데 그에 따라 明德을 나타내는 차이가 생긴다. 그 智·大賢의 자질을 가진자는 본체 곧 明德을 온전히 보존하여 밝혀지지 못하는 점이 없다. 여기에 미치지 못하는 愚·不肖의 자질을 가진자들은 그들은 물질적인 기질에

---

5) 『或問』4b. "然以其理而言之 則萬物一原 故無人物 貴賤而爲物者 旣梏於形氣之偏塞 而無以充其 本體之全矣. 唯人之生 乃得其之正且通者 而其性爲最貴 故其方寸之間 虛靈洞徹 萬理essentially備 蓋其所以 異於禽獸者 正在於此 而其所以可爲堯舜 而能參天地以變化育者 亦不外焉 是則所謂明德也."

사로잡혀 明德이란 본체를 잃게 된다[6]는 것이다. 비록 氣質之性의 자질 차이로 明德의 밝음은 차이가 있겠지만 본래 본체적 明德에 대한 능력은 모든 사람에게 잠재적 가능성을 가지고 있는 것이다. 그래서 누구나 본체적 明德을 끝까지 밝혀 확충시켜 나갈 수 있다는 것이다. 기품과 인욕은 明德을 昏昧하게 하는 것이고 이것들을 잘 제거해 나가는 것이 明德을 밝힘이 된다. 그래서 주자는 明德에 대해 설명하기를,

"본체의 밝음은 하늘에서 얻어 온 것으로 끝내 昏昧해 질 수 없는 것이다. 그러므로 비록 어둠이 덮인 속에서라도 잠깐이나마 한번 깨달음이 있으면 이러한 빈틈 가운데로 卽해 그 본체는 환하게 트이는 것이다."[7]

위의 설명은 거울에 비유할 수 있다. 거울은 본래 밝은 것인데 먼지와 티끌이 끼이면 어두워진다. 어두워진다고 해서 거울의 본래 밝음이 아주 상실된 것은 아니다. 밝음이 먼저 티끌에 의해 가리워졌을 뿐이다. 먼지 티끌 사이로 빛이 발하는 데를 근거로 하여 닦아 나가면 마침내 본연의 밝음이 온전하게 드러나게 된다. 위에서 말한 주자의 '빈틈 가운데' 가 바로 거울에 끼어 덮인 먼지 티끌 사이의 빛이 발하는 틈서리와 같은 것이요, 맹자가 말하는 惻隱·羞惡·辭讓·是非의 단서와 같은 것들이다. 이와 같은 심성의 仁·義·禮·智의 단서를 포착하여 확충해 가는 것이 바로 明德의 昏昧한 것들을 제거해 가는 길이요, 本然之性의 明德을 體認하는 길이라 볼 수 있다. 이 같은 본체적 明德은 누구나 다

---

6) 『或問』5a. "然其通也 或不能無淸濁之異 其正也. 或不能無美惡之殊. 故其所賦之質 淸者智而濁者愚 美者賢而惡者不肖 又有不能同者. 必其上智大賢之資 乃能全其本體 而無所不明 其有不及乎此 則其所謂明德者 已不能無蔽而失全矣."

7) 『或問』5a. "然而 本明之體 得之於天 終有不可得而昧者. 是以雖其昏蔽之極 而介然之頃. 一有覺焉 則卽此空隙之中 而其本體 已洞然矣."

가지고 있다.

> "明德은 쉼이 없고 때때로 일상생활 사이에서 드러난다. 의롭지 않음을 보면 부끄러워하고, 어린아이가 우물에 들어가려 하면 불쌍해하고, 어진이를 보면 공평하고, 좋은 일을 보면 탄식하는 일과 같은 것이 다 明德이 드러남이다. 이와 같이 미루어 가면 매우 다양하다. 다만 마땅히 드러난 바를 바탕으로 미루어 넓혀가야 한다."[8]

氣質之性은 明德을 인식케 하는데 있어서 개인적 차이를 조성할 수 있으데 본체적 明德의 인식 자체를 불가능하게 할 수 없음을 알 수 있다.

이상에서 살펴 본 바와 같이 明德은 虛靈不昧한 인간의 본체로서 性卽理이다. 형이상자로서 칸트가 말하는 이성 또는 이법에 상응한다고 볼 수 있다. 유가철학은 修己 위에 수립된 철학으로 性卽理를 인간의 본체로 보고 氣質之性에 대한 인욕의 가리움을 해쳐 내고 빛의 발하는 바를 확충해 내고 그 本然之性을 회복해서 明德을 體認하여 실현하는 것으로서 자기완성을 이룩하는 것이다. 그러므로 明明德은 修己를 통하여 본래적 자기 모습으로 돌아감으로써 자기 완성의 길을 정진해 가는 것이다.

또 주자는 明明德에 대해서 '明德을 밝힌다고만 하지 않고『대학』의 八條目과 결부시켜 明明德의 실제적 과정을 구체적으로 설명하고 있다.

> "格物・致知・誠意・正心・修身 5가지는 다 明明德의 일이다. 格物

---

[8] 『語類』14-78. "明德未嘗息. 時時發見於日用之間. 如見非義而羞惡 見孺子入井而惻隱 見尊賢而恭敬 見善事而歎慕 皆明德之發見也 如此推之極多 但當因其所發而推廣之."

致知는 곧 분명하게 알려는 것이고 誠意・正心은 곧 분명하게 행하려는 것이다. 만약 格物致知에 다하지 못하는 바가 있다면, 明德을 안 것이 아직 분명하지 못한 것이고, 생각이 성실하지 못하다면 이 덕이 아직 밝아지지 못한 바 있는 것이며, 마음에 바르지 못한 바 있다면, 덕에 밝아지지 못한 바 있는 것이다. 몸이 아직 닦여지지 못한 바 있다면, 덕에 밝아지지 못한 바 있는 것이다. 반드시 생각은 잠시도 성실하지 못함이 있을 수 없게 하고, 마음은 잠시라도 바르지 못함이 있을 수 없게 하며 몸은 잠시라도 닦여지지 못함이 있을 수 없게 한다면, 이 明德 이 비로소 항상 밝게 된다."9)

주자는 八條目 중에서 修己의 덕목을 明德과 결부시켜 明明德의 실제적 절차를 구체화 한 것이다. 格物致知는 明德을 구현하는 인식의 문제로 제시 되었고, 誠意・正心・修身은 明德을 분명하게 행동하려는 행적인 면을 제시하고 있다. 그러므로 明明德은 知行의 두 측면을 포함하는 개념으로 이해 할 수 있다.

그런데 본래의 모습 그대로의 明德이 언제나 뚜렷하게 빛나게 존재하는 것이 아니다. 기질과 인욕에 속박되고 은폐되어 性卽理인 明德이 불분명하고 희미해지기 마련이다. 그러나 본질적인 밝음이 상실되는 것이 아니다. 그래서 밝음의 실마리를 발현하여 그 본래의 밝고 빛남을 잘 인식해서 그 밝은 德을 계속 밝혀 나가는 것을 실행하게 되면 본래의 明德으로 복귀하게 된다는 것이다. 이것이 바로 명덕의 가치관 정립이라 볼 수 있다.

---

9) 『語類』14-84. "如格物致知誠意正心修身五者 皆明明德事. 格物致知 便是要知得分明: 誠意正心修身 便要行得分明・若是格物致知有所未盡 便是知得這明德未分明: 意未盡誠 便是這德有所未明: 心有不正 則德有所美明: 身有不修 則德有所未明. 須是意不可有頃刻之不誠 心不可有頃刻之不正 身不可有頃刻之不修 這明德方常明."

2. 新民

『小戴禮記』「大學篇」에 親民으로 전해 오던 것인데, 程頤가 新民으로 씀이 옳다고 한 것을 주희는 이에 근거하여 '大學章句'에서 親民을 新民으로 풀이했다.

新民은 明明德의 他者에로의 확대로서 대중을 향한 교화를 의미한다.

> "사물이 구명된 뒤에야 앎이 투철해지고 앎이 투철해진 뒤에야 뜻이 성실하게 되어서고, 뜻이 성실하게 된 뒤에야 마음이 바루어지게 되고, 마음이 바르게 된 뒤에야 몸이 닦아지게 되고 몸이 닦이고 난 뒤에라야 집안이 바로 잡히게 되고 집안이 바로 잡히고 난 뒤에라야 나라가 다스려지게 되고, 나라가 다스려지고 난 뒤에라야 천하가 화평하게 되어지리라."[10]

明德이 천하에 밝혀져 가는 과정을 순서대로 설명한 것이다. 가정이 윤리적인 조화를 가져오고 난 후에 국가·사회 윤리의 조화가 이루어지고 그것이 온 천하까지 화평하기 위해선 먼저 각 개인의 인간적 가치관인 明德이 갖추어 져야 한다는 것이다. 이를 주희는 다음과 같이 풀이하고 있다.

> "내 스스로 밝힌 바를 미루어 그들에게 미쳐가되 齊家로부터 비롯하여 중간에는 治國을 마지막엔 平天下에까지 이르러 자신의 明德을 가지고서도 스스로 밝히지 못하는 많은 사람들 모두가 스스로가 밝은 덕을 밝혀서 해묵고 더러운 때를 없애도록 해주는 것이 곧 이른바 백성을 새롭게 함이다. 그러나 이 또한 그들에게 나의 것을 준다거나 더해 주는 것은 아니다."[11]

---

[10] 『大學章句』「經章」 "物格而后 知至 知至而后 意誠 意誠而后 心正 心正而后 身修 身修而后 家齊 家齊而后 國治 國治而后 天下平."

明德을 밝히는 일은 단순히 개인에게 국한되지 아니하고 온 사회로 확충, 발전되어 전인류에 기여하는 바가 되어야 한다. 그러므로 新民은 자기 본체로서의 明德을 밝혀서 대중에로 확대되어 가는 것이다. 그리하여 대중의 明德도 밝힘으로써 兼善天下 하는데로 나아감을 말하는 것이다. 新民은 백성들로 하여금 인간된 본성 즉 바람직한 인간 가치관을 정립 하도록 깨우쳐 주는 일로써 덕치주의의 일면을 바로 新民에서 찾아 볼 수 있다. 그래서 明明德이 자기 본체의 직접적 실현이라면 新民은 明德의 작용으로써 明德의 수양과정을 통한 내적 자기 변화의 일면을 타인에게까지 확충해 가는 것을 가르킨다. 그래서 明明德, 新民의 일은 '세상에 明德을 밝힌다'라고 말할 수 있다. 이는 자기의 明德을 밝혀 대상자인 타인을 교화시키고 새롭게 한다는 것이다. 즉 덕치주의의 구현으로 나 이외의 다른 사람들로 하여금 虛靈 明德한 가치관을 정립하게 한다는 것이다.

그러므로 明德을 밝히는 일은 단순히 개인에게 국한되지 아니하고 온 사회로 확충 발전시켜 전 인류에로 기여하는 것이 되어야 한다. 한마디로 新民은 明明德의 대중에로의 확대로서 자신의 明德을 밝힘으로써 자기 혼자의 가치관 정립에 만족하는 것이 아니고, 대중의 明德을 밝힘으로써 대중 각자의 가치관을 정립하는 데로 나아감을 말하는 것이다.

新民은 백성들로 하여금 인간의 本然之性에 돌아가 최대한으로 실현하도록 깨우쳐 주는 일로써 덕치주의의 과제가 바로 新民에 있다는 것

---

11) 『或問』5b. "故必推吾之所自明者以及之 始於齊家 中於治國 而終及於平天下 使彼有是明德而不能自明者 亦皆有以自明而去其舊染之汚焉. 是則所謂新民者 而亦非有所付畀增益也."

이다. 新民의 덕치주의는 교육적, 경제적, 사회적 안정을 얻도록 할 뿐만 아니라 '齊家·治國·平天下'를 구체적으로 실현케 하는 것이다.

3. 明德과 新民의 關係

明德과 新民의 관계는 중용의 '成己·成物'[12] 에 의한 功效性과도 같다. 成己는 明德에 成物을 新民에 상응된다고 볼 수 있다. 즉 자기 자신을 이룩한다는 것은 자기 자신 속에 있는 인욕과 물욕을 배제하고 소박하고 純一無雜한 心之德을 갖춘다는 뜻이다. 修己에 의한 가치관 정립을 의미하는 것이고, 成物은 나 이외의 대상을 뜻하는 것으로 修己로서의 明德이 이루어진 연후에 대상을 자기의 明德과 같이 될 수 있도록 교화시켜서 내적인 成己와 외적인 成物을 하나되도록 하는 것이 곧 誠者로서 天道의 경지인 것이다. 이 경지가 이른바 止於至善의 경지요, 천인합일의 경지라 할 수 있다.

"대중의 가르침으로 삼은 것이 조금이나마 이치를 회복했다할지라도 순수하지 못함이 있거나 자신이 대략 극복했다 했을지라도 지극히 다하지 못한 바가 있으면, 몸을 닦아 남을 다스리는 방법을 다 할 수 없을까 염려한 나머지 반드시 이를 말하여 明德과 新民의 표준을 삼은 것이다."[13]

위와 같이 주자는 '止於至善'에 대하여 설명하고 있다. 至善이라는 것은 최고의 선을 말하는 것으로 事理當然의 최고 준칙인 동시에 일체

---

12) 『中庸』25章 "誠者非自成己而已也. 所以成物也. 成己 仁也 成物 知也. 性之德也 合內外之道也 故時措之宜也."
13) 『或問』6a. "此爲大學之敎者 所以慮其理 雖粗復而有不純 已雖粗克 而有不盡夫修己治人之道 故必指是而言 以爲明德新民之標也."

사물의 원리가 되는 최후의 준칙이라 볼 수 있다. '止於至善'은 明明德 과 新民의 일에 따라야 할 준거가 된다는 것이다. 따라서 '止'자는 『大學 集註』에서 '반드시 이에 이르러 옮기지 않는다.'라고 풀이했다. 『대학』 傳3章에서 詩經의 文王篇을 인용하여 설명하고 있다.

> "人君이 되어서는 仁에 그치시고, 人臣이 되어서는 敬에 그치시고 人 子가 되어서는 孝에 거치시고, 人父가 되어서는 慈에 그치시고 國人과 더불어 사귐에 信에 그치셨다."14)

라 하여 聖人의 그침은 至善 아님이 없음을 말한 것이다. 이 같은 聖人 은 사리의 당연한 표준이 된다는 것이다. 그러므로 修己로서 明德을 갖 추어 자기 가치관이 정립된 聖人은 治人으로서의 대상을 교화시키고 새롭게 할 수 있는 능력을 가진자이다. 하는 행동은 모두 至善의 경지에 맞추어 天理의 極을 다하고 있고 조금도 人欲의 사사로움이 없는 소박 한 天道의 마음을 가진자이다. 이와 같은 사람을 바람직한 인물이라 한 다. '堯·舜은 性之'15)라 했는데 이 같은 인물은 바로 하늘로부터 부여 된 착한 성품대로 모든 행위를 하되 어떤 법규나 법칙에 어긋남이 없이 진리에 맞아들어 간다는 뜻으로 바람직한 明德을 갖춘 聖人이라고 할 수 있다.

맹자는 '性善'을 주장하여 堯·舜과 같은 聖心을 누구나 태어날 때부 터 부여받고 있음을 주장한다. 그런데 우리가 하늘로부터 性卽理인 明 德을 누구나 부여받을 때에 다 착한 마음씨를 가지고 있지만 악한 행위

---

14) 『大學集註』「傳子」 "詩云 穆穆文王 於緝熙敬止 爲人君 止於仁 爲人臣 止於敬 爲人子 止於孝 爲人父 止於慈 與國人交 止於信."
15) 『孟子』「盡心章句上」 "堯舜 性之也 湯武身之也 五覇假之也."

를 하는 것은 무엇 때문인가 하는 의문이 생긴다. 이것은 맹자의 말을 빌리면 우리의 기품에 淸·濁·厚·薄의 기질이 있는데 대상을 접할 때 우리의 기질이 濁氣·薄氣로 되었을 때에 악의 방향으로 흘러 간다고 보았다. 수양을 통해서 濁氣를 淸氣로 薄氣를 厚氣로 되었을 때 인간의 本然之性을 회복하여 바람직한 가치관을 정립한 인물이 될 수 있다는 것이다.

또 공자의 仁思想에 대하여 살펴보면 『논어』의 여러 곳에서 찾아 볼 수 있는데 때와 장소에 따라 다르게 仁思想을 설명하였으나, 仁思想이 하나로 정립된 말씀이 있으니, 이것이 바로 '一以貫之道'[16]이다. 공자의 제자인 증자는 '一以貫之道'를 忠恕로 풀이하였던 것이다.[17]

그런데 인간을 중심으로 인간의 밖에 있는 것을 外라 하고 안에 있는 것을 內라고 할 수 있는데 忠은 하늘로부터 부여된 天道의 마음을 다한다는 것으로 인간의 內라고 할 수 있고 恕는 자기를 미루어 다른 사람에게까지 미쳐가는 것으로 볼 수 있다. 그러므로 忠은 인간의 본체로서 明德에 상응하고 恕는 新民에 상응한다고 보아야 한다.

그런데 程子는 『논어』에 '主忠信'이란 문구에서 忠은 '天之道也'라 주석하고 있다. 그러므로 忠은 인간의 본체인 明德으로써 天道로 볼 수 있기 때문에 聖心이라 볼 수 있고 恕는 聖心이 외적으로 나타나게 될 때 도덕심으로서의 의리정신이 발휘된다고 보아야 한다. 그러므로 忠恕가 이원적 일원화될 때 仁者로서 바람직한 전인적 인물이 된다는 것이다. 忠恕의 恕가 발휘될 때 의리의 정신이 노출되기 때문에 맹자는 공자의 仁思想외에 義字를 더 첨가해서 仁義를 인간의 가치관 문제로 본

---

16) 『論語』「里人篇」
17) 上揭書「里人篇」

것이라 할 수 있다.

주자는 맹자의 梁惠王章篇에서 仁은 '心의 德'이요 '愛의 理'라 하였고, 義는 '心의 制', '事의 宜'라 설명하였다. 仁은 마음의 德을 갖추고 사랑의 조화를 이루고 있음을 말하기 때문에『대학』의 明德과 같은 개념으로 볼 수 있다. 이와 같은 明德이 갖추어져서 대상에 적용되어져 나갈 때 대상을 교화시킬 수 있고 새롭게 될 수 있게 하는 힘을 가진다. 다시 말해서 질서 있고 사리에 맞는 행위를 하게 되어서 바람직한 인물이 된다는 것이다.

위 경전속에서 인간 가치관 문제를 찾아보았다. 이외의 경전속에서도 인간 가치관 문제로 취급될 수 있으나, 윤리·도덕의 주류를 이루고 있는 경전 사상들을 종합해 볼 때 가치관 문제로는 明德으로 일관할 수 있다고 본다.[18]

Ⅲ. 實踐論

1. 明德의 實現

위에서 三綱領 八條目에 대한 설명은『대학』내용의 개괄된 체계 설명이자 덕치주의 이념을 구현하기 위한 방법론의 개요이다.

"옛날 明德을 천하에 밝히려는 이는 먼저 그 나라를 다스렸고, 그 나라를 다스리려는 이는 먼저 그 집안을 바로 잡았고, 그 집안을 바로 잡으

---

[18] 沈佑燮,『韓國傳統思想의 理解』형설출판사, 1990, 67~70쪽.

려는 이는 먼저 그 마음을 바르게 했고, 그 마음을 바르게 하려는 이는 먼저 그 뜻을 성실하게 했고, 그 뜻을 성실하게 하려는 이는 먼저 그 앎을 투철히 했나니 앎을 투철히 함은 사물을 구명함에 있다."19)

'옛날 밝은 德을 천하에 밝히려는 이'란 말은 孔子가 항상 칭송하고 있는 唐堯·虞舜·夏禹·商湯·周文武 등 역대 聖君을 가르키는 표현일 것이다. '明德을 천하에 밝힌다는 것'은 모든 인간으로 하여금 인간된 본성 즉 性卽理의 가치관을 바탕으로 한 인간성 회복이란 문제를 전 인류에까지 확대 실현할 것을 요청하고 있다.

이와 같은 실현은 덕치주의의 큰 이상인 것이다. 덕치주의의 중요한 것은 治者 자신들의 인격이다. 治者가 훌륭한 明德을 갖추지 못하고는 피치자들을 德化해 갈 수 없기 때문에 맹자는 王道政治와 같은 德治를 반드시 聖人이 해야 한다고 주장한 것이다. 그래서 新民의 본체로서 明明德의 문제가 제기된 것이다. 明明德하는 일이 다름 아닌 修身이요 修身의 요체는 正心·誠意·致知·格物이다. 이와 같은 요체를 거쳐 修身이란 근본적인 문제가 해결되어 진 연후에야 작용적인 齊家·治國·平天下를 이룩할 수 있다는 것이다.

2. 齊家의 擴充

그 다음으로 齊家의 중요성을 살펴보기로 한다.

---

19) 『大學章句』「傳4章」 "古之欲明明德於天下者 先治其國 欲治其國者 先齊其家 欲齊其家 先修其身 欲修其身者 先正其心 欲正其心者 先誠其意 欲誠其意者 先致其知 致知在格物."

"나라를 다스림에 앞서 반드시 제 집안을 바로 잡는다는 것은 제 집안을 교화시키지도 못하면서 남들을 교화시킬 수 있는 사람은 없다. 그러므로 군자는 집을 나가지 않고 나라에 가르침을 이루는 것이다. 孝는 군주를 섬기는 것이요, 弟는 윗사람을 섬기는 것이요, 慈는 여러 백성들을 부리는 것이다."20)

가정은 인류의 조화를 조성할 수 있는 溫床이라 볼 수 있다. 사회적 인간관계도 가정의 인간관계로부터 시작된다. 가정내의 孝·弟·慈는 본디 가정의 덕목이요 가정 행위이다. 이것은 국가·사회에 있어서 인간관계를 올바르게 실현할 수 있게 하는 도덕임을 설명하고 있다. 따라서 齊家가 治國에도 직결되지 않을 수 없다. 『논어』爲政篇에

"정치를 하는데 德으로써 하는 것이 비유하면 북극성이 제자리에 있으면 모든 별들이 그를 向해 둘러 있는 것과 같다."21)

라고 하였다. 이것은 위정자에게 바람직한 明德을 요청하고 있는데, 治國을 하는 위정자만이 明德이 필요한 것은 아니다. 가정을 교화하는 일이 덕치를 베푸는 일이나 마찬가지로 가정을 구성하는 부모 형제간에 각자 바람직한 明德을 가지고 齊家에 참여한다면 가정 윤리를 이룩할 것이고 이를 확충해 나가면 덕치주의가 구현되어 간다는 것이다. 이처럼 유가에서는 孝·弟·慈 등 가정의 덕행을 사회적, 국가적으로 확장시켜 나라 안의 도덕규범을 올바로 실현하고자 했던 것이다.

---

20) 『大學章句』「傳9章」"所謂治國 必先齊其家者 其家不可敎 而能敎人者 無之 故君子 不出家而成敎於國 孝者 所以事君也 弟者 所以事長 慈者 所以使衆也."
21) 『論語』「爲政篇」"子曰 爲政以德 譬如北辰 居其所 而衆星共之."

"한 집안의 仁이면 한 나라가 仁을 흥기하고 한 집안이 사양하면 한 나라가 사양함을 흥기하고, 한 사람이 탐하고 어그러지면 한 나라가 亂을 일으키니, 그 기틀이 이와 같다. 이것을 일러 '한 마디 말이 일을 그르치며, 한 사람이 나라를 안정시킨다.' 고 하는 것이다."[22]

한 집안은 나라에 대해서 하나 하나 중요한 동기를 갖는다. 한 집안은 한 집안 그것에만 머무는 것이 아니라 나라 전체에 대한 하나의 동기를 갖는 곳으로서 그것들이 仁과 讓으로 일어나느냐 하는 것이 나라 전체에 영향을 미치게 된다는 것이다. 집안마다 仁과 讓으로 일어나면 온나라가 그렇게 흥기한다는 것이다. 여기에서 '한 집안'이란 왕실을 지칭하고 있다. 왕실은 모든 집안 위에 군림하여 큰 영향을 미치므로 마땅히 모든 집안의 모범이 되어야 한다는 것이다. 이 같은 왕실이 바로 잡히기 위해서는 정사를 맡은 임금의 덕이 무엇보다도 중요하게 된다. '한 사람이 제 이익을 탐하면 한 나라가 어지러움을 일으킨다.'고 했듯이 임금이 덕을 잃으면 필경 나라에 혼란을 초래하게 된다는 것이다. 그러므로 임금의 언행은 나라의 대사에 큰 영향을 주기 때문에 '한 마디 말이 일을 뒤엎고, 한 사람이 나라를 안정시킨다.' 고 했다. 이 말은 나라를 통치하는 위정자가 虛靈不昧한 明明德을 갖추어 施政할 때 덕치주의가 실현될 수 있음을 시사한 것이다.

3. 德治主義의 具顯

"堯와 舜이 천하를 仁義로써 거느리매 백성들이 거기에 따라했고 桀

---

22) 『大學章句』傳9 "一家仁 一國興仁 一家讓 一國興讓 一人貪戾 一國作亂 其機如此 此謂一言僨事 一人定國."

과 紂가 천하를 暴으로써 거느리매 백성들이 거기에 따라했다. 그들이 내리는 명령이 그들 자신이 실제 좋아하는 바에 반대되는 것이면 백성들이 따르지 않는 법이다. 그러므로 군자는 자신에게 善이 있은 뒤에 남에게 善을 요구 하며, 자신에게 惡이 없은 뒤에 남의 惡을 비난하는 것이다. 자기 몸에 간직하고 있는 것이 恕하지 못하고서 능히 남을 깨우치는 자는 있지 않다."23)

유교사상의 始源이 바로 堯로부터 시작하여 堯・舜・禹・湯・文・武・周公・孔子로 되어 있다. 유교사상에서 폭군으로는 桀紂로 보았다. 堯・舜은 스스로 본체로서의 明德을 밝힌 聖君으로 보았고 桀紂는 失德한 폭군으로 오래도록 상징되어 왔다.

덕치주의의 실현을 위해서는 무엇보다도 위정자의 바람직한 가치관인 明德이 중요함을 거듭 강조하고 있는 것이다. 위정자로서 임금은 心之德의 가치관이 정립되어 백성들에게 모범이 되어야만 한다는 것이다. 그래서 '堯와 舜이 천하를 仁義로써 거느리매 백성들이 거기에 따라 했고 桀紂가 천하를 暴으로써 거느리매 백성들이 거기에 따라 했다.'고 했다. 『논어』에

"군자의 德은 風이요, 小人의 德은 草라 했는데 풀 위의 바람은 반드시 풀을 다 넘어지게 한다."24)

고 했다. 임금이 明德인 性卽理의 주체가 확립되어 있으면, 그것이 백성

---

23) 『大學章句』 傳9章 "堯舜 帥天下以仁 而民 從之 桀紂 帥天下以暴 而民 從之 其所令 反其所好 而民 從之 是故 君子 有諸己而後 求諸人 無諸己而後 非諸人 所藏乎身 不恕 而能喩諸人者 未之有 故治國在齊其家."
24) 『論語』 顔淵篇 "君子之德風 小人之德草 草上之風 必偃."

들에게 推己及人 되어져서 그를 본받아 교화되고 새로운 인물로 된다는 것이다. 즉 忠恕의 의미가 있는 것이다. 그러므로 明德으로서의 忠과 新民으로서의 恕 이원적 일원화되어 질 때 사회 질서가 확립되어 질 수 있는 덕치주의가 구현될 수 있다고 본다.

"이른바 천하를 화평하게 함이 그 나라를 다스림에 있다는 것은 윗자리 있는 이들이 늙은이를 늙은이로 섬기면 백성들이 孝를 흥기 하며, 윗사람이 어른을 어른으로 대우함에 백성들이 弟를 흥기하며, 윗사람이 고아를 愛恤이 여기면 백성들이 저버리지 않는다. 이러므로 군자는 矩로 재는 道가 있는 것이다."25)

윗자리에 있는 이들이 孝·弟·慈의 明德을 베풀면, 아랫사람은 윗사람 하는 일을 본받아 그에 따라 일어난다고 했다. 본디 孝·弟·慈는 집안의 德이자 인간이 마땅히 지켜야 할 人道의 大端이라 할 수 있다. 그것들은 모든 인간 관계의 조화를 가져 올 수 있는 근간이 되는 것이다. 그러므로 齊家·治國·平天下의 본체가 되는 것이다.

여기에서 설명하고 있는 孝·弟·慈의 上行下效와 絜矩之道와의 관계를 주자는 '먼저 上行下效를 행하고 나서 絜矩之道에 이르고 나서 政事上에 나아가야 한다'26)고 했다. 絜矩의 道는 백성들로 하여금 孝·弟·慈에 흥기하게 한 뒤에 그 흥기된 마음을 실제 수행할 수 있도록 베푸는 정사 상의 문제인 것이다. 治國·平天下를 위한 본체적인 道인 絜矩의 道는 정치상의 문제뿐만 아니라, 明明德으로서의 주체와 작용

---

25) 『大學章句』, 傳10章 "所謂平天下在治其國者 上者老而民興孝 上長長而民興弟 上恤孤而民不倍(背) 是以 君子 有絜矩之道也."
26) 上揭書, 傳10章註, "上行下效 捷於影響 所謂家濟而國治也 … 推以度物 使彼我之間 各得分願 則上下四旁 均齊方正 而天下平矣."

으로서의 대상의 관계가 이루어지는데 보편적으로 적용되고 있다. 사람들이 인간관계의 조화로서 絜矩의 道를 지닐 때 세상은 균형과 질서있는 사회가 이룩되며, 또 위정자가 이와 같은 마음으로 정사에 임한다는 것은 治國·平天下를 할 수 있는 要道가 된다. 그러나 絜矩의 道를 지니게 되는 것도 修身으로서의 明德의 가치관이 이룩된 뒤에 絜矩의 道가 실현되어 齊家·治國·平天下가 달성된다는 것이다.

Ⅳ. 結 論

1. 이상으로 『대학』의 道에 대한 본체론을 다음과 같이 요약 할 수 있다.

(1) 修己로서의 明德은 『大學』의 經1章에서는 明明德·新民·止於至善의 三綱領을 제시하고 있다.

주자는 八條目 중에서 修己의 덕목을 明德과 결부시켜 明明德의 실질적인 절차를 구체화하고 있다. 格物致知는 明德을 구현하는 인식의 문제로 제시 되었고 誠意·正心·修身은 明德을 확실하게 실행하려는 행적인 면을 제시하고 있다. 그러므로 明明德은 知·行의 두 면을 포함하는 개념으로 볼 수 있다.

그런데 본래의 모습 그대로의 明德이 언제나 뚜렷하게 빛나게 존재하는 것이 아니다. 기질과 인욕에 속박되고 은폐되어 性卽理인 明德이 불분명하게 희미해지기 마련이다. 그러나 본질적인 밝음이 상실되는 것은 아니다. 밝음의 단서를 발현하여 그 본래의 밝고 빛남을 잘 찾아서 그 밝은 德을 회복하게 되는 것이다. 이것이 바로 明德의 가치관 정립이라 할 수 있다.

(2) 治人으로서의 新民은 자기 본체로서의 明德을 밝혀서 대중에로 확대해 나가는 것이다. 그리하여 대중의 明德도 밝힘으로써 兼善天下 하는 데로 나아감을 말하는 것이다. 新民은 백성들로 하여금 인간된 본성 즉 바람직한 인간 가치관을 정립하도록 깨우쳐 주는 일로써 덕치주의의 일면을 바로 新民에서 찾아 볼 수 있다.

(3) 明德과 新民의 관계로서는 주체가 되는 明德과 대상이 되는 新民의 관계를 조화시키고 있는 것이 바로 止於至善이다. 즉 虛靈不昧한 明德의 가치관이 정립된 위정자가 덕치주의의 구현으로 대상인 백성을 교화하여 자기와 똑같은 明德의 가치관을 가지게 하여 止於至善의 경지에 이르게 할 때, 이 같은 인물을 內聖外王으로 바람직한 가치관이 정립된 위정자라 한다.

2. 다음으로 실천론을 다음과 같이 요약할 수 있다.

(1) 明德의 구현으로서 三綱領 八條目에 대한 설명은 『대학』내용의 개괄된 체계 설명이자 덕치주의 이념을 구현하기 위한 방법론의 개요이다. 明德을 천하에 밝힌다는 것은 모든 인간으로 하여금 인간된 본성 즉 性卽理의 가치관을 바탕으로 한 인간성 회복이란 문제를 전인류에까지 확대 실현할 것을 요청하고 있다.

(2) 齊家의 확충에 있어서는 가정의 孝·弟·慈는 가정의 덕목이요 덕행이다. 이것은 국가 사회에 있어서 인간관계를 올바르게 실현 할 수 있게 하는 도덕인 것이다. 따라서 齊家가 治國에도 직결된다는 것을 알 수 있었다.

　(3) 덕치주의의 실현으로는 明德으로서의 忠과 新民으로서의 恕가 이원적 일원화되어 질 때 사회질서가 확립되어 덕치주의가 구현될 수 있음을 밝혔다.

　3. 현대적 의미를 살펴보면 오늘날 현대사회는 과학문명의 발달로 인류에게 기계와 물질은 얻었으나 인간성 경시 사상으로 인간 가치관을 상실하게 되었다. 이로 인해 물질 및 실리지상주의가 인간성 회복보다 위에 있게 되었다. 물질주의를 신봉하는 이들은 고래로부터 전해 온 民本·德治主義思想은 낡은 잔재로 생각할 뿐만 아니라 도덕적 가치관까지도 부정하고 있다.『대학』에 '德은 本이요, 財는 末이니 根本을 밖으로 하고 末을 안으로 하면 백성을 다투게 하여 겁탈하는 가르침을 베푸는 것이다.'[27] 라고 하였는데, 이것이 우리가 살고 있는 사회현상이라 볼 수 있다. 그래서 財를 本으로 삼고 德을 도외시하는 현실 속에서 정치적으로는 사회통합과 화평을 상실한 채 왜곡된 민주화를 외치는 사회, 경제적으로는 황금만능만이 판을 치고 있는 사회, 교육적으로는 바람직한 전인교육을 저버리고 지식교육에만 치닫고 있는 사회, 이같이 소용돌이치고 있는 사회의 질서를 확립하고 바람직한 인간 가치관을 정립하기 위해서는『대학』의 道의 가치문제를 이해하는데서 구출 할 수

---

27)『大學集註』傳10章 '德者 本也 財者 末也 外本內末 爭民施奪.'

있을 것이다.

　더욱이 오늘날 민주화의 물결이 몰아치고 있는 현실에서 위정자 자신들이 虛靈不昧하고 思無邪하며 眞實無妄한 明德의 가치관을 갖추고 난 연후에 덕본주의에 입각한 시정을 할 때 백성들로부터 자연적으로 신뢰성을 얻을 수 있고 또한 참신한 민주화가 실현 될 수 있으리라 믿는다.

6. 孔子의 仁思想에 의한 人間價値觀

Ⅰ. 序 論

　孔子는 中國의 春秋時代 말엽에 태어났다. 이 시기는 12諸侯國[1]이 서로 투쟁을 일삼던 혼란한 시기였다. 그 후 戰國時代에 이르러서는 7個國[2]만이 존립하다가 秦이 6國을 통일하였다. 공자가 출생한 시기는 춘추말기로서 전국시대로 전환될 무렵이었다. 이때는 정치적으로나 경제적으로 매우 혼란한 사회였으므로 孔子는 정치·경제적 문제를 해결하기 위해서는 德治主義 정치를 주장하였으며, 倫理的 側面에서는 家庭倫理를 주장하였다. 그 다음으로 人間 價値觀 問題로는 敎學思想을 주장하였다. 공자는 인간 개인마다 자기 수양을 통하여 道德的 人間이 되도록 仁義禮智의 天理를 갖춘 바람직한 인물이 되기를 바랐던 것이다. 그러므로 공자의 敎學思想은 道家流의 自然主義도 아니요, 墨家流의 功利主義도 아닌 성실성과 항구성을 지닌 人間 價値觀에 관한 학문이며, 동시에 그의 사상은 인간을 중심으로 한 인생철학이다. 그런데 공

---

1) 魯, 齊, 晉, 秦, 楚, 宋, 衛, 陳, 蔡, 曹, 鄭, 燕의 十二國
2) 秦, 楚, 燕, 齊, 趙, 魏, 韓의 七個國

자의 教學思想 가운데 가장 핵심이 되는 仁思想은 자기 자신의 완성뿐만 아니라 타의 완성까지도 가능케 할 수 있는 능력이 있는 것이다. 그러므로 공자께서는 仁을 인간행위로서 도덕실천의 최고 목표로 삼은 것이다.

공자의 修學과 修身의 절차는 下學하여 上達함에 있는 것이다. 공자의 수학은 평범한 데서부터 시작하여 誠之하고 또 誠之해서 聖人의 경지에 도달함에 있는 것이다. 『論語』爲政篇에 孔子가 스스로 말하기를

"내가 15세에 학문에 뜻을 두었고 30세에 사회적으로 입지 할 수 있었고, 40세에 어떠한 유혹도 빠지지 않았고, 50세에 天命을 알 단계에 이르렀고, 60세에 어떤 사물의 이치를 잘 이해 할 수 있었고, 70세에 자기가 하고자 하는 바를 행하되 법규에 어긋남이 없이 절도에 맞아 나갔다."[3]

라고 한 것이 바로 '下學而上達'의 教學方法이라 할 수 있다. 이것은 평범은 인간 공자가 현실에 입각한 理想主義 추구의 단면을 보여준 것이라 본다.

또 공자의 학문적 태도는 반드시 인간된 바람직한 바탕위에 지식의 조화를 요청하고 있다.

"집에 들어가서는 효도하고 나가서는 웃어른을 공경하고, 모든 하는 일을 삼가며 믿음을 가지게 하고 널리 무리를 사랑하되 어진 사람을 더 친하게 하고 나서 남을 여력이 있으면 學文을 하라."[4]

---

3) 『論語』, 「爲政篇」 "吾十有五而志于學 三十而立 四十而不惑 五十而知天命 六十而耳順 七十而從心所慾不踰矩."
4) 上揭書, 「先進篇」 "入則孝 出則弟 謹而信 汎愛衆而親仁 行有餘力 則以學文."

라 하였다. 學文을 나중에 하라는 것이 아니라 효도할 수 있고, 웃어른을 섬길 줄 아는 人間된 바탕 위에 지식의 調和를 이룰 때 바람직한 價値觀이 定立될 수 있음을 시사한 말이다.

또 季路가 鬼神 섬기는 일을 물었을 때 "사람 섬길 줄도 모르면서 어찌 鬼神을 섬길 수 있겠느냐"5) 라 하였고, 또 死의 문제를 물었을 때 "生도 모르면서 어찌 死를 알려고 하느냐."6) 라 하였다. 이와 같은 것으로 추론컨대 공자는 고원한 현실초월 세계를 추구한 것이 아니고 평생을 통해 끊임없이 修學과 修身으로 평범은 진리를 탐구하는 것을 과업으로 삼았을 뿐만 아니라 부단히 몸소 실천에 옮긴 자였음을 알 수 있다.

생각건대 공자의 교학 정신의 본질은 바람직한 人間 價値觀을 형성하는데 있다고 볼 수 있다. 敎育哲學의 본질은 人間을 인간답게 기른다는 교육의 근본 목표를 포괄하고 있는 것이다. 그러므로 공자의 교학의 본질은 知德을 겸비한 사람다운 사람이 된다는 것과 그 맥을 같이 하고 있는 것이다.

이와 같은 취의를 살려 본론에서는 孔子의 人間 價値觀 問題를 究明함에 있어서 공자의 修學的 方向과 仁思想의 體系化를 規明하고 天人關係를 고찰함으로써 바람직한 人間 價値觀의 境地를 알아보고자 한다.

---

5) 上揭書,「先進篇」"未能事人 焉能事鬼."
6) 上揭書,「先進篇」"未知生 焉能死."

Ⅱ. 修學의 方向

孔子의 天道에 대해서 알려고 하면 먼저 人道에 대한 解明을 해야 한다.

"진실하고 망령됨이 없게 하는 것이 하늘의 도요 진실되고 망령됨이 없게 노력하는 것을 인간의 도라."[7]

하였다. 여기에서 인간 공자는 진실되고 참되지 못한 人間의 도를 닦은 연후에 誠實한 自己 곧 하늘의 도에 돌입할 수 있는 경지에 도달 할 수 있다는 것이다. 바로 이 경지가 "마음에 하고자 하는 것을 쫓아가되 어떤 규범을 넘지 않는다."라고 한 경지며 인도는 천도를 요청하고 천도는 인도를 요청하는 '下學而上達'의 경지이다. 이로써 우리는 꾸준한 修身과 敎學을 힘써 나아갈 때 바람직한 人間 價値觀을 갖춘 聖人의 경지에 도달 할 수 있음을 찾아 볼 수 있다.

공자가 자기의 수학적 방향을 제시하기를

"배우고 때로 익히면 또한 기쁘지 아니하랴. 벗이 있어 먼 곳으로부터 찾으면 또한 즐겁지 아니하랴. 사람이 알아주지 않아도 원망하지 아니하면 어찌 군자가 아닐까?"[8]

라고 하였다. 그의 학문적 태도는 '아침에 道를 듣고 저녁에 죽어도 좋다.'라 하여 시종 도를 구하는데에 전념하여 道를 위해서는 생명까지 바

---

7) 『中庸』 20章 "誠者 天之道也 誠之者 人之道也."
8) 『論語』「學而篇」 "子曰 學而時習之 不亦說乎 有朋自遠方來 不亦樂乎 人不知而不慍 不亦君子乎."

치겠다는 태도이다. 그는 평생토록 제자들을 敎學하는 데 뜻을 두었고, 自己 自身도 誠之하는 태도로 修身을 한 자로서 大聖의 자격을 구비한 인생철학의 실천자이며 道德的 學問의 先峰者라 할 수 있다. 앞에서 이미 설명했듯이 공자의 일평생 학문의 수학과정을 상론해보면,

"15세에 학문에 뜻을 두고 力行精進하여 30세에는 확고한 지조가 서게 되었고, 40세가 되어서는 事理에 밝아 어떠한 일에도 매혹됨이 없으며, 50세가 되어서는 事物에 대한 道理 卽 天道를 인식할 단계에 이르고, 60세가 되어서는 선악·시비·곡직을 판단할 수 있는 능력을 갖추게 되었으며, 70세에 이르러서는 자기 결의대로 행동하여도 道理에 어긋남이 없이 법도를 넘는 일이 없었다."9)

라고 하였으니, 공자께서는 '태어날 때부터 모든 것을 다 알고 있는 분'이 아니라 誠之者로서 誠者를 向하여 평생토록 博學·審問·愼思·明辨·篤行하여 誠者인 天道에 달성한 것임을 엿볼 수 있다. 더구나 공자께서 말씀하시기를

"나는 나면서부터 저절로 道를 깨달은 것이 아니라, 옛 것을 좋아하여 부지런히 찾아 배워 알게 된 사람이다."10)

라는 말은 그것을 대변해 주는 것이다. 孔子는 超經驗的인 형이상학적 문제보다 경험할 수 있는 現實問題를 직시하고 있음을 '사람 섬길 줄도 모르면서 어찌 귀신 섬길 수 있으며 生도 모르면서 어찌 死를 알려고 하느냐'라고 한데서 찾아 볼 수 있다. 이것은 앎에 대한 학문이라기보다

---

9) 上揭書 再引用
10) 『論語』「述而篇」 "我非生而知者 好古敏以求之者."

실천도덕의 학문에 역점을 두었다고 볼 수 있다. 그래서 공자께서 말씀하시기를

"군자로서 끼니에 배불리 먹기를 구하지 아니하고, 거처에 안락함을 구하지 않고, 모든 일을 민첩히 행하고, 언행을 신중히 하고, 도를 좇아 바르도록 하면 학문을 좋아하는 사람이라 할 수 있다."11)

라고 한 것은 더욱 뚜렷이 그것을 뒷받침하고 있다. 孔子는 이 같은 실천도덕의 최고목표이고 그의 모든 사상의 根幹을 이루고 있는 것은 바로 仁思想인 것이다. 仁思想을 실천하는 바람직한 군자상을 다음과 같이 설명하고 있다.

"군자가 인간애를 저버리면 군자로서의 이름을 어찌 이루리오. 군자는 밥 먹는 시간일지라도 仁을 어기지 아니하며, 다급할 때라 할지라도 반드시 仁에 의지하고 넘어져 뒤집히는 때라 할지라도 반드시 仁을 생각하느니라."12)

라 하여 바람직한 價値觀을 갖춘 인간상을 요청하고 있다.

---

11) 上揭書「學而篇」"君子食無求飽 居無求安 敏於事而愼於言 就有道而正焉 可謂好學也."
12) 上揭書「里仁篇」"君子去仁 惡乎成名 君子無終食之間違仁 造次必於是 顚沛必於是."

Ⅲ. 仁思想의 體系化

　공자의 보편적 원리이며 人間 價値觀 原理인 仁의 내용에 대해서 살펴보기로 한다.

　漢의 許愼은 "從人從二"라 하였고, 淸의 殷王·栽는 "從仁二"라 하였다. 이것은 人間은 社會的 동물이기 때문에 自己 혼자 存在할 수 없으며, 사회적 유대 속에서 상호부조 해야 한다는 뜻을 내포하고 있는 것이다. 그래서 『中庸』에서는 '仁者人也'라 하였고 孟子는 '仁也者人也'라 하였으니 仁은 곧 人, 다시 말하면 仁은 人間 自體의 誠實性이 있는 價値觀을 말하는 것이다.

　仁을 이해하려면 먼저 人間의 참됨을 이해해야 한다는 뜻을 지니고 있는 것이다. 그래서 仁道는 곧 人道로서 常通되므로 人間의 본질을 통해서 仁의 價値觀을 찾아 볼 수 있다는 것이다. 그러나 공자는 仁의 槪念을 뚜렷하게 정의하지 않고 弟子들의 물음에 대하여 때와 장소에 따라 그리고 人物에 따라서 각각 그 답이 相違하였던 것이다.

　"樊遲가 仁을 묻자 孔子께서 사람을 사랑하는 것이다."[13]라 하였고 "仲弓이 仁을 묻자 孔子께서 말씀하시기를 문을 나갈 때에는 큰 손님을 뵙듯이 하며, 백성에게 일을 시킬 때는 큰 祭祀를 받들 듯이 하고 자신이 하고자 하지 않는 것을 남에게 베풀지 말아야 하니 이렇게 하면 나라에 있어서도 원망함이 없으며 집안에 있어서도 원망함이 없을 것이다."[14]라고 하였고, 또 "顔淵이 仁을 묻자 孔子께서 말씀하시기를 自己의 私

---

13) 『論語』"樊遲問仁 子曰愛人."
14) 上揭書「顔淵篇」"仲弓 問仁 子曰 出門如見大賓 使民如承大祭 己所不欲 勿施於人 在邦無怨 在家無怨."

欲을 이겨 예로 돌아감이 仁을 하는 것이니, 하루 동안이라도 사욕을 이겨 예에 돌아가면 천하가 仁으로 돌아가는 것이다. 仁을 하는 것은 自己로 말미암는 것이지 다른 사람으로 말미암겠는가."15) 라고 하였고, "말을 교묘하게 하고 모양을 아름답게 하는 자 가운데 仁 한 자가 적다."16) 라고 하였다. 또 "군자는 인을 버리면 군자란 이름을 이룰 수 없다. 군자는 밥 먹는 순간이라도 인을 어기지 않고 바쁘더라도 반드시 인에서 살고 넘어지더라도 반드시 인에서 산다."17)
라고 한 예들이 그러한 것이다. 이것은 인간의 일상생활 속에서 仁이 不可離의 관계에서 작용됨을 시사한 것이다. 그러면 人間의 대타적 관계로서는 어떠한가를 살펴보기로 한다.

　　　"仁者는 자기가 서고자 하면 남을 먼저 서게 하고, 자기가 통달하고자 하면 남을 먼저 통달하게 한다. 자기 마음을 미루어 남의 마음을 헤아리는 것이 仁을 행하는 방법이다."18)

　이것은 인간의 내면적 誠實性인 忠과 人類愛로 지향하는 慈悲・博愛 精神인 恕로서 仁思想을 具顯한 것이라 볼 수 있다. 위의 예문과 같이 공자의 仁에 대한 제자들의 물음에 대한 대답이 다양하게 다르다고 하여 仁思想에 대한 理論的 體系가 없다고 할 것인가? 다음에서 이론적으로 정리됨을 찾아 볼 수 있다.

---

15) 上揭書 「顔淵篇」 "顔淵問仁 子曰 克己復禮爲仁 一日克己復禮 天下歸仁焉 爲仁由己 而由人乎哉."
16) 上揭書 「學而篇」 "子曰 巧言令色 鮮矣仁."
17) 上揭書 「里仁篇」 "君子去仁 惡乎成名 君子無終食之間違仁 造次必於是 顚沛必於是."
18) 上揭書 「雍也」 "夫仁者 己欲立而立人 己欲達而達人 能近取譬 可謂仁之方也."

"공자가 門人 曾參과 子貢에게 '내 道는 一로써 貫通한다고 하였는데 증삼은 선생의 도는 忠恕뿐이니라."[19]

라 하였으니, 공자의 학문의 이론적 체계는 一貫의 道에서 그 體系化를 엿 볼 수 있다. 그래서 曾子가 一貫의 道를 忠恕로 풀이하였는데 인간의 內的인 忠과 外的인 恕는 二個의 槪念으로 보는 사람들도 있겠지만 필자는 二元的一元化의 관계로서 不離 不可分의 관계에 있다고 본다.

환언하면 忠은 人間主體로서 內, 恕는 客體로서 外의 문제가 一致하는 근거는 誠으로 一貫함이 가능하다고 봄으로 內外의 문제가 誠이 아니고는 合一할 수 없다는 것이다.

그래서 『중용』25章 에 '誠者는 內外를 합하는 道라'고 한 것이다. 여기서 인식의 主體와 客體가 內와 外의 問題로서 人間存在 問題로 전환하였다고 볼 수 있다. 그러므로 仁은 나의 主體로서 근본이 되는 동시에 자기 본성을 상실하지 않고 자신을 망각하지 않는 나의 本質로서 하늘의 本性이라 할 수 있다.

이와 같이 자기의 主體性이 眞實無妄하게 되고, 생각 속에 사악함이 없는 경지에 들어갔을 때 완전한 자기가 推己及人되어 客體를 敎化하여 새롭게 되어 仁에 접근하게 된다는 것이다. 즉 成己로서 成物의 一致點은 仁에서 이루어진다고 하겠다. 그러므로 仁者는 人間의 主體意識으로서 心의 德이며, 人間의 本性의 性으로서 人間 價値觀을 이룩하고 있기 때문에 人間과 잠시도 떠날 수 없는 道임을 강조하고 있다.

---

19) 上揭書 「里仁篇」 "子曰 吾道一以貫之 曾子曰 唯 子出 門人問曰可謂也 曾子曰 夫子之道 忠恕而已矣."

"仁은 사람에게 물과 불보다 더 소중하다. 물과 불은 밟아서 죽는 자는 보았거니와 仁을 실천하다가 죽은 자는 보지 못하였다."20) 또 "仁人이나 志士는 살기 위해 仁을 해치는 일이 없고 몸을 죽여서라도 仁을 이룩한다."21)

고 공자는 설파하였다. 누구나 참되게 잘 살기를 원하고 죽기를 싫어하는 것이 일반 인간의 생각인데 훌륭한 선비나 어진 사람은 生死를 초월하여 仁에 뜻을 두고 참된 人間의 道理를 지켜 나가고 있음을 시사한 것이다. 그러면 어떻게 하여야만 仁者가 될 수 있을까 하는 것이 問題이다.

"子張이 仁을 물으니 공자께서는 恭·寬·信·敏·惠의 다섯을 행하면 仁者가 될 수 있다는 것이다. 즉 恭敬하면 수모를 받지 않을 것이며, 너그러움으로 하면 많은 사람을 얻을 수 있을 것이며, 믿음이 있으면 사람들이 말릴 것이며, 민첩하면 공을 이루고, 恩惠를 베풀면 쉽게 사람을 부릴 수 있을 것이다."22)

라고 하였으니, 이 다섯가지 德을 갖추고 행할 수 있으면 仁者가 될 수 있다는 것이다. 이와 같이 仁을 完成한 자를 仁者, 仁人 또는 全人, 聖人이라 칭하고 이 仁思想이 政治에 적용할 경우에는 仁政이 되고, 仁이 人間의 價値觀에 적용하게 되면 마음의 明德을 갖춘 바람직한 全人的 人物이 된다는 것이다. 그리고 仁政을 행하는 자를 仁君이라 한다면, 이 같은 위정자는 인간의 主體가 되는 마음의 明德을 갖추고 있기 때문

---

20) 上揭書「衛靈公篇」"子曰 民之於仁也 甚於水火 水火吾見踏而死者 未見踏仁而死者也."
21) 上揭書「衛靈公篇」"子曰 志士 仁人 無求生以害仁 有殺身以成仁."
22) 上揭書「陽貨篇」"子張問仁於孔子曰 能行五者 於天下爲仁矣 請問之曰 恭 寬 信 敏 惠 恭則不侮 寬則得衆 信則人任焉 敏則有功 惠則民以使人."

에 百姓을 敎化시킬 수 있고 새롭게 할 수 있는 능력을 발휘 할 수 있다는 것이다. 그러므로 일반인이 이와 같은 가치관을 갖추고 남을 敎化시킬 수 있고 새롭게 할 수 있는 자를 聖人 또는 全人的 人物, 成仁이라 한다. 위에서 인사상에 대한 것을 몇 가지 考察해 보았다. 여기에서 생각건대 모든 德行은 仁에서 發하고 있으므로 仁은 人心의 온갖 덕을 총괄하는 것이고 萬善의 근원이 됨을 알 수 있었다. 따라서 仁 자체가 바로 人間의 價値이며 敎化의 능력이며 敎育철학의 本質이 된다는 것이다. 또한 실천 도덕이기에 仁사상 속에서 공자의 敎學 정신이 배태되어 있음을 찾아 볼 수 있다.

Ⅳ. 바람직한 價値觀

바람직한 人間을 양성하는 것이 교육의 本領이라 한다. 바람직한 가치관을 갖춘 인간상을 만들려고 하면 시대적 특성을 고려하지 않을 수 없다. 그러나 바람직한 인간이란 각양각색의 입장과 차이에도 불구하고 창의성을 발휘 할 수 있고 德性을 갖추고 있는 全人性이 있어야 한다. 知性과 德性을 겸비하여 사회 환경과 조화를 이룰 수 있는 全人的 人物을 말하는 것이다.

儒學에서는 이와 같은 人物을 君子, 賢人, 聖人이란 용어를 사용하기도 한다. 그러므로 공자가 지향하는 제자 교육의 목적은 聖人君子와 같은 바람직한 가치관을 갖춘 人間像을 양성하는데 있다.

다시 말해서 知德을 갖추고 事理에 밝고 만고의 사표가 될만한 사람을 가리키며 학문상으로는 학행과 덕행이 병행하면서도 바람직한 人間 價値觀을 갖춘 사람을 요청하며, 도덕적으로는 가장 원만한 인격을 가진 자로서 孔子와 같이 어떤 규범에 어긋남이 없이 절도에 맞아 들어가는 행위를 하는 聖人을 요청하고 있는 것이다.

공자는 敎學의 最高 目的을 仁字에 두고 있다. 그래서 사람으로 하여금 誠實하고 眞實한 마음의 명덕을 널리 사람들에게 베풀어 나가는 아량을 가진 사람을 보고 仁을 실천하는 도라고 하였다.

공자는 仁을 도덕 가치의 기준으로 삼았고, 맹자는 仁과 義를 가지고 도덕 가치의 기준으로 삼았다. 결국 仁은 마음의 명덕이며 義는 人間이 걸어가야 할 길이라고 하였다.

仁은 보편적 진리로서 상도요, 義는 구체적 행위이다. 또 仁은 敎學的 측면에서 인간의 이상적 이념이라면 義는 이념 구현을 위한 실천 방법이라 볼 수 있다.

이와 같이 敎學사상은 대개 仁義의 사상으로부터 전개되며 또 人間과 仁의 관계 敎學의 理念과 實踐은 相互有機的 관계로 연결되며, 모든 인간 행위는 진정한 의미의 도덕적 행위를 요청하는데 이것이 바로 공자의 仁 사상으로 敎學的 目的을 가져야 함을 示唆한 것이다.

또한 仁義는 修身・齊家・治國・平天下의 要道로써 인간의 최고의 목표로 人間의 敎化論을 전개하여 왔던 것이다. 유교의 교화론으로 修己治人을 중시하여 治人의 本은 修己이고 修己의 作用은 治人이라 하여 修身의 요체는 格物致知・誠意・正心이라 했다. 虛靈不昧하고 仁義禮智와 같은 衆理를 잘 갖춘 明德이 자기에게 확립되어 있을 때 對象인 新民이 可能하다는 것을 『大學』三綱領 八條目에서 잘 설명하고 있다.[23]

위와 같은 『大學』의 道는 儒家思想에 있어서 人間 價値觀을 나타내는 功效性 내지 敎化論을 설명하고 있는 것이다. 孔子께서는

"君子는 근본에 힘써야 하는 것이니 근본이 서고서 道가 생긴다. 孝弟라고 하는 것은 仁을 실천하는 근본인저!"24)

여기에서 군자의 근본은 마음의 德으로 仁이고 仁의 實踐方法은 孝弟라는 것이다. 仁은 『大學』의 明德에 相應하는 개념이라면 敎學의 根本理念이 仁이라고 볼 수 있다. 敎學의 根本理念인 仁의 價値觀이 定立되었을 때 바람직한 人間像이 갖추게 된다는 것이다. 따라서 가정윤리의 대표적인 孝를 충실하게 행할 수 있고 사회윤리인 弟를 충실하게 행할 수 있는 이상적 인간상이 될 수 있음을 단적으로 설명하고 있다.

유학에서는 人間은 항상 교화적 존재자로 파악하고 있으며, 인간은 활기차게 自己 價値觀을 구축하기 위해 敎化 發展해 가고 있다고 본다. 공자는 스스로 말하기를 '下學而上達'로서 15세로부터 60세까지 인간이 마땅히 행하여야 할 人道로서 敎學 과정을 거쳐 70세가 되어서야 비로소 天道로서 '從心所慾不踰矩'의 경지에 도달했음을 示唆하였다.25) 이 경지는 人道가 天道에 一致되는 天人合一의 경지로서 바로 공자가 바라던 이상적인 인간상의 경지이다. 그와 같은 人物이 되기 위해서는 끊임없는 修養과 敎學이 필요한 것이다. 子路가 成人 즉 바람직한 人間像에 대해서 질문했을 때 공자가 이에 대답하기를

---

23) 『大學』 "三綱領 : 明明德 新民 止於至善, 八條目: 格物 致知 誠意 正心 修身 齊家 治國 平天下."
24) 『論語』 「學而篇」 "君子務本 本立而道生 孝弟也者 其爲仁之本與."
25) 『論語』 「爲政篇」 註3) 참조.

"藏武仲의 知와 公綽의 不欲과 卞莊子의 勇과 冉求의 藝에 문화적 세련을 가하면 인간완성(成人)이라 할 수 있다."26)

고 하였다. 이에 대해 朱子는 成人은 全人과 같은 것이라 풀이하면서 다음과 같이 설명하고 있다.

"知慧는 이치를 밝히기에 족하고, 廉潔은 마음을 키우기에 족하고, 勇氣는 힘써 행하기에 족하며, 禮로써 매사에 구김 없이 응할 뿐 아니라 禮로서 절도에 맞게 하고 樂으로써 조화롭게 하여 안으로 德을 이루고, 밖으로는 그 모습을 드러내게 함으로써 곧 材를 온전히 하고 德을 겸비하여 혼연히 어느 한 가지로 善한 것이라 규정할 수 없나니 中正・和樂하여 수연히 偏倚하고 駁雜한 폐단이 없어서 그 人格을 완전히 이루게 되는 것이다."27)

라 하였으니, 바람직한 가치관을 가지고 있는 이상적 인간상은 갖추고 있는 文質이 다양하고 中正의 德을 갖추고 있어서 어떤 일을 편벽되게 처리하지 않는 人物이라는 것이다. 이와 같은 理想的 人間像 즉 全人的 인물이 되기 위해서는 지속적인 修養과 敎學精神이 필요한 것이다. 이와 같은 경지에 到達하기 위한 修養方法으로는 『大學』에서는 愼其獨, 格物致知, 絜矩之道이고 『中庸』에서는 尊德性而道問學, 致中和, 戒愼恐懼이고, 『孟子』에서는 存養省察이고, 『論語』에서는 忠恕, 一以貫之道 等을 생각해 볼 수 있다.

以上에서 공자가 주장하는 '仁'의 敎學思想은 아마도 부처님의 '자비

---

26) 上揭書 「憲問篇」 "子略問成人 子曰 若藏武仲之知 公綽之不欲 卞莊子之勇 冉求之藝 文之以禮樂 亦可以爲成人矣."
27) 上揭書 「憲問篇」 朱子註釋 "成人猶全人 則知足以窮理 廉足以養心 勇足以力行 禮足以泛應而又節之以禮 和之以樂 粹然無復而其爲人也 亦成矣然."

심'과 예수의 '사랑'과 아울러 이 세상 인류가 존재하는 한 영원한 眞理로 남을 것이다.

우리는 이런 의미에서 공자의 주된 사상인 仁의 敎學精神은 서양의 문질문화와 기계화로 인하여 인간의 價値觀을 극도로 저하시키고 있는 현실에서 더욱 강조하고 싶은 것은 知育보다 德育의 필요성이다. 덕육이란 德性을 함양하여 바람직한 人間 價値觀을 함양하고 道德的 의식을 넓혀 가자는 것이다. 환언하면 人間이 人間답게 하기 위해서는 자기 자신의 부족한 점을 修養과 敎學精神을 통하여 自己의 개념을 바르게 할 줄 아는 人間 敎育哲學이 필요한 것이다. 특히 공자의 유학사상에 입각한 人間 敎育哲學은 人間의 本性인 마음의 德으로서 仁心을 찾아내고 仁을 통하여 바람직한 인간의 價値觀을 찾도록 하는데 있는 것이다.

V. 理想的 人間像

다음으로 논구하고자 하는 것은 무엇을 중심으로 해서 內라 하느냐 하는 것이다. 人間을 중심으로 해서 인간 밖에 있는 것을 外라 하고 안의 것을 內라 했고 또 나를 중심으로 內・外즉 안과 밖을 설명하는 기준은 人間 자신에게서 갈라지는 것이다. 따라서 인식의 主客 문제가 인간 자신의 문제로 전환 하였다고 할 수 있다.

인간은 이해를 중심으로 사는 인간과 의리를 중심하여 사는 인간으로 구분하여 小人은 下達이요, 君子는 上達이라고 孔子는 말씀하셨다. 따라서 小人, 士, 君子, 聖人 등으로 그 수양 된 경지가 다르다고 하겠다.

周濂溪가 말한 바와 같이 "小人은 君子되기를 바라고 君子는 賢人 되기를 바라고, 賢人은 聖人 되기를 바라고, 聖人은 天과 일치되기를 바란다."28)라고 하였다. 이것은 人間의 本性을 회복하기 위하여 誠實性의 극처에로 환언하여 가는 것을 말한 것이라 하겠다. 그러나 이와 같은 修養은 일조일석에 이루어지는 것이 아니라 孔子가 말한 '下學而上達'의 수양 과정을 거쳐서 이루어진다는 것이다. 上達인 天道의 경지에 이르렀을 때 수양의 최고 경지로서 '마음에 하고자 하는 바를 쫓아가데 규범에 어긋남이 없이 된다.'라고 하였다. 이 경지가 바로 가장 바람직한 이상적 인간상을 가지게 된다는 것이다.

그러므로 人間은 誠實하고 眞實한 自己가 문제되는 것이다. 『中庸』 20章에 "誠은 하늘의 道이고 誠해 지려고 하는 것은 사람의 道다."라 하였으니, 誠을 나누어서 眞實無妄 한 誠實性 그 自體를 天의 道라 하고, 誠 되려고 애쓰는 것은 인간의 道라 하였다. 그리 하여 誠者와 誠之者의 관계에서 人道와 天道의 관계를 찾아 볼 수 있고 誠을 通하여 天人의 만남을 볼 수 있다. 또 『中庸』 20章에 "誠者는 힘쓰지 아니하여도 時中하며, 생각하지 아니하여도 진리를 터득하여 자연스럽게 진리에 맞아 나가니 이와 같은 사람을 聖人이라 한다. 誠之者는 善을 택하면 그것을 굳게 잡는 자이라."29)
하였다. 思誠과 盡誠하여 至誠에 이르면 이것은 聖人의 경지요, 생각하지 않아도 얻어지고 힘쓰지 않아도 眞理에 맞는다고 하였으니 聖人은 天道와 合一한 경지를 의미한다고 볼 수 있다. 誠之者는 하나의 善을

---

28) 周濂溪 曰 "小人希君子 君子希賢 賢希聖 聖希天."
29) 『中庸』 20章 "誠者 天之道也 誠之者 人之道也 誠者 不勉而中 不思而得 從容中道 聖人也 誠之者 擇善而固執之者也."

얻으면 놓칠까 염려하여 꼭 잡으며 간직하고 애쓰는 存在라고 하겠다. 이것은 공자의 下學而上達 하는 태도라고 볼 수 있다. 이와 같이 誠之 하는 정도에 따라서 군자와 현인과 성인으로 上向하는 것이라 하겠다. 인간의 최고 경지요 인간의 가장 이상적인 聖人의 경지에 이르게 되면 그 기질은 인욕의 사사로움이 없는 청순한 天理만을 가지게 된다. 그래서 "仁이면 表裏가 다 仁이요, 一毫의 不仁도 없으며 義이면 表裏가 義이고 一毫의 不義도 없다."30)
고 하였으니, 이것은 애쓰지 않고서도 자연히 진리에 맞아 모든 행동이 법도에 어긋남이 없는 경지이다. 그러므로 최선을 다하여 至誠의 道를 실천하는 바람직한 가치관을 가진 聖人의 모습을 찾아 볼 수 있다.『中庸』22章에 말하기를 "오직 天下의 至誠이라야만 능히 그 性을 다 할 수 있다."라 하였고 또 孟子, 盡心章에 "그 마음을 다하는 자는 그 性을 알고 그 性을 아는 자는 곧 하늘을 안다."라 하여 人間은 自己의 최선을 다할 때만이 자기의 本性을 알 수 있다고 하였다. 誠實한가 誠實하지 아니한가를 반성하고 성실하되 독실한가 독실하지 아니한가를 돌볼 줄 알아야 한다. 불순한 자기를 극복하고 誠實한 自己로 돌아가는 것을 공자는 克己라 하였다. 天理 대로 순수하게 하여 誠의 온전함을 얻는 자는 성인이라 볼 수 있다. 그래서 공자는 爲己의 學을 강조하였다. 그러나 爲人의 學을 하는 것이 옳지 않게 보았다. 이것은 사사로운 뜻에서가 아니라 誠實한 自己 실현에 무엇보다도 힘써야 한다는 뜻이다.

  自己를 성실하게 하는 것은 세계를 완성하는 길이며 자기가 不誠實하면 모든 일을 하되 모두 결실을 맺지 못한다 하였으니, "不誠이면 無

---

30)『中庸』「或問」"惟聖人氣質 淸純純然天理 初無人欲之私 以病之 是以 仁則表裏 皆仁 無一毫之不仁 義則表裏皆義 而無一毫之不義."

物"31) 이라 것이다. 그래서 공자는 克己復禮의 修養을 통해서 天道에 맞는 행위로서 보편성과 실재성이 있는 聖人의 경지를 요청하고 있다.

　孔子는 敎學의 最高 경지인 '從心所慾不踰矩'의 경지가 인간으로서 誠之 又 誠之하여 달성한 天과 人이 합일하는 경지이다. 이 같은 경지에 도달한 사람은 바람직한 價値觀을 정립한 이상적 인물로 仁者라 할 수 있다.

Ⅵ. 結 論

　一. 위에서 상술한 바와 같이 첫 번째로 修學的 方向은 下學而上達에 있는 것이다. 꾸준히 修身과 敎學에 힘써 나아 갈 때 누구나 다 上達로서 天道의 경지에 도달 할 수 있다는 것이다. 이 경지가 곧 공자의 '從心所慾不踰矩'의 경지로서 성인의 경지라는 것이다.

　두 번째로 仁思想의 體系化는 '一以貫之道'에서 찾아 볼 수 있었다. 孔子는 弟子들의 물음에 따라 다양하게 仁의 意味를 설명하였다. 그러나 仁思想의 體系化되게 설명한 것이 바로 一以貫之道이다. 一以貫之道를 忠恕로 설명하였는데 忠恕의 二元的一元化의 경지에서 人道와 天道의 만남을 찾아 볼 수 있었다. 이 경지가 곧 仁者로서 聖人의 경지라는 것이다.

　세 번째로 바람직한 가치관에서는 바람직한 人間을 양성하는 것이 교육의 本領이라 하였다. 바람직한 가치관을 갖춘 인간은 知性과 德性

---

31) 『中庸』 25章 "誠者 物之終始 不誠 無物 是故 君子 誠之爲貴."

을 겸비하여 사회적 조화를 이룩할 수 있는 전인적 인물을 말한다는 것이다. 특히 공자의 유학사상에 입각한 인간 교육철학은 人間 本性인 마음의 덕으로서 仁心을 찾아내고 仁을 통해서 바람직한 인간의 價値觀을 찾도록 하는데 있다는 것이다.

네 번째로 이상적 인간상에서는 공자는 '克己復禮'의 수양을 통하여 천도에 맞는 행위로서 보편성과 실재성이 있는 聖人의 경지를 요청하고 있다. 이 같은 경지에 도달한 사람은 바람직한 가치관을 정립한 이상적 인물이라 했다. 이런 인물을 전인적 인물 또는 聖人이라 했다.

二. 생각컨데 공자의 학문은 철저한 인간의 학문이며 그의 철학은 순수한 인생철학임을 알 수 있으며, 또한 그의 가장 근본사상이 되는 仁은 人間의 價値問題로서 倫理・道德 사상이 내포되어 있음을 알았다.

오늘날 산업 경제 시대의 병폐와 물질 지상주의, 숭금주의가 팽배해 짐에 따라 인간성 경시 사상으로 인심이 날이 갈수록 땅에 떨어져 가고 있다. 이와 같은 시점에서 知德을 겸비한 바람직한 인간 가치관 확립에 역점을 두고 있는 孔子의 敎育哲學思想이 이 시대에 절실히 요청되고 있는 것이다.

孔子 교육철학의 핵심은 仁思想에 있는 것이다. 주자가 仁은 '心의 德'이요 '愛의 理'라 설명하고 있듯이 仁은 人間의 虛靈不昧하고 仁義禮智와 같은 天理를 갖추고 있는 마음의 明德이라 볼 수 있다. 이와 같은 性卽理로서 明德을 갖춘 仁者를 바람직한 價値觀을 갖춘 聖人이라 할 때 현대의 용어로 표현한다면 전인적 인물 또는 지식인 아닌 지성인이라 말 할 수 있다. 오늘날의 교육은 너무나 물질 교육에 치중되어 인간 교육 즉 人性敎育이 사라져 가고 있는 이 시점에 공자의 교육철학의

핵심인 仁思想으로 이를 치유할 수 있는 청량제 역할을 할 수 있을 것이다.

7. 孔子의 德治主義

Ⅰ. 序論

　역사상 정치사상은 그 시대의 정치 및 사회 상황에 따라 각기 다른 방법으로 모색되어 졌다는 것을 쉽게 알 수 있다. 이를테면 platon의 국가론은 고대희랍에 있어서 도시국가의 쇠망기의 상태를 고찰하지 않고서는 잘 이해할 수 없으며, 토머스 모어의 "utopia"도 영국에 있어서의 농경기로부터 유축농업기로 전환된 사회적 불안을 배경으로 한 것임을 알 수 있다. 그러므로 공자의 정치철학사상도 중국의 사회적 혼란시기를 극복하기 위하여 仁政 곧 民本에 입각한 덕본주의사상을 주장하게 된 것이다.
　특히 오늘날 배금주의, 물질만능주의가 만연되고, 과학문명의 발달로 기계화의 현상과 조직의 다양화의 현상은 마침내 우수한 기계와 물질은 얻을 수 있었으나, 인간성 소외 현상으로 참다운 인간가치는 상실하게 되었다. 그러므로 이 같은 사회적 정치적 여러 가지 갈등을 해소하기 위해서는 고래로부터 면면히 전해온 공자의 인도주의에 입각한 정치철학사상이 절실히 요청되고 있는 것이다.

원래「德者 本也 財者 末也」라 하였는데 현대에 와서는「財者 本也 德者 末也」라 하는데 모순을 나타내고 있다. 이로 말미암아 사회인심은 점차 각박해 지고, 윤리도덕은 날이 갈수록 희박해지게 되므로 상호간에 불신풍조가 만연하게 된 것이다.

이 같은 시점에 공자의 정치철학사상의 핵심이 덕본주의사상이 재조명되어야 하겠고, 또한 우리나라의 전통사상으로 내려온 공자의 民本, 德本主義思想에 입각해서 오늘날 민주주의가 정립되어야만 안정된 사회가 구축될 수 있으리라 믿는다.

이 같은 취의를 살려 먼저 공자의 정치사상의 배경을 살펴본 후 그의 정치사상의 구조 및 구현을 구명한 다음 현대적 의의를 찾아보고자 한다.

Ⅱ. 孔子의 德治思想의 背景

공자가 생존했던 춘추말기는 衰世로 周나라 왕실은 이미 쇠퇴하여 천자는 다만 虛名만을 가졌을 뿐 제후를 통어할 수 없었다. 열국의 제후들은 또한 언제나 실력 있는 귀족의 제어를 받았으며 서로 다투고 각국의 귀족은 난을 일으켰다. 이리하여 사회질서를 유지하고 있던 禮制나 규범은 붕괴되고 날로 사라져 백성들은 도탄에 빠지고 온 세상은 무질서 상태로 들어가 버렸다. 이러한 때를 당한 공자는 마침내 보편적 질서를 세워 질서 있는 사회로 전환할 것을 자기의 임무로 생각하였다.[1]

---

1)『中國哲學史(古代篇)』勞思光著, 鄭仁在譯, 探求堂, 1986, 서울, p.61 참조.

그렇다면 공자의 德을 중심으로 한 정치사상은 언제부터 배태되기 시작한 것인가? 아마도 중국문화가 어느 정도 체제를 갖추고 정치적 양상을 갖춘 시대는 지금부터 약 4300여년 전, 즉 二帝時代부터라고 추정할 수 있다.

書經에 의하면

"皇帝는 漢民族을 이끌어 국토를 평정하고 봉건제도의 기초를 확립하여 官직, 의관을 정하고, 문학, 음악을 비롯하여 양잠술의 발명, 역법의 개선 등에 주력하여 유목시대로부터 농경시대로 들어온 것이다." 라고 하였고, 또 "堯는 근검하여 백성을 잘 통치했을 뿐만 아니라, 지방제도의 토대를 확립하고 그 위에 역법의 기초를 공고히 하였다. 그래서 그를 聖人이라고 부르는 것은 바로 이 같은 공적에 있는 것이다."[2]

라고 한다. 또 書經에

"堯는 舜의 현명함을 듣고 그를 민간에서 발탁하여, 그에게 양위하였고, 舜은 중앙집권제를 실시하여 제후에게 율령제를 반포하고 문자를 사용하여 시가・음악을 교육하였다."[3]

고 한다. 그리고 또 書經에 요순은 덕으로서 백성을 다스려 이상세계를 이룩한 업적을 기록하고 있다.

또 舜임금 뒤를 계승한 禹임금 시대에는 洪範九疇思想이 나왔던 것이다. 그것은 中國政治 사상에 중요한 영향을 주었을 뿐만 아니라, 唐虞三代의 정치사상 내지 도덕사상을 구명하기에 충족한 것이라고 할 수 있다.

---

2) 『書經』「堯典」 參照
3) 『書經』「舜典」 參照

洪範의 진의는 大法 ; 大憲이라는 뜻이며 洪範에는 九疇가 있으니 九條目이라는 뜻인데 그것은 인간의 修己 ; 治人의 도리가 세분되어 있는 것이다. 그 내용은 다음과 같다.

 一. 五行 : 火, 水, 木, 金, 土.
 二. 五事 : 貌, 言, 視, 聽, 思.
 三. 八政 : 食, 貨, 祀, 司空, 司徒, 司寇, 賓, 師.
 四. 五紀 : 歲, 月, 日, 星辰, 曆數.
 五. 皇極 : 皇建, 其有極.
 六. 三德 : 正直, 剛克, 柔克.
 七. 稽疑 : 卜, 筮.
 八. 庶徵 : 雨, 暘, 燠, 寒, 風, 時.
 九. 五福 : 壽, 富, 康樂, 修好德, 考終命
 六極 : 凶短折, 疾, 憂, 貧, 惡, 弱.

九疇中에서 제일 중요하게 취급하는 것이 第五의 皇極이다. 皇은 大, 極은 中이라는 뜻으로 '大中', '至正'의 의미를 가지고 통치자가 人民을 敎導하는 근본을 정하는 것이 皇極이라 한다. 즉 천하만민이 함께 실행해야 할 바른 道를 정하는 것이 建用皇極이다. 그것을 洪範에서 왕은 항상 공평무사한 태도로 인민을 통치해야 함을 설명하기를

"왕은 누구에게도 치우치지 아니하고 공평무사한 태도로 임금의 의로움을 좇으며, 혼자 좋아함을 하지 아니하여 임금의 道를 좇으며, 혼자 미워함을 하지 아니하여 임금의 길을 좇으리다. 비뚤어짐이 없으며 不公함이 없으면 임금의 道가 廣遠하며 비뚤어짐이 없으면 임금의 道가 平易하며 돌이킴이 없으며 기울어짐이 없으면 임금의 道가 정직하리니, 그 極에 따르는 이를 모으면 그 極에 돌아오리이다."4) 하여 왕은 누구

에게도 치우치지 아니하고 공평무사한 태도를 갖춘다면 王道는 순조롭게 실행 될 수 있음을 시사한 것이다. 이것은 천자가 천하의 백성을 통치함에 있어서 不偏不倚하고 無過不及인 中庸之治를 실행할 것을 敎道한 것이라 볼 수 있다.5) 孔孟의 왕도주의사상도 또한 홍범사상에 영향된 것이라고 할 수 있다.

그리고 堯가 舜에 천하 정치를 양여할 때 "인심은 위태롭고 도심은 은미하니, 오직 정밀하고 오직 한 결 같이 하여야 진실로 그 중 을 잡을 수 있다." '人心惟危 道心惟微 惟精惟一 允執厥中6)'라고 하였으니 唐虞三代의 정치사상에서 中庸之治를 중요시 했음을 알 수 있다. 允執厥中의 中은 隨時處中을 말하는 것으로 何時를 막론하고 極端에 치우치는 일이 없이 항상 中正의 大本原理에 의하여 그때그때 알맞게 처리한다는 의미이다. 이와 같은 사상이 唐虞三代로부터 존재하고 있었다고 본다면, 공자의 정명사상이나 맹자의 왕도사상도 여기서 연유된 것이라고 할 수 있다. 또한 덕치주의사상도 唐虞時代로부터 중시되어 왔다.7)

洪範中에서 三德을 正直, 剛克, 柔克이라 하고, 또 書經 大禹謨篇에 "유덕자는 선정을 하고, 정사는 백성을 기르는 데에 있다. 다만 정덕 이 동 후생 의 조화를 이루어야 한다." '德惟善政 政在民養 惟水火金木穀土 惟和正德 利用厚生'이라 하였으니, 三德에 대해서는 여러 설이 있으나, 모든 인군이 갖추어야 할 덕목으로서 三德을 잘 조화하여 施政해야만 덕치주의가 실현될 수 있음을 말해주고 있다.

---

4) 『書經』「周書 : 洪範」 "無偏無陂 遵王之義 無有作好 遵王之道 無有作惡 遵王之路 無偏無黨 王道蕩蕩 無黨無偏 王道平平 無反無則 王道正直 會其有極 歸 其有極"
5) 『中庸』 序文 "允執厥中者 堯之所以授舜也"
6) 『中庸章句』 序文
7) 『書經』「堯典」"克明俊德. 以親九族. 九族旣睦 平章百姓. 百姓昭明 協和萬邦. 黎民於變 時雍"

또 중국철학사상의 핵심을 이루고 있는 天命觀을 살펴본다면, 唐虞三代에는 天을 경외하고 天을 신격화하여 상제 또는 천제라 하였다. 이것은 대개 자연숭배의 사상이 발전하여 관념화된 것이라 볼 수 있고, 홍범의 第九條目에「考終命」은 바로 천명사상을 나타낸 것이라 할 수 있다.

　이와 같이 唐虞三代에는 天을 전지 전능한 인격신으로서 만물의 창조자요 주재자로 天을 외경하였던 것이다.[8] 중세 근세의 천인합일론의 天觀도 고대의 天思想을 배경으로 성립된 것임을 주의해 보아야 할 것이다. 그러나 공자의 천명사상은 하나의 자연종교의 대상으로 생각하기 보다는 인간존재의 당위성을 중시하여 윤리 도덕의 근저로 생각 했던 것이다. 즉 繼天而立極한 것이다. 그러므로 인간은 누구나 修己를 위하여 誠之하고 又誠之하면 天道와 합일 될 수 있다는 천인합일사상으로 발전했던 것이다. 그래서 공자는 천인합일의 경지에 도달한 內聖外王으로서의 위정자를 요청하고 있으며, 그로 하여금 人民을 통치할 때 원만한 정치가 이루어져서 이상사회가 구현될 수 있음을 시사한 것이다.

　이상에서 논술한 바와 같이 唐虞三代의 사상을 배경으로 하여 공자의 정치사상이 배태되었고, 따라서 유가의 정치사상도 구축되었다 할 수 있다.

---

[8] 梁啓超, 『先秦政治思想史』, 前論 第二章 參照

Ⅲ. 孔子의 德治思想의 構造

공자는 周의 봉건제도가 무너져 가기 시작한 춘추시대의 人物이었다. 그 당시의 정치를 한 마디로 말한다면 五覇의 覇者政治라고 할 수 있다. 당시 覇者들은 비록 周 왕실의 封爵을 받는 후국들이었지만 周 왕실은 이미 무력해지고 제후들이 강대해져서 각자 세력 신장을 꾀하여 정치적 패권을 잡으려 하였다. 이와 같은 정치적 불안시대에 살았던 공자는 전제정치와 봉건사회로부터 떠나려 했고, 모든 백성들이 정치적 평등을 얻을 수 있도록 노력했던 것이다.

중용에서 공자는 "요순을 祖述하고 文武를 憲章으로 한다."[9]라고 하였고, 논어에서 "그는 청년시대에 周公을 꿈에 자주 보았으나 연로한 후에는 꿈에 나타나지 않는 구나" 하면서 탄식하였다. 또 그는 "周의 문물제도를 夏殷二代에 비교하여 보면 郁郁히 빛나므로 나는 周를 쫓겠노라."[10]고 하였다.

이와 같은 사실들로 추론하여 본다면 공자가 생각한 바람직한 인물로는 요순과 周公과 文武王이고 그가 실현하고자 한 정치는 周의 문물제도에 입각한 施政을 바랐던 것이다. 또 공자는 정치에 있어서 옛 것만을 고수할 것이 아니라 시대의 변천에 따라서 문물제도를 가감하여 그 시대에 알맞게 할 것을 주장하였다. 그리고 그는 정치의 선결조건으로 정명 즉 대의명분을 엄격히 밝혀야만 한다고 주장하였다.

위와 같은 공자의 정치이념을 살려서 다음으로 正名思想, 德治主義, 經濟政策 순으로 논술하고자 한다.

---

9) 『中庸』 第30章 "仲尼祖述堯舜 憲章文武"
10) 『論語』 「八佾篇」 "子曰周監於二代 郁郁乎文哉 後周"

1. 孔子의 正名思想

공자는 그 당시 사회질서의 붕괴를 바로 잡아 질서 있고 안정된 사회를 이룩하는데 가장 긴요한 것이 이른바 正名 즉 대의명분을 확립하는 것이라 했다.

논어에 "천하에 道가 있으면 예악과 정벌이 천자로부터 나오게 되고, 천하에 道가 없으면 예악과 정벌이 제후로부터 나온다."[11]라고 하였듯이 공자는 정치질서 붕괴의 주요문제를 권한 침해로 여겼으니, 자연히 정치 질서를 바로 잡기 위해서는 권한을 침해하지 않는 것을 위주로 삼아야 한다는 것이다. 이것을 가장 잘 나타낸 것이 공자의 학설 중 정명사상인 것이다. 공자의 정명의 의의는 논어 子路篇에서 쉽게 찾아 볼 수 있다. 공자가 楚나라에서 衛나라로 돌아오자 공자의 제자인 子路가 "衛君이 선생님을 맞이해서 정치를 하게 한다면 무엇을 먼저 하시겠습니까?"라는 물음에 "반드시 자기의 개념을 바르게 해야 한다."[12] 라고 대답하였으니, 治國을 하는 위정자 자신이 먼저 자기개념을 바르게 하여 바람직한 자기가치관을 확립할 것을 시사하고 있다. "名(槪念)이 바르지 못하면 말이 순리롭지 못하고, 말이 순리롭지 못하면 일이 성취되지 않고, 일이 성취되지 않으면 예악이 일지 못하며 예악이 일지 못하면 형벌이 得中하지 못하고, 형벌 得中하지 못하면 백성은 手足 둘 곳이 없게 된다. 그러므로 군자는 명분을 세우면 반드시 말을 할 수 있고 말을 하면 반드시 실천할 수 있다. 군자는 그 말에 구차스러움이 없게 할 뿐입니다."[13] 하였으니, 위정자는 자기에게 주어진 개념이 정립된 뒤에

---

11) 『論語』「季氏篇」"天下有道則禮樂征伐自天子出 天下無道則禮樂征伐自諸侯出"
12) 『論語』「子路篇」"子路曰衛君待子而爲政 子將奚先 子曰必正名乎"
13) 『論語』「子路篇」"名不正則言不順 言不順則 事不成 事不成則 禮樂不興 禮樂不

모든 명분이 바로 선다는 것이다. 그러므로 위정자는 正名이 治國의 선행요소가 됨을 말한 것이다.

荀子도 正名篇에서 "왕된자가 名을 제정하여 名이 정해지면 보물이 분별되고 올바른 道가 행해질뿐 아니라 뜻도 통하게 되며 백성들을 다스림에 신중을 기하게 되고 백성들로 하여금 한결같은 생각을 가지게 할 수 있다. 그러므로 말을 분석하여 자기 생각대로 말을 만들게 되면 정명을 혼란케하고 백성들이 의혹을 갖게 될 뿐만 아니라, 많은 논쟁과 소송을 함께 갖게 될 것이다."14)라고 하였다.

이 같은 正名의 내용은 공자의 정명사상과 같은 의미를 지니고 있는 것으로서, 개념이 올바르게 선 연후에 위정자가 백성을 용이하게 통치할 수 있음을 말하고 있는 것이다.

공자의 정명사상에 대한 명확한 정의는 齊景公과의 정사에 관한 문답 속에서 찾아 볼 수 있다. 즉 齊景公이 공자에게 정사의 도리를 물음에 "임금은 임금으로서의 도리를 다하고, 신하는 신하로서의 도리를 다하고 아버지는 아버지로서의 도리를 다하고, 아들은 아들로서의 도리를 다해야 한다."15)는 것을 설파한 것이다.

이 같은 말은 간이하지만 그 말의 개념이 제정되고 인간관계에 있어서 참된 자기본분을 다하고 대의명분이 확립될 때 비로소 治國이 실현될 수 있음을 말한 것이다. 또한 그 당시 勸分혼란의 현상을 正名으로써 勸分을 정하여 통일된 질서 속에서 사회의 안정을 꾀하려 한 것이다.

興則 刑罰不中 刑罰不中則 民無所措手足 故君子名之必可言也 言之必可行也 君子於其言 無所苟而已矣"
14) 『荀子』「正名篇」 "王者之制名 名定而實辨 道行而志通則愼率民而一焉 故折辭擅作名 以亂正名 使民疑惑 人多辯訟 則謂之大姦 其罪猶符節度量之罪也"
15) 『論語』「顏淵篇」 "君君 臣臣 父父 子子"

그래서 齊景公은 "좋다 믿음이여! 임금이 임금노릇 못하고 신하가 신하 노릇 못하고 아들이 아들노릇 못한다면 비록 곡식을 얻어서 먹일 수 있 겠는가?" '善哉 信如 君不君 臣不臣 父不父 子不子, 雖有粟 吾得而食 諸?'라 하였으니 공자의 정명사상은 그 당시 정치사상의 핵심을 말한 것이다.

2. 孔子의 德治主義

공자의 덕치주의사상을 논하기 전에 덕의 의의를 살펴보기로 하겠다.
說文에 德子의 의의에 대해서 "德者, 升也"라 하여 "올라가는 것"을 말하였고, 殷玉裁는 이것을 풀이하여 "得者와 같은 의미로서 전진이라든가 승한다는 字이다."라고 하였고 또 논어 爲政篇에 주자가 설명하기를 "덕은 말을 하여 호감을 얻는 것" '德之爲言 得也'라 하였고, 樂記에도 '德者 得也'라 하였다. 주자의 論語註釋에 의하면, "道를 행함으로써 마음에 얻음이 있다."16)라 하여 得心과 得身을 말하였으니 德을 得으로 보았던 것이다.

이와 같이 인간은 누구나 자기내면의 성실한 자기가치관을 확립했을 때 虛靈不昧한 內的 明德이 외적으로 발로되어 타인의 매력을 가지게 되는 것이다. 이같이 다른 사람에게 매력을 가지게 되고 호감을 가지게 될 때, 자기 몸이 높아지고, 인격이 나아가는 것이다. 결국 得心, 得身하게 되는 것이다.

---

16) 『論語』「爲政篇」 註釋 "行道以有得於心也 行道以有得於身也"

이와 같이 인간은 수신과 수양을 쌓을수록 人道가 나아가고 덕망이 높아져서 다른 사람들로 하여금 매력을 얻게 되는 것이다. 그래서 설문에 「外得於人 內得於己」[17]라 하여 "밖은 사람에게서 얻고 안은 자기에게서 얻는다."라 하였으니 德을 內와 外로 보았던 것이다. 여기에서 內得於己 인간의 주체로서 盡己之心과 같은 내면적 덕이요 存心이라 하겠고, 外得於人은 객체로서 推己以及人과 같은 외면적 덕이라 볼 수 있다. 내면적 덕은 아직 발현되지 않은 상태로서 尊德性이요 所以然之理로 볼 수 있고, 외면적 덕은 내면의 덕이 問學을 통하여 발동되어 그 마땅함을 얻게 되는 것이라 하겠다.[18] 卽 내면의 덕은 未發의 中으로 君臣, 父子, 夫婦, 長幼, 朋友와 같은 인간의 상호간에 항상 존재하는 所以然之理로서 외물에 접하면, 義, 親, 別, 序, 信의 行德之理가 나타나게 되는데 이것을 외면의 덕이라 볼 수 있다. 마치 중용의 中과 和의 관계와 같다고 볼 수 있다.[19] 여기에서 中에 해당되는 것은 義, 親, 別, 序, 信이 우리의 마음속에서 발현되지 않은 道之體를 말하는 것이라면, 和는 義, 親, 別, 序, 信이 발현하여 君臣之義, 夫婦之別, 長幼之序, 朋友之信으로 되는 道之用으로 볼 수 있다. 즉 덕을 설명상 內, 外 또는 體用으로 나눌 수 있으나 결국 이원적 일원화하여 한 개인의 가치관이 외부로 노출된 것이라고 볼 수 있다. 그래서 中庸에 "天下의 達道五 所以行之者三, 曰君臣也, 父子也, 昆弟也, 朋友也, 五者 天下之達道也, 知, 仁, 勇, 三者 天下之達德也 所以行之者一也"[20] 라 하였으니, 達德三

---

17) 殷玉裁는 이 말을 顚倒하여 '內得於己 外得於人'이라 하여 안에서 내가 얻는 것은 心身에 自 得하는 것이요, 밖에서 남에게 얻는 것은 은혜가 남에게 미쳐가서 다른 사람이 고맙게 생각하는 것이라 했다.
18) 『大學』序文 小註 參照
19) 『中庸』第1章 "喜怒哀樂未發 謂之中 發而皆中節 謂之和 中也者 天下之大本也 和也者 天下之達道也"

인 知, 仁, 勇은 인간의 所以然之理인 내면적 덕이요, 達道五者는 인간의 所當然으로서 외적으로 나타나는 덕이라 볼 수 있다. 이것은 내면적 達德과 외면적 達道가 眞實無妄하고 純一無雜한 자기 성실성에서 內와 外가 이원적이면서 일원론화 되어 자기 덕이 구현됨을 찾아볼 수 있다. 卽 中和之德이 조화를 이루고 純一性을 이루는 것이다. 그래서 中庸에 "큰 덕을 가진 자는 반드시 그 지위를 얻고 반드시 그 작록을 얻으며, 반드시 그 명성을 얻고 반드시 장수한다."[21] 고 하였으니, 이 같은 것을 德治主義의 이념에 비추어 볼 때 聖人의 덕으로 內德과 外德이 합일된 中庸之德을 顯示한 것이라 볼 수 있고, 또한 爲政者에 적용하게 되면 中和의 도가 정치, 사회에 발현되어 德治主義가 極致에 이르게 될 것이다. 그래서 孔子는 爲政者의 本領은 德治에 있음을 강조하여 "군자의 덕은 風이요, 小人의 덕은 草라. 풀 위에 바람이 스치면 반드시 풀이 쓰러질 것이다."[22]라 하였으니, 爲政者는 군자의 덕을 갖추고 난 연후에 治人해야 함을 나타낸 말이다. 또 孔子는 爲政者 本領이 德治에 있음을 강조하여 백성들에게 政(法)으로 통치함을 止揚하고, 德으로 통치할 것을 示唆한 것이다. 孔子는 爲政者가 청정하고 진실한 자기 가치관을 가지고 정치에 임할 것을 말하여 "그 자신이 淸正無雜하면 슈을 내리지 아니해도 행하여지고 그 자신이 바르지 못하면 비록 명령을 해도 따르지 않는다."[23] 라고 하였으니, 항상 통치자는 백성을 다스리는 姿勢가 淸正無雜하고 眞實無妄한 中正의 도에 부합해야 함을 말한 것이다.

---

20) 『中庸』第20장
21) 『中庸』第30章 "大德 必得其位 必得其祿 必得其名 必得其壽 故天之生物 必因其材而篤焉"
22) 『論語』「顔淵篇」"君子之德風 小人之德草 草上之風 必偃"
23) 『論語』「子路篇」

그리고 孔子는 哀公의 問政에 "곧은 것을 들어서 굽은 곳에 놓으면 백성들이 복종하고 굽은 것을 들어서 곧은 곳에 놓으면 복종하지 않는다."[24] 라고 답하여 爲政者 자신의 정직성과 진실성을 강조한 것이다. 爲政者 자신이 不偏不倚하고 過不及이 없는 中庸之道를 감행할 때 자연적으로 백성들에게 德治主義가 實顯될 수 있음을 말하는 것이다. 그러므로 季康子가 孔子에게 정치를 물었을 때, 孔子는 "政은 正이라, 그대가 솔선 몸을 바르게 가지면, 누가 감히 바르게 행하지 아니하리오."[25] 라고 답했다. 이것은 바로 爲政者 자신이 자기의 개념을 바르게 하여 통치에 임하게 되면 그 덕에 감화되어 만백성들도 다 자기의 개념을 바르게 하게 된다는 말로서 바로 孔子의 正名思想을 통치에 적용해야 함을 示唆한 것이다. 그러므로 정치의 本領을 덕에 바탕을 두고 있는 爲政者는 "그 자신이 바르면 명령을 내리지 않아도 행하여지고, 그 몸이 바르지 않으면 비록 명을 내려도 백성은 복종하지 아니한다."[26]고 한 것이 바로 이것이다.

그러면 덕치주의의 이념에 입각한 施政은 如何한가? 그것은 大學의 三綱領 八條目에서 그 내용을 찾아 볼 수 있다. 三綱領은 明德, 親民, 至善이고 八條目은 格物, 致知, 誠意, 正心, 修身, 齊家, 治國, 平天下이다. 여기에서 格物에서 修身까지는 修己인 明德에 속하고, 齊家에서 平天下까지는 治人인 親民에 속한다고 볼 수 있다. 위의 修己로서의 明德은 爲政者의 主體로서 治者의 가치관을 말한다. 明明德에 대한 주자의 풀이를 살펴보면 "明德은 인간이 하늘로부터 부여받은 것인데 人欲과

---

24) 『論語』「爲政篇」
25) 『論語』「顔淵篇」
26) 『論語』「子路篇」

私欲이 배제되고 신령스럽고 어둡지 아니하여 여러 이치(仁義禮智)를 갖추어 만사에 응하는 것이다."27)라고 하였다. 明德은 인성의 본질에 대한 의미로서 인간의 내면적 성실성을 뜻하고 있으며, 心之德으로 공자가 말하는「仁」28)과 같은 뜻을 간직하고 있다. 또 明德은 중용의「天命之謂性」과 같이 하늘로부터 인간에 부여한 眞實無妄하고 純一無雜한 선의지로 나갈 수 있는 힘을 가지고 있기 때문에, 인간의 주체로서 대상에 대하여 교화시킬 수 있는 능력을 가지고 있다. 그래서 이 같은 明德을 갖춘 사람을 우리는 聖人이라고 부르는데 聖人의 마음은 곧 明德의 마음을 갖추고 있는 자라고 볼 수 있다. 이 같은 明德은 孔子의 仁인 心之德을 표출한 것으로 볼 수 있다. 위정자가 이 같은 眞實無妄하고, 純一無雜하고, 思無邪한 明德의 주체가 확립될 때, 대상인 백성을 새롭게 할 수 있고 교화시킬 수 있는 힘을 발휘할 수 있다는 것이다. 다시 말하면 위정자 자신이 확고한 明德의 주체가 밝혀진 후에 齊家, 治國, 平天下와 같은 治人의 功效가 가능하다는 것이다.

여기에서 주의할 것은 明德으로서 修己와 대상으로서 治人은 두 개의 개념으로 보아서는 아니된다는 것이다. 治人의 기준은 修己에 있고, 修己의 내용은 誠意와 正心에 있으므로 格物과 致知의 바탕을 필요로 한다. 즉 修己는 思誠하고 誠之하여 天道를 향해 擇善而固執함으로써 천인합일의 경지에 이르러 聖人이 될 수 있다. 이때 비로소 修己의 주체는 그 구실을 다 할 수 있고, 修己之誠이 修己以及人되어 대상인 治人이 가능할 수 있다고 하겠다. 그러므로 위정자는 꾸준한 노력을 하여 積德하게 되면 주체인 明德과 대상인 親民을 가능케 하는 至善의 경지

---

27) 『大學』朱子註釋 "明德者 人之所得天而虛靈不昧 以其具衆理而應萬事者也"
28) 『孟子』의 人義의 주석에서 仁은 朱子가 '心之德, 愛之理'라 하였다.

에 도달하게 된다. 이때 修己와 治人이 합일된 至善이 바로 덕치주의가 실현된 경지라고 볼 수 있다.

다음은 공자의 德本主義와 文化主義와의 관계를 고찰하고자 한다. 공자의 정치관에서 덕본주의는 문화주의에 근저를 두고 있다. 덕본주의는 「政은 正이다」의 의미도 도덕 즉 정치, 정치 즉 도덕의 경지이며 정신인 政敎一致主義라 할 수 있고, 문화주의란 억압적, 전제적, 강제적인 것이 배제된 詩, 書, 禮, 樂으로 민중을 교화하려는데 그 의미가 있다. 덕치주의 「政은 正이다」의 뜻을 구체화하는데 그 원리가 있다면, 문화주의는 그 수단방법이라 할 수 있다. 덕본주의와 문화주의는 不可離의 관계에 있음을 알 수 있다.

그러면 문화주의가 如何히 정치에 영향을 주었나 하는 것을 알아보기로 한다. 공자는 '爲國以禮'[29]를 말했다. 治國을 하는데는 질서로서의 예가 필요불가결한 요소임을 말하는 듯하다. 예는 대개 節文과 제도로 크게 나눌 수 있다. 정치제도로서 예를 공자께서 다음과 같이 말하고 있다.

"殷은 夏의 예에 因했으니 덜고 더한 것을 알 수 있고 周는 殷의 예에 因했으니 덜고 더한 것을 알 수 있다. 만일 周를 이을자가 있다면 비록 백세라도 알 수 있을 것이다."[30]라 한 것과 "夏의 예를 능히 말할 수 있으나 根에서 증거 할 것은 없고, 殷의 예를 나 능히 말할 수 있으나 宋에서 증거 할 것이 없으니 이는 문헌이 부족한 탓이다."[31]라 한 것이

---

29) 『論語』「先進篇」
30) 『論語』「爲政篇」 "殷因於夏禮 所損益 可知也 周因於殷禮 所損益 可知也 其或繼周者 雖百世 可知也"
31) 『論語』「八佾篇」 "夏禮 吾能言之 根不足徵也 殷禮吾能言之 宋不足徵也 文獻不足故也"

바로 그것이요, 節文으로 예는

"생존 시 섬길 때 예를 다하고, 죽어 장사할 때 예를 다하고, 제사할 때 예를 다한다." '生事之以禮 死葬之以禮 祭之以禮'[32]

라고 한 것이다. 그리고 정치제도로서 예로 '禮讓爲國'[33]을 말하였는데 예악이 결여되면 治國이 어려움을 말하고 있다.[34]

이와 같이 공자는 德과 예를 治國의 예로 삼고, 政(制度)을 治國의 用으로 보았던 것이다. 用만 있고 예가 없으면 治國의 功效가 이루어질 수 없기 때문에 공자는 治國의 體인 덕과 예를 정치의 근본으로 보았다. 그래서 논어에서 공자가 말하기를 "백성을 인도하기를 법령으로써 하고, 백성을 가지런히 하기를 刑으로써 한다면 백성들이 죄를 면할 수는 있으나 부끄러움이 없어진다. 백성을 인도하기를 덕으로써 하고, 백성을 가지런히 하기를 예로서 한다면 부끄러움이 있을 뿐만 아니라 또한 자기 잘못을 수치로 알고 정의를 찾게 된다."[35]라 하였으니 여기에서 공자의 덕치주의의 실현을 찾아 볼 수 있다. 또 공자는 「정치를 함에 도덕으로 근본을 삼는다면 마치 북극성이 북극에 자리 잡고 있으면 그 주위의 衆星이 사방에서 북극성을 향해 있는 것과 같다」고 하였으니 위정자가 인도정신에 입각하여 자기 가치관을 갖추고 施政할 때 덕치주의가 잘 실현됨을 시사한 말이다.

---

32) 『論語』「爲政篇」
33) 『論語』「里仁篇」
34) 『論語』「先進篇」" 乘之國 攝乎大國之間 加之以順旅 因之以飢饉 由也爲之 此及 三年 可使有勇 且知方也"
35) 『論語』「爲政篇」"道之以政 齊之以刑 民免而無恥 道之以德 育之以禮 有恥且格"

3. 孔子의 經濟政策

고래로부터 治國의 정령으로서 경제와 정치는 不可離의 관계에 있어 왔다. 동양의 경제란 말은 經世濟民의 뜻으로 治理의 뜻을 의미하고 있다. 맹자는 恒産이 있으면 恒心이 있다고 하였으니 경제적 뒷받침 없이는 국민들이 맡은바 임무를 잘 수행할 수 없게 된다는 말이다. 위정자는 국민에게 경제적 여건을 충족하게 하여 주는 것이 무엇보다도 중요한 것이다.

정치는 사회의 안녕질서를 확립하기 爲한 법치주의의 한 제도를 말한 것이라면 경제는 국가를 윤택하게 하고 백성의 생활에 부족함이 없게 하는 부국주의를 말하는 것이라 하겠다. 환언하면 경제란 "經國濟民"이라는 뜻으로 經字는 "다스린다"는 治理의 뜻을 내포하고 있고[36] 濟字는 "건진다"의 뜻으로 人民을 기아와 환난선상에서 구제한다는 뜻이다.[37] 따라서 경제란 "經事濟己", "經家濟親", "經國濟民", "經天下濟類"와 같이 자기로부터 천하인류에게로 확충하여 가는 정치적 경제이며 동시에 경제와 정치는 不可離에 놓여 있음을 알 수 있다. 그리고 사회구성의 기본이 개인이기 때문에 經事濟己 로부터 출발해서 經天下濟人類로 推廣해 나가는 것이다.

동양의 경제란 내용은 결국 인류가 재화를 획득하여 그 욕망을 충족케 하는 제활동과 상태를 포함하고 있는 것이다.

---

[36] 『左傳』「隱公十一年條」經國家라는 말에 대한 同疏에 '經, 記理之'라 했고, 呂覽求人에 '終身無經天之色' 同注에 '經, 攊理也'라 했다.
[37] 正家通의 '濟, 具周救'라 했고, 繫辭上 '知周乎萬物, 道濟天下'라 했다. 모두 濟字는 몸, 집, 나라를 건진다는 뜻.

그러면 공자의 경제이념은 如何한가를 살펴보기로 한다. 인간의 재화라 하면, 물질 뿐만 아니라 정신까지 포함하고 있는 것이다. 우리의 양심은 無價의 재화로 볼 수 있다.

그러므로 공자는 仁德의 근본을 벗어난 비양심적인 행위를 비난 하였다. 즉 門人인 冉求가 季氏의 宰가 되어 백성에게 重稅를 과하여 致富하는 것을 공자가 들으시고 말하기를 "염구는 우리의 무리가 아니니 너희들은 북을 울려 그 죄를 쳐서 고치도록 하는 것이 좋겠다."38) 고 하였다. 또 孔子는 의롭지 못하게 얻은 富貴는 뜬 구름과 같다39)고 하면서 安貧樂道를 말하였고, "顔回는 참으로 어질구나! 다른 사람들은 한 대 도시락 밥을 먹고, 한잔 포도박 물을 마시면서 누추한 거리에 사는 그런 고생을 참지 못할 것이거늘 回만은 청빈 속에서 자기의 樂을 고치지 않으니 回야 말로 어질도다."40)라 한 것은 모두 仁道에 입각한 경제주의를 설명한 것이라 볼 수 있다. 특히 제자인 子貢이 공자에게 말하기를 「가난하되 아첨하지 않고 부자로되 교만하지 않으면 어떻습니까?」라고 물음에 답하기를 "옳은 말이나 가난하되 즐거워하고 부자로되 예를 좋아하는 것만 같지 못하니라."41)하였으니 大學에 德이 本이요 財는 末이라 하였는데 바로 이 같은 의미로 경제이념을 강조한 것이라 본다.

그러면 공자의 경제정책은 如何한가를 살펴보기로 하겠다. 공자는 정치를 말할 때는 반드시 經濟節用을 강조하였다.

---

38) 『論語』「先秦篇」 "非吾徒也 小子鳴鼓而攻之可也"
39) "飯疏食飲水 曲肱而 枕之樂亦在其中矣 下義而 富且貴於我如浮雲"
40) 『論語』「雍也」 "賢哉回也 一單食一瓢飮 在陋巷 人子堪憂 回也不改其樂 賢哉回也"
41) 『論語』「學而篇」 "子貢曰:貧而無諂 富而無驕何如:子曰:未若貧而樂 富而好禮者也"

"千乘의 나라를 다스림에는 모든 일을 신중히 하고 백성의 신뢰를 얻으며, 경비를 절약하고 인민을 사랑하며, 그들을 부리되 때를 맞추어 해야 한다."42)라 한 것은 위정자가 經世濟民하려면 재화를 節用하는 것이 愛民하는 길이라는 것이다. 그러므로 백성을 사랑하는 길은 곧 經濟節用에 있다는 것이다.

공자께서 제자 子貢의 問政에 답하기를 "足食·足兵 民信之矣"(顔淵)라고 한 것도 경제적 문제로 足食을 말씀하고 있으나, 信을 더 중요시한 것은43) 위정자의 明德이 발휘되어 백성들에게 신뢰를 얻는 것이 재정문제보다 우선 되어야 함을 강조한 것이다. 즉 덕치주의가 이루어진 위에 국민경제의 안정을 요청하고 있는 것이다. 또한 국가의 財富를 말함에도 君보다 백성을 더 중히 여겨서 말하기를 "백성이 유족하면 임금께서 누구하고 가난할 것이며, 백성이 가난하면 임금께서 누구하고 넉넉할 수 있겠습니까?"44)라 하였으니 국가재부의 목적은 爲民에 있는 것이지 爲君에 있지 않음을 말하고 있다. 그래서 위정자는 민본주의에 입각한 經濟的 富로 與民同樂을 말하고 있는 것이다.

또한 공자는 국가의 경제정책의 일환으로 財富均霑主義를 취할 것을 주장하였으니 "나라와 백성을 다스리는 이는 백성이 적은 것을 근심하지 않고 소득의 고르지 못함을 근심하며, 가난한 것을 근심하지 않고 상하의 편안치 못함을 근심하라 대개 소득이 고르면 가난하지 않을 것이요 나라가 화평하면 백성이 적지 않을 것이요 상하가 평안하면 국정이 기울어지지 않을 것이다."45)라고 하였다. 均霑이란 위정자가 백성을

---

42) 『論語』 「學而篇」 "子曰 : 道于千乘之國 敬事而信 節用而愛人 使民以時"
43) 『論語』 「顔淵篇」 "子貢曰必不得已而去 於斯三者 何先 曰去兵 子貢曰必不得已而去 於斯二者 何先 曰去食 自古皆有死 民無信不立"
44) 『論語』 「顔淵篇」 "百姓足君 孰興不足 百姓不足 君孰與足"

화목하게 평안하게 해주면, 재화의 부족이 문제시되지 않으며, 안락하게 하면 경제적 파탄을 초래하지 않는다는 것으로 백성의 화목과 안전을 위주한 경제적 均霑을 의미하는 것이다. 바꾸어 말하면, 공자의 경제정책의 均霑主義는 덕본과 민본주의를 基根으로 한 재화의 均霑을 말한 것이다.

Ⅳ. 孔子의 德治主義의 具顯

중국고대의 정치는 天을 중심으로 한 자연주의적 정치사상이었으나, 그 사상을 인간중심으로 한 정치체제로 전환한 자는 바로 공자이다.

공자의 人道는 眞實無妄한 인간존재로서 修己・治人하는 도의정신의 발휘에 있고, 人心을 거역하는 정치는 天心을 배반하는 것이 된다고 하였다. 그래서 천인합일론적 도의정치를 강조한 것이다.

그리고 공자의 道는 인간과 인간과의 治理와 조화의 관계에서 출발한 것이라고 볼 수 있다. 또 修己는 治人의 本이 되고 治人은 修己의 用이 되기 때문에 體와 用을 다 포용하고 있는 것이 仁인데 공자는 仁을 최선 최고의 德이라 보았으므로 仁을 수득하면 德이고, 仁을 行하면 道이다. 그러므로 공자의 철학은 인도사상이라 할 수 있고 그 지향하는 목적도 "己欲立而立人 己欲達而達人"[46]하는 바로 仁의 사상을 발현시키기 위한 것에 있다. 그러면 인간가치의 표준으로 보고 있는 仁思想의

---

45) 『論語』「季氏篇」 "有國有家者 不患寡而患不均 不患貧而患不安 蓋均無貧 和無寡 和無寡 安無傾"
46) 『論語』「雍也篇」

개념을 살펴보기로 하겠다.

　공자께서는 하나의 공동사회를 살아가는데 있어서 개인이 홀로 존립할 수 없음을 강조하여 상호부조 정신으로 相愛해야 하는 인류의 조화를 말씀하고 있다. 그래서 "仁은 愛人이다."47)하였고, 맹자는 「仁은 人이라」하여 仁은 곧 人이다 하였으니, 仁이란 인간으로서 인간 구실하는 인간을 요청하고 있는 것이다. 인간윤리와 인간자체사상으로 仁을 이해하려면 먼저 인간을 이해해야 한다는 뜻으로 仁道는 곧 人道와 통하는 말로서 인류은 곧 인류이 되므로 인간의 본질을 통해서 仁의 가치관을 이해할 수 있다.

　그런데 인간의 바람직한 가치관·윤리관·정치관을 이해하려면 공자의 근본사상인 仁을 구명하는 것이 중요하다. 공자는 仁에 대한 제자들의 물음에 대하여 때와 장소 그리고 제자들의 인격에 따라 각각 그 답이 달랐다. 예컨데 仲弓이 仁을 물음에 "門에 나가서는 귀한 손님을 뵙는 것 같이 하고, 백성을 부리기를 큰 제사를 지내는 것 같이 하고, 自己가 하고자 아니하는 바를 남에게 베풀지 말 것이니 그렇게 하면 나라에 있어서도 원망이 없을 것이요, 집에 있어서 원망이 없을 것이다."48)라고 하였으니, 인간과 인간사이의 조화와 교통을 가능케 할 수 있는 것이 바로 仁이라는 것이다. 이것은 주체와 대상인 너와 내가 대립의 관계를 넘어서 하나로 상통하는데 仁이 파악될 것이며 동시에 개인윤리·가정륜리·사회윤리의 조화가 이루어지는 것이다.

---

47) 『論語』「顔淵篇」
48) 『論語』「顔淵篇」

顔淵이 仁을 물으니 "克己復禮爲仁"[49)]이라 하였다. 여기서 극기란 자기자신의 내면적 성실성의 환원으로 이해할 때 일상생활을 함에 있어서 자기자신의 확고한 내면적 가치관이 정립되어 실천윤리관이 세워질 수 있음을 뜻하는 것이다.

이와 같이 공자의 仁思想은 논어의 여러 곳에서 찾아볼 수 있는데 때와 장소 인품에 따라 다르게 말하였으나, 仁思想이 하나로 정립된 말씀이 있으니, 이것이 바로 '一以貫之道'[50)]이다. 공자의 제자인 증자는 '一以貫之道'를 忠恕로 풀이 하였던 것이다.[51)] 인간을 중심으로 인간의 밖에 있는 것을 外라 하고, 안에 있는 것을 內라고 할 수 있는데 忠은 '盡己之心'으로 인간의 內라 볼 수 있고 恕는 '推己以及人'으로 外라 볼 수 있다.

그런데 程子는 忠을 '天之道也'라 하였으므로 聖心이라 볼 수 있고, 恕는 聖心이 외적으로 나타나게 될 때 의리정신이 발휘된다고 보아야 한다. 그러므로 忠恕가 이원적 일원화 될 때 仁者로서 바람직한 전인적인 인물이 된다는 것이다. 주자는 맹자의 梁惠王章에서 仁은 '心의 德'으로 '愛의 理'라 하였고, 義는 '心의 制', '事의 宜'라 해석하였다. 仁은 마음의 德을 갖추고 사랑의 조화를 이루고 있음을 말하기 때문에 明德과 같은 개념으로 볼 수 있다.[52)] 이 같은 '心之德'을 갖춘 위정자가 백성에게 施政하는 것을 仁政이라 볼 수 있다. 공자는 正名思想에 입각한 덕치주의를 실현할 수 있는 바람직한 가치관을 갖춘 위정자를 內聖外王으로 보고, 가장 이상적 인물로는 꼭 요순을 들고 있다. 공자가 말씀하

---

49) 上揭書
50) 『論語』「里人篇」
51) 『論語』「里人篇」
52) 沈佑燮 『韓國傳統思想의 理解』 pp.68~69 參照

시길 "舜임금은 큰 지혜이시다. 순임금이 묻기를 좋아하시고 가까운 말을 살피는 것을 좋아하시되 악한 것을 숨기시고 착한 것을 선양하시며 그 두 끝을 잡으시어 그 중간을 백성에게 쓰시었다. 이것이 舜임금이 되신 까닭이다."53)라고 하였으니, 舜임금의 큰 지혜라는 것은 中庸之德을 가지고 民本에 의한 덕치주의를 구현한 분이라는 것이며, 그리고 그 두 끝을 잡으시고 그 중간을 백성에게 쓰시었다는 것은 舜임금이 백성에게 中庸之道를 시행했음을 시사한 말이다. 또 공자께서 말씀하시기를

"舜이야말로 大孝였다! 德으로는 聖人이 되었고 존귀함으로는 천자가 되었고 富로는 천하를 가져 宗廟飮饗職하고, 자손이 보존했다."54)

라고 했으니, 舜은 大知였고 大孝였고 大德을 갖춘 聖王이기 때문에 지위와 녹과 명성을 천하에 얻게 되었다는 것이다. 그리고 공자는 文武의 덕치주의를 찬양하여 말씀하시기를

"文武의 정사가 서책에 기록되어 있으니 그 사람이 있으면 그 정사가 잘되어 가고 그 사람이 없으면 그 정사가 잘 되지 않는다."55)

라고 하였으니 人道에 입각한 위정자의 가치관 정립이 덕치주의의 실현에 얼마나 중요한 역할을 한다는 것을 나타내고 있는 것이다.

또 공자께서 말씀하시기를 "배우기를 좋아하는 것은 지혜에 가깝고, 힘써 행하는 것은 어짊에 가깝고, 부끄러움을 아는 것은 용맹에 가까운

---

53) 『中庸』 第6章
54) 『中庸』 第17章 "子曰舜其大孝也與 德爲聖人 尊爲天子 家有四海之內 宗廟饗之 子孫保之"
55) 『中庸』 第20章 "子曰文武之政 布在方第 其人存則其政擧 其人亡則政息"

것이다."56)라고 하면서 "이 세 가지를 알면 자기의 덕을 닦을 줄 알고 자기의 덕을 닦을 줄 알면 사람을 다스릴 줄 알고 사람을 다스릴 줄 알면 천하와 국가를 다스릴 줄을 알 것이다."57)라고 하여 위정자가 修身함으로서 虛靈不昧하고 眞實無妄한 天道의 경지에 도달해서 聖人의 明德을 갖추게 될 때 治人이 가능하며 천하와 국가를 다스릴 수 있다는 것이다. 중용 20장에 천하와 국가를 다스리는 아홉가지 常道(九經)를 말하고 있으니,

"자기의 덕을 닦음과 어진 사람을 높일 것과 어버이를 어버이로 만드는 것과 대신을 공경하는 것과 모든 신하를 체찰하는 것과 서민을 아들처럼 사랑하는 것과 百姓을 오게 하는 것과 먼 도사람을 부드럽게 하는 것과 제후들을 따르게 하는 것이다."58)

라고 하였다. 또 九經의 功效를 말하기를 「몸을 닦으면 道가 확립되고 賢者는 존경하면 理에 의혹되지 않고, 친족을 친애하면 諸父·兄弟가 원망하지 않게 되고, 大臣을 공경하게 되면 眩迷하게 되지 않고, 군신을 자기 몸 돌보듯이 하면 그들의 報禮가 무겁게 되고 庶民을 자식처럼 사랑하면 백성들이 받들어 모시기를 힘써 하게 되고, 백공을 와서 모이게 하면 財用이 풍족하게 되고, 遠方도사람에게 寬柔히 하면 四方이 귀순해 오게 되고, 제후를 포용하면 천하가 畏服하게 된다」59)고 했다. 이

---

56) 『中庸』第20章 "子曰 好學近乎知 力行近乎仁 知恥近乎勇"
57) 『中庸』第20章 "知斯三者則 知所以修身 知所以修身則知所以治人 知所以治人則知所以天下國家"
58) 『中庸』第20章 "曰修身也 尊貴也 親之也 敬大臣也 體群臣也 子庶民也 來百工也 柔遠人也 懷諸候也"
59) 『中庸』第20章 "修身則道立 尊貴則不惑 親親則諸父昆第不怨 敬大臣則不眩 體群臣則士之報禮重 子庶民 則百姓勸 來百工財用足 柔遠人則四方歸之 懷諸候則天下

렇게 아홉가지 정치의 道를 말하고 다시 이를 시행하는 所以로서는 誠 하나로 귀착시키면서 誠身을 말하고, 誠身의 방법으로 明善을 말한다.

여기서 말하는 明善은 格物・致知에 해당하고 誠身은 誠意・正心에 해당한다고 할 수 있다.60) 誠은 自成으로 無息이다. 그러므로 誠은 物의 終始가 된다. 이에 군자는 자기자신을 誠으로 해야 하는 것이 誠身이다. 그러므로 「군자의 誠은 스스로 자기를 이룰 뿐만 아니라 物을 이루는 것이다. 또 成己는 仁이요 成物은 知이니, 仁과 知를 모두 性의 德이라 한다.」61) 仁은 成己 즉 수신의 功效요 知는 成物 즉 治人의 功效를 말하는 것이며, 成己는 內요 成物은 外이다. 그러나 仁, 知는 모두 誠之德으로 天命之誠이다. 誠之德은 合內外의 道라 한 것이다.

이와 같이 위정자 자신이 誠身하기 위하여 誠之하고 又誠之하여 天道의 경지에 이르게 되면 成己로서 明德과 가치관이 확립되어 物로서 治人의 功效가 발휘될 수 있다는 것이다. 그러므로 治道로서 九經의 功效도 바로 위정자의 내면적 성실 즉 明德에 歸一한다고 볼 수 있다.

그러면 동양의 聖人으로 민중의 전범이 되었던 공자의 道는 如何한가? 중용 제30장에 말하기를

"仲尼(孔子)는 堯임금과 舜임금을 祖宗으로 이어받고, 文王과 武王의 법도를 밝히었으며 위로는 하늘의 때(天時)를 法으로 하고, 아래로는 물과 흙의 이치를 좇았다. 비유하면, 마치 하늘과 땅이 잡아 주고, 실어 주고 하지 않음이 없는 것과 같다. 또 비유컨대 마치 사철이 엇바뀜과 같고 해와 달이 교대로 밝은 것과 같다."62)

畏之"
60) 『中庸』 第20章 "反諸身不誠 不順乎親矣 誠身有道 不明乎善 不誠乎身矣" 參照
61) 『中庸』 第25章
62) 『中庸』 第30章 "中尼祖述堯舜 憲章文武 上律天時 下襲水土 辟如四時之錯行如日

하였으니, 이 말은 공자가 聖人의 道를 讚한 말이다. 공자는 堯・舜임금의 德을 계승하였고, 文王과 武王의 道를 지킨 분이다. 이와 같이 공자의 德은 유가자체의 道統을 계승하고 중용의 道를 지켜 나간 것이다. 그러므로 공자의 道는 마치「하늘과 땅이 서로 잡아주고 실어주며 감싸주지 않음이 없다.」고 하였으니, 이러한 자연의 섭리처럼 오묘한 점이 있으며 또 "사철이 질서 있게 바뀌어지고, 해와 달이 밤낮을 바꿔가며 세상을 비치는 天道와 같은 道이기도 하다. 그래서 공자와 같은 위대한 聖人의 德化를 설명하기를,

> "오직 천하의 至聖이고서야 총명・예지로써 넉넉히 下民에게 군림할 수 있으니, 그 너그럽고 부드러움은 포용함에 충족하고, 힘차고 굳셈은 모든 일을 수행함에 충족하고 그 齊莊中正은 공경함에 충족하고, 文理・密察이 변별함에 충족하다. 그러므로 보편광대하며 유정심원함은 때로 드러나며 薄博함은 하늘같고, 淵泉은 심연과 같다. 그래서 백성들이 공경하지 않는 이 없고, 말하면 백성들이 믿지 않는 이 없으며, 행하면 백성들이 기뻐하지 않는 이 없다."[63]

하였으니, 이것은 成人의 至德과 至道가 이원적 일원화됨을 설명한 것인데 총명, 예지는 聖人의 至德을 統言한 것이고, 寬裕溫柔는 仁의 德이요, 發强剛顔은 義의 德이며 祭莊中正은 禮의 德이요, 文理密察함은 智의 德이다.[64] 이러한 四德인 仁義禮智가 聖人에게 갖추어진 것을 하늘의 薄博과 淵泉으로 형용하고 있다. 공자는 이와 같은 明德을 지닌

月之代明"
[63] 『中庸』第31章 "唯天下至聖 爲能聰明睿知 足以有臨也 寬裕溫柔 足以有容也 發强剛顔 足以有執也 齊莊中正 足以有敬也 文理密察足以有別也 薄博如天 淵泉如淵 見而民莫不敬 言而莫不信 行而民莫不說"
[64] 上同, 朱子註釋 참조.

위정자의 治道와 仁政을 요청하고 있는 것이다.

그러므로 위정자는 民本 德本主義에 입각한 中庸之治를 감행함으로써 덕치주의는 문화주의와 일치됨을 볼 수 있고, 따라서 각 자기본분을 지키는 사회가 구현되므로 공자가 설파한 「君君·臣臣·父父·子子」의 질서와 원융이 일체로 된 正名世界가 이루어질 것이며, 각자의 忠恕의 道가 發露되어 천하가 歸仁하는 이상세계가 이루어질 것이다.

V. 結 論

1. 이상으로 공자의 정치철학사상은 다음과 같이 요약될 수 있다.

(1) 공자의 정치사상의 배경에서는 唐虞三代의 정치사상을 배경으로 하여 공자의 정치사상이 배태되었고 따라서 유가의 정치사상도 구축되었음을 알 수 있었고, 특히 孔孟의 王道主義思想이나 德治主義思想은 禹임금 시대의 洪範九疇思想에 영향된 것이라 할 수 있다.

(2) 공자의 정치사상의 구조로는 정명사상, 덕치주의, 경제정책으로 나누어 논술하였는데 정명사상에서는 위정자 자신의 정명 즉 자기의 개념을 바르게 하는 것이 治國의 선행요소임을 시사하였다. 그리고 덕치주의에서는 위정자가 인도정신에 입각한 자기 가치관이 정립된 연후에 施政할 때 덕치주의가 구현될 수 있음을 고찰했고 그리고 경제정책에 있어서 재화의 均霑主義는 德化主義를 基根으로 한 재화의 均霑을 말하였던 것이다.

(3) 공자의 정치사상의 구현에서는 위대한 聖人의 德化를 설명하고 있는데 聖人의 至德과 王道가 이원적 일원화되어 그의 明德이 발휘될 때 정명세계가 이루어지고, 德本에 입각한 中庸之治가 구현될 수 있음을 시사한 것이다.

요컨대 공자의 정치사상을 總觀해 볼 때 모두가 王道에 입각한 덕과 예를 治國의 주체로 삼았고, 政(제도)를 治國의 用으로 한 덕치주의에 입각한 정치철학사상임을 알 수 있었다.

2. 생각건대 현대에 살고 있는 우리는 고래로부터 전수되어 온 전통사상이 현실에 맞지 않은 고루한 사상이라고 일축하는 경우를 종종 발견한다. 특히 물질만능 숭금주의로 흘러 인간성경시, 인간소외의 풍조가 만연되고 있는 것이 오늘날의 실정이다. 이에 如何히 하여야만 민본과 덕본에 입각한 전통사상을 확립해 바람직한 인간성을 회복하고 인간가치관을 정립하느냐 하는 것이 중차대한 것이다.

돌이켜 보건대 8.15 해방과 독립은 우리 사회에 여러 가지 어려운 문제를 안겨 주었다. 그 당시의 사회는 서구로부터 유입해 들어온 민주주의가 저절로 이루어지는 것으로 착각하였고, 민주주의의 확립이란 이 어려운 문제해결을 너무 쉽게 생각하였다. 그 당시 국가적으로나 사회적으로 안녕 질서 회복에 총력을 기울이지 못하는 실정이었고, 국민각자가 공익보다 사익을 채우는데 급급한 경향을 보였던 것이다. 이와 같이 가치관이 흔들리는 정치풍토 속에서 신생국으로서의 순조로운 사회질서를 회복하기란 어려운 실정인 것이다.

특히 정치적·경제적 혼란은 인간가치관을 더욱 혼란에 빠지게 하였다. 그리고 6.25동란 이후 불안한 사회였다는 사실과 70년대 이후 급격한 경제성장으로 인한 물질문명의 발달로 배금사상, 물질위주의 가치에 치중함에 따라 인격적 가치 즉 사회의 윤리관이 흩어지기 시작한 것이다.[65]

이와 같이 인간가치의 혼란으로 윤리 도덕은 땅에 떨어지게 되고 세상인심은 위태로워져 갔던 것이다. 이에 대해 물질위주의 사회에서 인간 가치관 회복을 위한 윤리교육을 실시하였으나, 기대할 만한 성과를 거두지 못한 것이 사실이다. 그와 같은 현상은 물질 및 실리 지상주의가 인간성 회복의 문제보다 위에 있기 때문이다. 물질주의를 신봉하는 이들은 고래로부터 전해온 民本·德本 주의사상은 낡은 잔재로 생각할 뿐 아니라 도덕적 가치관까지도 부정하려 한다. 고전에 「德은 本이요 財는 末이라」하였는데 현대는 가치관이 바뀌어 '財는 本이요 德은 末이라'하는 것이 오늘날 우리의 실정이다. 대학에 '本을 外로 하고 末을 內로 하면 백성들이 다투어 서로 약탈한다'고 하였는데, 이것이 우리 사회현상이라 볼 수 있다.

그래서 本末이 전도된 현실 속에서 정치적으로는 사회 통합의 이념을 상실한 채 파행적인 민주화를 외치고 있는 사회, 경제적으로는 물질주의로 인한 황금만능주의만이 만연되고 있는 사회, 문화적으로는 무조건 외래문화의 수용만을 제일로 아는 사회, 교육적으로는 바람직한 전인교육을 저버리고 지식교육에만 치닫고 있는 사회, 이 같은 소용돌이 치고 있는 사회의 질서를 확립하고 바람직한 인간가치관을 정립하기 위해서는 고래로부터 내려온 전통윤리에 입각한 인간가치관에 대한 교육이 절실히 요청된다고 본다.

---

65) 沈佑燮 『韓國傳統思想의 理解』p.175 參照.

이에 공자는 인간의 내면적 성실성의 환원을 위한 가치관에 대한 敎育으로서「爲己之學」을 제시하고 있다. 이 말은 자기 자신의 내면적 성실과 虛靈不昧한 明德을 인간의 주체로 가질 때 바람직한 가치관이 정립될 수 있음을 의미한다.

　그리고 또한 오늘날 현대사회는 두드러지게 나타나고 있는 기계화의 현상과 조직의 다양화 현상속에서 과학문명의 발달로 기계와 물질은 얻었으나 인간소외 현상으로 인간가치관을 상실하게 되었다. 이로 인해 상호간에 불신풍조가 만연되고 있는 것이다. 이 같은 시점에 공자의 仁思想에 의한 民本이나 덕치주의사상은 이를 해결 할 수 있는 촉진제 역할을 할 수 있으리라 믿는다.

　더욱이 오늘날 민주화의 물결이 몰아치고 있는 현실에서 위정자 자신들이 虛靈不昧하고 思無邪하며 眞實無妄한 明德을 갖추고 난 연후에 민본주의에 입각한 施政을 할 때 백성들로부터 자연적으로 신뢰성을 얻을 수 있고 또한 참신한 민주화가 실현될 수 있으리라 믿는다. 그와 같은 참신한 정치풍토가 구현될 때 위정자와 백성 상호간에 主義主張이 일관되어 안전한 민주화가 토착 되어 禮記에서 말하는 살기 좋은 大同社會가 이룩될 수 있으리라 믿는다.

　그러므로 오늘날의 민주주의도 고래로부터 내려오던 공자의 民本, 德本主義思想을 뿌리와 줄기로 하고 서구로부터 유입된 민주주의사상을 가지고 접목 접목을 붙여서 잘 조화된 민주화가 조성될 때 참다운 민주주의가 정착할 수 있으리라 믿는다.

8. 孔子의 敎學精神

Ⅰ. 序論

　孔子는 중국의 春秋時代 末葉에 출생하였다. 이 시기에는 十二諸侯國이 각축을 하던 혼란한 시기였다. 그 후 戰國時代에 이르러서는[1] 七個國[2]만이 존립 하다가 秦이 六國을 통일하였다. 공자가 출생한 시기는 춘추말기로서 전국시대로 전환될 무렵이었다. 이때에는 윤리, 도덕이 땅에 떨어져 대단히 혼란한 시기였다. 이와 같은 사회가 혼란한 상황을 목격한 공자는 정치에 있어서는 德治主義를 주장하였으며 윤리적 측면에서는 가정윤리를 주장하였다. 그 다음으로 인간 가치관 문제로는 교학사상을 주장하였다. 개인의 수양으로 도덕적 인간이 되도록 仁義禮智의 天理를 갖춘 明德의 인격을 길러 바람직한 인물이 되기를 바랐던 것이다.
　그러나 공자의 교학사상은 道家諸流의 자연주의도 아니요, 墨家의 공리주의도 아닌 성실성과 항구성을 지닌 인간가치관에 관한 학문이며,

---
[1] 魯, 齊, 晋, 秦, 楚, 宗, 衛, 陳, 蔡, 曹, 鄭, 燕의 十二國
[2] 秦, 楚, 燕, 齊, 趙, 魏, 韓의 七個國

동시에 그의 사상은 인간을 중심으로 파헤친 인생철학이다. 그런데 공자의 教學사상 중 가장 핵심이 되는 仁사상은 자기를 완성할 뿐만 아니라 他의 완성까지도 가능케 할 수 있는 능력이 있다고 본다. 그러므로 공자께서는 인간행위로서 도덕실천의 최고목표로 삼은 것이다. 공자의 수학과 수신의 절차는 '下學而上達'이다. 평범한데 부터 시작하여 誠之又誠之 해서 聖人의 경지에 달성함이 곧 이것이라 하겠다. 『論語』爲政篇에 공자가 自敍하기를

> "내가 15세에 학문에 뜻을 두었고, 30세에 사회적으로 立志할 수 있었고, 40세에 어떠한 유혹에도 빠지지 않았고, 50세에 天命을 알 단계에 이르렀고, 60세에 어떤 사물의 이치를 잘 이해할 수 있었고, 70세에 자기가 하고자 하는 바를 행하되 법규에 어긋남이 없이 절도에 맞아 나갔다."3)

라고 한 것이 바로 '下學而上達'의 수양방법이다.

이것은 평범한 인간 공자가 현실에 입각한 이상주의 추구의 단면을 보여준 것이라 본다.

공자의 학문적 태도에서 인생철학의 일면을 찾아보면,

> "집에 들어가서는 효도하고 나가서는 웃어른을 공경하고, 모든 하는 일은 삼가며 믿음을 가지게 하고 널리 무리를 사랑하되 어진 사람을 더 친하게 하고 나서 남은 여력이 있으면 학문을 하라"4)

하였다. 學文을 나중에 하라는 것이 아니라 孝弟와 같은 인간된 바탕

---

3) 『論語』爲政篇. "吾十有五而志于學 三十而立 四十而不惑 五十而知天命 六十而耳順 七十而從心所欲不踰矩."
4) 『論語』學而篇 "入則孝 出則弟 謹而信 汎愛衆而親仁 行有餘力則以學文"

위에 지식의 조화를 요청하고 있다고 보아야 한다.

또 季路가 귀신을 섬기는 일을 물었을 때 "사람 섬길줄도 모르면서 어찌 귀신을 섬길 수 있겠느냐"[5]라 하였고 또 死의 문제를 물었을 때 "生도 잘 모르면서 어찌 死를 알려고 하느냐"[6]라 하였다. 이와 같은 것으로 추론하건대 공자는 高遠한 현실 초월 세계를 추구한 것이 아니고 평생을 통해 끊임없이 수학과 수신으로 평범한 진리를 탐구하는 것을 과업으로 삼았을 뿐만 아니라 부단히 몸소 실천에 옮긴 자였음을 알 수 있다.

『中庸』 20章에,

"진실하고 망령됨이 없게 하는 것이 하늘의 도요 진실하고 망령됨이 없게 노력하려 하는 것을 人道라"[7]

했다. 여기서 인간 공자가 誠之 又誠之하여 인간의 道를 닦은 연후에 誠者 곧 天道에 돌입할 수 있는 경지를 표현한 것이다. 바로 이 경지가 공자의 '下學而上達'으로 '從心所欲不踰矩'의 경지이며 天道는 人道를 요청하고 人道는 天道를 요청하게 된다. 이것으로서 우리는 공자의 천인합일의 사상을 엿볼 수 있으며 바람직한 인간 가치관을 갖춘 聖人의 모습을 찾아볼 수 있다.

생각건대 공자는 교육철학의 본질을 바람직한 가치관 형성에 두었다고 볼 수 있다. 敎育 철학은 인간을 인간답게 기른다는 교육의 근본목표를 포괄하고 있는 것이다. 사람의 최고 의무란 인간답게 된다는데 있는

---

5) 上揭書 先進篇 "未能事人 焉能事鬼"
6) 上揭書 先進篇 "未知生 焉知死"
7) 『中庸』 20章 "誠者 天之道也 誠之者 人之道也"

것이다. 지덕을 겸비한 사람다운 사람이 된다는 것이다. 따라서 교육의 최고 과제는 무엇보다도 사람다운 사람으로 자라는 청소년의 인성과 품성을 올바른 방향으로 이끌어주고 또 이루게 하는 것이 교육자의 본연의 과제라 본다. 우리는 흔히 현대 교육의 위기를 표현하는 말로 '교실 붕괴'니 '학교 붕괴'니 하는 말을 하고 있다. 그것은 교육의 본령인 진리 탐구와 인격도야를 하여 바람직한 전인교육을 제대로 하지 못하는 데서 나오는 말이다. 교육의 근본 목적인 지덕을 겸비한 인간다운 인간을 위한 교육을 해결하기 위해 공자의 교육철학사상이 필요한 것이다.

　本論에서는 공자의 교육철학의 본질인 仁 사상과 明德을 구명함으로써 교육의 목적을 알아보고 이와 같은 교육목적을 달성하기 위해 교육자료와 내용과 방법론을 구명함으로써 현대인성교육의 미숙한 점을 보완하고 강조하여 공자의 교육철학사상의 현대적 의미를 찾아보고자 한다.

Ⅱ. 本體論

1. 敎育의 本源

우리는 「孔子」, 「釋迦」, 「예수」 그리고 「소크라테스」를 大聖人이라 한다. 특히 동양사회에서 유학의 교육사상은 오랜 역사를 통하여 모든 사회제도와 학술문화 그리고 인간정신에 있어서의 도덕의식과 가치관 형성에 크게 이바지해 온 것이 사실이지만 모두 공자의 敎學精神을 기본으로 하고 있다.

공자는 堯舜 이래로 周代에 이르기까지 고대 중국의 전통 교학정신을 집대성하였으며, 그 교학사상으로 後代 학술사상의 발전에 기여했다는 말로 주자는 中庸 章句序에서 '繼往聖 開來學'이란 말에서 찾아볼 수 있다. 또 교학사상의 근저로는 『論語』 陽貨篇에 있는 '性相近 習相遠'에서 찾아볼 수 있다. 이것은 인간이 태어날 때 본성은 대개 비슷하나 서로의 환경과 각자의 습성에 따라 善人과 惡人으로 나누어지는 것이며, 좋은 것을 배우면 훌륭하고 착한 사람이 되나, 악한 습관에 젖어지면 악한 사람이 된다는 것이다.

孔子께서 말씀하시기를

"사람이 날 때부터 성질이 곧은 것이니 이것을 굽히고 사는 것은 요행으로 화를 면하는 것이다"[8]

라고 하였으니 인간이 태어날 때부터 부여받은 인성은 純一無雜하고 眞實無妄하며 생각 속에 사악함이 전혀 섞여 있지 않는데, 종종 부정직한 행세로 인생을 살아가는 것은 인생의 우연이며 요행의 삶이라는 것이다. 따라서 부정직한 태도로 인생을 요행히 살아가는 것이 인생의 正道가 아님을 강조하는 동시에 氣質의 性 중에서 濁氣, 薄氣, 偏氣는 교화에 의하여 淸氣, 厚氣, 正氣로 회복할 수 있음을 말한 것이다.

또 공자께서는 "사람이 진리(道)를 넓히는 것이지 진리가 사람을 넓히는 것은 아니다"[9]라고 하였다.

진리를 넓히는 주체가 인간임을 밝히고 있는 것으로 진리를 넓혀 가는 것은 인간의 교육과 수양 노력에 따라서 훌륭한 인물 즉 전인적 인물

---

8) 『論語』 雍也篇 "子曰 人之生也 直 罔之生也 幸而免"
9) 上揭書, 衛靈公篇 "人能弘道 非道弘人"

이 될 수 있음을 밝힌 것이다. 그리고 공자께서는 "교육에는 類가 따로 없는 것이다."[10]라 하였다. 사람의 本質의 性과 능력은 비슷하여 후천적인 교학이나 수양에 따라 현훌륭과 우매함으로 나누어지는데 인간이면 모두 교육을 받아서 훌륭한 인물이 될 수 있는 가능성을 가지고 있음을 나타낸 것이라 하겠다.

2. 敎學精神으로서의 仁

공자의 보편적 원리이며 인간 실천적 원리인 仁의 내용에 대해서 고찰해 보기로 한다.

漢의 許愼 "從人從二"라 하였고, 淸의 段王裁는 "從人二"라 하였다. 이것은 인간이 社會 생활하는데 있어서 자기 혼자 존재할 수 없으며, 사회적 유대 속에서 상호부조 하여야 한다는 뜻을 내포하고 있는 것이다. 그래서『中庸』에서는 '仁者人也'라 하였고 맹자는 '仁也者人也'라 하였으니 仁은 人, 다시 말하면 仁은 인간 자체의 성실성 있는 가치관을 가르키는 것이다. 仁을 이해하려면 먼저 인간을 이해해야 한다는 뜻을 지니고 있다. 그래서 仁道는 곧 人道로서 常通되므로 인간의 본질을 통해서 仁의 가치관을 찾아볼 수 있다는 것이다. 그러나 공자는 仁思想에 대해서 뚜렷한 정의는 밝히지 않고 제자들의 물음에 대하여 때와 장소에 따라 그리고 인물에 따라 각각 그 답이 相違하였다.

"樊遲가 仁을 묻자 공자께서 사람을 사랑하는 것이다"[11]하였고, "仲弓이 仁을 묻자 공자께서 말씀하셨다. 문을 나갈 때에는 큰 손님을 뵈온

---

10) 上揭書 衛靈公篇 "有敎無類"
11) 『論語』 顏淵 "樊遲問仁 子曰 愛人"

듯이 하며, 백성에게 일을 시킬 때에는 큰 제사를 받들 듯이 하고 자신이 하고자 하지 않는 것을 남에게 베풀지 말아야 하니 이렇게 하면 나라에 있어서도 원망함이 없으며 집안에 있어서도 원망함이 없을 것이다."12)라고 하였고, 또 "顔淵이 仁을 묻자 공자께서 말씀하시기를 자기의 私欲을 이겨 예로 돌아감이 仁을 하는 것이니, 하루 동안이라도 私欲을 이겨 예에 돌아가면 천하가 仁으로 돌아가는 것이다. 仁을 하는 것은 자기로 말미암는 것이지 다른 사람으로 말미암겠는가?"13)라고 하였고, "말을 교묘하게 하고 모양을 아름답게 하는 자 가운데 仁한 자가 적다."14)라고 하였다. 또 "군자는 仁을 버리면 군자라는 이름을 이룰 수 없다. 군자는 一飯의 사이라도 仁을 어기지 않고 造次에도 반드시 仁에 居하며 顚沛에도 반드시 仁에 居한다."15) 等이 그 예라 하겠다.

이것은 인간의 일용생활에서 仁이 不可離의 관계에 작용하고 있음을 시사한 것이다. 그러면 인간의 대타적 관계로서는 如何한가?

"仁者는 자기가 서고자 하면 남을 먼저 서게 하고, 자기가 통달하고자 하면 남을 먼저 통달하게 한다. 자기의 마음을 미루어 남의 마음을 헤아리는 것이 仁을 행하는 방법이다."16)라 한 것과 "仲弓이 仁을 물으니 孔子는 門을 나섬에 大賓을 보는 것과 같이 하고 百姓을 부리기를 大祭를 받드는 것과 같이 하고 자기가 싫어하는 일은 남에게 시키지 말라."17)고 하였다. 이것은 인간의 내면적 충실성인 忠과 인류애로 지향하

---

12) 『論語』 顔淵 "仲弓問仁 子曰 出門如見大賓 使民如承大祭 己所不欲 勿施於人 在邦無怨 在家無怨"
13) 上揭書 "顔淵問仁 子曰 克己復禮爲仁 一日克己復禮 天下歸仁焉 爲仁由己 而由人乎哉"
14) 上揭書 學而篇 "子曰 巧言令色 鮮矣仁"
15) 上揭書 里仁篇 "君子 去仁 惡乎成名 君子無終食之間違仁 造次必於是 顚沛必於是"
16) 上揭書 雍也篇 "夫仁者 己欲立而立人 己欲達而達人 能近取譬 可謂仁之方也"

는 慈悲, 博愛精神인 恕로서 仁思想을 구현한 것이라고 볼 수 있다.

그런데 공자의 仁에 대한 제자들의 물음에 대한 답이 다양하다고 하여 이론적 체계가 없다고 할 것인가? 다음에서 체계화됨을 찾아볼 수 있다.

"공자가 門人 曾參과 子貢에게 '내 道는 一로써 貫하였다'고 하였는데 曾參은 선생의 道는 忠恕뿐이니라."18)라 하였으니, 공자의 학문의 이론적 체계는 '一貫之道'에서 그 체계화를 엿볼 수 있다. 그래서 曾子가 '一貫之道'를 忠恕로 해석하였는데 내면적 진실인 忠과 외적 객체인 恕는 두개의 개념으로 보는 학자도 있겠지만 필자는 二元論이면서 一元的인 관계로서 不離不可分 관계인 것이다.

환언하면 忠은 內, 恕를 外로 보아 내와 외의 문제가 일치하는 근거는 誠으로 일관할 수 있다고 봄으로써 내와 외의 문제가 誠이 아니고는 합일할 수 없다는 것이다. 그래서 『中庸』25장에 '誠者는 內外를 합하는 道라'고 한 것이다. 여기서 인식의 주체와 객체가 내와 외의 문제로서 인간 존재 문제로 전환하였다고 볼 수 있다. 그러므로 仁은 나의 주체로서 근본이 되는 동시에 자기 본성을 잃어버리지 않고 자신을 망각하지 않는 나의 본질로서 하늘의 본성이라 할 수 있다.

이와 같이 자기의 주체성이 誠實無妄하게 되고 思無邪의 경지에 돌입하였을 때 완전한 자기가 推己及人 되어 객체로서의 仁에 접근된다고 하겠다. 즉 成己로서 成物의 일치점은 仁에서 이루어진다고 하겠다. 그러므로 仁은 인간의 주체의식으로서 心之德이며, 인간의 本然之性으

---

17) 註12와 같음
18) 『論語』里仁篇 "子曰 吾道一以貫之 曾子曰 唯 子出 門人問曰何謂也 曾子曰 夫子之道 忠恕而已矣"

로서 인간가치관을 이룩하고 있기 때문에 인간과 잠시도 떠날 수 없음을 강조하였다.

"仁은 사람에게 물과 불보다 더 소중하다. 물과 불은 밟아서 죽는 자는 보았거니와 仁을 실천하다가 죽은 자는 보지 못하였다."19)고 하였다. 이와 같이 仁의 범주 속에 생활하는 "仁人이나 志士는 살기 위해 仁을 해치는 일이 없고 몸을 죽여서라도 仁을 이룩한다."20) 고 공자께서 시사했다. 누구나 잘 살기를 원하고 죽기를 싫어하는 것이 보통 인간의 생각인데 志士, 仁人은 생사를 초월하여 仁에 뜻을 두고 참된 인간의 도리를 지켜나가고 있음을 말하고 있는 것이다. 그러면 如何히 하여야만 仁者가 될 수 있을까 하는 문제가 제시된다.

"子張이 仁을 물으니 공자께서는 恭, 寬, 信, 敏, 惠의 다섯을 行하면 仁者가 될 수 있다고 말한 바 있다. 즉 공경하면 羞侮를 받지 않을 것이며, 너그러움으로 하면 많은 사람을 얻을 수 있을 것이며, 믿음이 있으면 사람들이 맡길 것이며 은혜를 베풀면 쉽게 사람을 부릴 수 있을 것이라"21)

고 하였으니, 이 다섯 가지 德을 갖추고 행할 수 있으면 仁者가 될 수 있다는 것이다. 仁을 완성한 자를 仁者, 仁人 또는 聖人이라 칭하고 이 仁이 정치에 적용되면 仁政이 되고 仁이 인간 가치관에 적용되면 心之德이 된다. 仁政을 행하는 자를 仁君이라 한다면 인간의 주체인 心之德을 갖춘 자가 남을 교화시킬 수 있고 새롭게 할 수 있는 힘을 갖춘 자를 聖人 또는 전인적 인물, 成人이라고 한다.

---

19) 上揭書 衛靈公篇 "子曰 民之於仁也 甚於水火 水火吾見踏而死者 未見踏仁而死者也"
20) 上揭書 衛靈公篇 "子曰 志士 仁人 無求生以害仁 有殺身以成仁"
21) 上揭書 陽貨篇 "子張問仁於孔子 曰能行五者於天下爲仁矣 請問之曰 恭寬信敏惠 恭則不侮 寬則得衆 信則人住焉 敏則有功 惠則民以使人"

위에서 몇 가지 仁 사상을 고찰해 보았는데 사람의 모든 덕행은 仁에서 發하므로 仁은 인심의 온갖 덕을 총괄하는 것이고 萬善의 근원이 된다. 따라서 仁 자체가 바로 인간의 가치이며, 교화이고 교육이다. 또한 실천 도덕이기에 仁 사상 속에서 공자의 교학정신이 배태되어 있다고 볼 수 있다.

3. 바람직한 敎育

교육이라 할 때 바람직한 인간 즉 이상적 인간상을 기르는 것이 본령이라 한다. 바람직한 인간상을 만들려고 하면 시대적, 지역적 특성을 고려하지 않을 수 없다. 그러나 이상적 인간이란 각양 입장과 차이에도 불구하고 창의성을 발휘할 수 있고 덕성을 갖추고 있는 전인성이 있어야 한다. 지성과 덕성을 겸비하여 사회 환경과 조화를 이룩할 수 있는 전인적 인물을 말하는 것이다.

유학에서는 이와 같은 인물을 군자, 현인, 성인이란 용어를 사용하기도 한다. 그러므로 공자가 지향하는 제자 교육의 목적은 聖人 君子와 같은 인간상을 양성하는데 있다. 다시 말해서 知德을 갖추고 事理에 밝고 萬古의 師表가 될 만한 사람을 가리키며, 학문상으로는 學行과 德行이 병행하면서도 바람직한 인간 가치관을 갖춘 사람을 요청하며, 도덕적으로는 가장 원만한 인격을 가진 자로서 공자와 같이 어떤 규범에 어긋남이 없이 절도에 맞아들어 가는 행동을 하는 聖人을 요청하고 있는 것이다. 공자는 교육의 최종목적을 '仁' 字에 두고 있다. 그래서 사람으로 하여금 성실하고 진실한 심덕을 널리 여러 사람에게 베풀어 나가는 아량을 가진 사람을 보고 仁을 실천하는 길이라고 하였다.

공자는 仁을 도덕의 기준으로 삼았고, 맹자는 仁과 義를 가지고 도덕의 기준으로 삼았다. 결국 仁은 心의 德이며 義는 인간이 걸어가야 할 길이라 하였다. 仁은 보편적 진리로서 常道요, 義는 구체적 행위이다. 또 仁은 교육적 측면에서 인간의 이상적 이념이라면 義는 이념 구현을 위한 실천방법이라 볼 수 있다.

이와 같이 교육사상은 대개 仁義의 사상으로부터 전개되며 또 인간과 仁의 관계, 교육의 이념과 실천은 상호유기적 관계로 연결되며, 모든 인간 행위는 진정한 의미의 도덕적 행위를 요청하는데 이것은 바로 공자의 仁 사상으로 교육적 목적을 삼아야 함을 강조하고 있는 것이다.

또한 仁義는 修身, 齊家, 治國, 平天下의 要道로써 인간의 최고의 목표로 하여 그의 敎化論을 전개하여 왔던 것이다. 유교의 교화론으로 修己治人을 중시하여 治人의 本은 修己이고 修己의 작용은 治人이라 하여 修身의 要諦는 格物, 致知, 誠意, 正心이라 했다. 虛靈不昧하고 仁義禮智와 같은 衆理를 잘 갖춘 明德이 자기에게 확립되어 있을 때 대상인 新民이 가능하다는 것을 大學 三綱領 八條目에서 잘 설명하고 있다.[22]

이와 같은 大學의 道는 유가사상에 있어서 교육철학의 功效性 내지 교화론을 설명하고 있는 것이다. 공자께서는

"君子는 근본에 힘써야 하는 것이니 근본이 서고서 道가 생긴다. 孝弟라고 하는 것은 仁을 실천하는 근본인가 보다"[23]

여기에서 근본은 心之德으로 仁이고 仁의 실천방법이 孝弟라는 것이

---

22) 『大學』三綱領 : 明德 新民 止於至善. 八條目 : 格物 致知 誠意 正心 修身 齊家 治國 平天下
23) 『論語』學而篇 "君子務本 本立而道生 孝弟也者 其爲仁之本與"

다. 仁은 大學의 明德에 상응하는 개념이라면 교육의 근본이념이 仁이라고 볼 수 있다. 교육의 근본이념인 仁이 확립되었을 때 바람직한 인간상이 갖추어져서 가정 윤리인 孝를 충실하게 행 할 수 있고 사회윤리인 弟를 충실하게 행할 수 있는 이상적 인간상이 될 수 있음을 단적으로 시사하고 있다.

유학에서는 인간은 항상 교화적 존재자로 파악하고 있으며, 인간은 활기차게 자기 가치관을 구축하기 위해 교화 발전하고 있다고 본다. 공자는 스스로 말하기를,

> "나는 15세에 배움에 뜻을 두었다. 30세에 自立하였고, 40세에 不惑하였다. 50세에 天命을 알았고 60세에 耳順하였다. 그리고 70세에 마음에 하고자 하는데 행하여도 法度에 넘어가지 않았다."[24]

라고 말하였다. 이는 공자가 전 생애를 통하여 修學 단계를 설명한 것인데 '下學而上達'로서 聖人의 경지에 도달했음을 시사하고 있는 것이다. 즉, '從心所欲不踰矩'의 경지가 바로 聖人의 경지요 成人의 경지이다. 이 경지는 修學으로서의 人道가 天道에 일치되는 천인합일의 경지로서 바로 공자가 가장 바라던 이상적 인간상의 경지다. 그와 같은 인물이 되기 위해서는 끊임없는 수양과 교육이 필요한 것이다. 子路가 成人 즉 바람직한 인물에 대하여 질문했을 때 공자가 대답하기를,

> "藏武仲의 知와 公綽의 不欲과 卞莊子의 勇과 冉求의 藝에 禮樂으로 나타내면 또한 成人이 될 수 있으리라"[25]

---

24) 『論語』 爲政篇 "十有五而志于學 三十而立 四十而不惑 五十而知天命 六十而耳順 七十而從心所欲不踰矩"
25) 上揭書 憲問篇 "子路問成人 子曰 若藏武仲之知 公綽之不欲 卞莊子之勇 冉求之

고 하였다. 이에 대해 朱子는 成人은 全人과 같은 것이라 풀이하면서 다음과 같이 말하였다.

"지혜는 이치를 밝히기에 족하고, 廉潔은 마음 키우기에 족하고, 용기는 힘써 행하기에 족하며, 예로써 매사에 구김 없이 응할 뿐 아니라 예로써 中節하고 樂으로써 和暢하여 안으로는 덕을 이루고 밖으로는 그 모습을 드러나게 함으로써 곧 材를 온전히 하고 덕을 겸비하여 혼연히 어느 한 가지로 선한 것이라 규정할 수 없나니 中正 和樂하여 수연히 偏倚駁雜한 蔽가 없어서 그 인격을 완전히 이루게 되는 것이다."26)

라 하였으니, 여기서 이상적 인간상은 갖추고 있는 文質이 다양하고 전인적인 成人임을 나타내고 있다. 이와 같은 이상적 인간상 즉 전인적 인물이 되기 위해서 끊임없는 수양과 교육이 필요한 것이다. 이와 같은 경지에 도달하기 위한 수양방법으로 '尊德性而道問學', '致中和(中庸)', '存養省察(孟子)', 愼其獨 格物致知 絜矩之道(大學), 一以貫之道 忠恕 (論語) 등을 생각해 볼 수 있다.

이상에서 공자가 주장하는 '仁'의 교학사상은 아마도 부처님의 '慈悲心'과 예수의 '사랑'과 아울러 지구상 인류가 존재하는 한 영원히 없어지지 않을 것이다.

우리는 이런 의미에서 공자의 주된 사상인 仁의 교학정신은 서양의 물질문화와 기계화로 인하여 인간의 常道德을 극도로 저하시키고 있는 현실상에서 더욱 강조하고 싶은 것은 知育 보다 德育의 필요성이다. 德育이란 덕성을 함양하여 바람직한 인간의 가치관을 확립하는 것을 말한다.

藝 文之以禮樂 亦可以爲成人矣"
26) 『論語』憲問篇 朱子註釋 "成人猶全人 則知足以窮理 廉足以養心 勇足以力行 禮足以泛應而又節之以禮 和之以樂 粹然無復其爲人也 亦成矣然"

즉 도덕교육의 준말로 도덕적 인간 가치관을 함양하고 도덕의식을 넓혀 가는 교육이다. 즉 인간이 인간답게 자기의 개념을 다해가는 正名 교육관을 뜻한다. 곧 인간교육이다.

특히 공자의 유학사상에 입각한 인간교육은 被教育者들에게 인간의 본성인 心之德으로서의 仁心을 찾아내고 仁을 통하여 인간의 가치관을 찾도록 설파하고 있는 것이다. 그러면 공자가 지향하는 교육의 최고목적인 聖人 즉 전인적 인물이 되기 위한 교육의 내용과 방법론을 다음에서 알아보기로 한다.

Ⅲ. 實踐論

1. 敎育內容

공자는 夏殷周 三代의 전통문화를 자신의 입장에서 재정리하고 집대성한 聖人이다. "공자 자신이 자기는 성현의 말을 본받아 서술한 자일 뿐이지 창작자는 아니다."[27]라 하고 스스로 著作하지 않았다고 하였다. 이와 같이 고래로부터 내려온 전통문화를 소중히 여겼음을 찾아볼 수 있다. 그러므로 공자는 여러 대의 전통문화를 소중히 여겼지만 자기의 입장에서 새롭게 그 시대에 알맞게끔 선택하였다. 이를테면 顏淵이 나라 다스림에 대한 물음에 공자가 대답하기를

"夏의 曆法을 쓰며 殷의 수레를 타며, 周의 면류관을 쓰며, 음악은 韶

---

27) 『論語』 述而篇 "子曰述而不作 信而好古"

舞를 할 것이요, 鄭나라의 노래를 내치며, 아첨하는 사람을 멀리할지니 鄭聲은 淫亂하고 아첨하는 사람은 위태하니라."28)

고 대답하였다. 전통적 문화를 그대로 받아들인 것이 아니라 時中의 道를 잘 이용하고 있음을 찾아볼 수 있다. 유학의 諸經典도 여러 대로부터 내려오던 것을 筆刪하고 贊述하여 그 당시 교육 敎材로 사용했던 것이다.

이제 공자이전에 교육내용을 알아보고 공자 당시에서 교수한 교육내용을 살펴보기로 한다.

중국 고대에 있어서 교육제도는 周에 이르러 가장 완성되었고 그것은 周公에 의하여 기초가 이루어졌던 것이다. 周代에는 大司徒가 鄕三物로써 萬民을 가르쳤으며 그 가운데 賢能한 자를 천거하여 쓰이도록 하였다는 記錄이 나와 있다.29)

교육의 내용 三物이란 六德, 六行, 六藝를 말한다. 그 내용은 다음과 같다.

① 六德 : 知(是非를 분별함)
　　　　　仁(私欲이 없음)
　　　　　聖(통달치 못함이 없음)
　　　　　義(결단하고 제어함)
　　　　　忠(자기의 誠意와 능력을 다함)
　　　　　和(乖戾가 없음. 즉 조화, 친화)
② 六行 : 孝(부모를 잘 섬김)
　　　　　友(형제간에 우애함)

---

28) 上揭書 衛靈公篇 "子曰 行夏之時 乘殷之輅 服周之冕 樂則韶舞 放鄭聲 遠佞人 鄭聲淫 佞人殆"
29) 『禮記』 周禮 大司徒之職 "周禮 大司徒 以鄕三物 敎萬民而賓興之"

　　　　　睦(九族과 친함)
　　　　　姻(外親과 친함)
　　　　　任(朋友間에 信함)
　　　　　恤(어렵고 가난한 사람을 賑恤함)
　③ 六藝 : 禮(吉禮, 凶禮, 賓禮, 軍禮, 嘉禮)
　　　　　樂(雲門, 濤池, 大韶, 大夏, 大濩, 大武)
　　　　　射(白矢, 參連, 剡注, 襄尺, 井儀)
　　　　　御(鳴和斷, 逐水曲, 過君表, 武交遠, 逐禽左)
　　　　　書(象形, 會議, 轉注, 處事, 假借, 諧聲)
　　　　　數(方田, 栗布, 襄分, 小廣, 商功, 均輸, 盈朒, 方程, 句股)30)

　위와 같이 周代의 鄕三物은 그 당시 주요 교육과정이라 할 수 있다. 禮記 王制篇에 교관인 樂正이 四術을 높이고 四敎를 세워서 先王의 詩, 書, 禮, 樂을 좇아서 선비를 만들었는데 春秋에는 禮와 樂을 가르치고 冬夏에는 詩와 書를 가르쳤다고 기록하였다.31)

　공자는 제자들을 敎授하는 자료의 내용들 중에서는 자료내용을 많이 참작하였음을 찾아 볼 수 있다. 이를테면 공자의 교육교과는 四敎인 文, 行, 忠, 信과 六禮이다.32) 六禮는 원래 詩, 書, 易, 春秋, 禮, 樂의 소위 六經을 六藝라고 하였는데 또 한편으로 周禮의 禮, 樂, 射, 御, 書, 數의 여섯 가지 교과목을 뜻하기도 한다. 공자의 三千弟子 중에서 六藝에 능통한 제자가 七十二人이라 하였다.

　그런데 공자의 주요 교과인 言, 行, 忠, 信의 내용을 朱子說에 따라 설명해 본다면, 文은 옛부터 전하여 오는 聖賢의 가르침인 詩書가 그것

---

30) 儒學原論, 成均館大學校出版 p.197~198 參照
31) 樂正, 崇四術立四敎, 順先王詩書禮樂, 以造士, 春秋, 敎以禮樂, 冬夏, 敎以詩書.
32) 『論語』 述而篇

이라 함이다. 行은 孝悌의 실행을 이름인데 실행함에 있어서 성실치 못할까 염려하여 忠言을 가르쳤다는 것이다.

論語에서 공자는,

"젊은이들은 가정에서 孝하고 밖에 나가서는 웃어른을 공경하며 모든 일을 삼가고 미덥게 하며 널리 衆人을 사랑하되 어진 사람과 친할 것이니 그와 같은 것을 행하고 남은 힘이 있으면 글을 배울 것이다."[33]

라고 하였다. 이와 같은 말은 인륜적인 것을 학문적인 것 보다 優位에 두어야함을 강조한 것이다. 곧 윤리 도덕적인 가치관 정립이 이룩된 그 위에 학문적 지식의 조화를 갖춘 성실성과 신실성있는 지성인을 요청하였기에 공자께서는 이같이 말한 것으로 이해한다. 그래서 공자께서는 '主忠信'[34]을 말하여 인간의 내적인 성실성과 외적인 신실성을 강조하였다. 程子는 忠에 대한 해석으로 天道로써 體로 보았고[35] 信은 體에서 나오는 작용으로 보아야 할 것이다. 즉 眞實無妄하고 思無邪한 주체인 인간의 중심이 확고하게 서있을 때 대인관계에서 신뢰감을 줄 수 있음을 시사한 것이다. 바탕인 忠을 주자는 '盡己之心'이라고 했는데 자기의 마음을 다한다는 것은 하늘로부터 부여받은 '性'그대로를 다한다는 뜻으로 '誠者는 天之道也'[36]와 상통하는 것이다. 그러므로 값어치있고 바람직한 사람이란 바탕인 忠과 작용적인 信이 '一以貫之'될 때 主忠信으로 인간의 가치관이 정립되어 바람직하고 이상적인 인물이 됨을 말하고 있는 것이다. 그래서 공자는 제자들에게 「文學, 德行, 忠誠, 信實」의 네

---

33) 『論語』 學而篇 "子曰 弟子入則孝 出則弟 謹而信 汎愛衆 而親仁 行有餘力 則以學文"
34) 『論語』 學而篇
35) 『論語』 里仁篇 '忠恕'에 對한 註釋
36) 『中庸』 20章

가지를 교수요목으로 정했던 것이다.

　이상에서 논술을 요약해 보건대 공자의 교과과정은 四敎와 六藝인데, 周代의 六藝인 禮, 樂, 射, 御, 書, 數는 초급교과 과정이라 할 수 있고 詩, 書, 禮, 樂, 易과 공자의 저술인 春秋는 고급교과 과정이라 볼 수 있다.37)

　공자는 교과 자료로 六藝 이외에 道, 德, 仁, 藝도 교과 자료로 하고 있음을 다음 말에서 찾아 볼 수 있다.

"道에 뜻을 두고 德에 根據하고 仁을 떠나지 않으며 六藝를 즐겨 한다."38)

고 하였으니 교육의 자료로서 道, 德, 仁을 중하게 다루고 있음을 쉽게 발견할 수 있다.

　또 공자께서는 「德行, 言語, 政事, 文學」의 四分科로 나누어 弟子들의 능력, 개성, 취향에 맞게 교과 내용을 정하여 특수 교육도 하였던 것이다. 이 四分科에 정통한 제자를 十賢哲이라 부른다.

2. 敎育 方法論

　교육이란 교육자와 피교육자 상호간이 일치하는 데에서 교육의 효과를 발휘하게 되는 것이다. 교육방법에 있어서 공자의 규범과 원칙을 살펴보기로 한다.

　교육이란 교육자인 교사와 피교육자인 학생 사이에 뚜렷한 교육 내용

---

37) 金益洙, 儒敎思想과 敎育哲學 p.400 參照
38) 『論語』先進 "德行 ; 顔淵 閔子騫, 冉伯牛, 仲弓, 言語 ; 宰我, 子貢, 政事 ; 冉有, 季路 文學 ; 子遊, 子夏"

과 방법론이 있게 마련이다. 韓退之는 그 '師說'이란 책에서 교사의 임무란 '傳道, 受業, 解惑'하는 것이라 하였다. 교사는 학생들에게 그 개성이나 환경 지식의 정도 등 여러 가지를 잘 파악하여 勸導하고 자습케 하여 교육의 효과를 거두는 것이 교사의 임무인 것이다. 이에 공자의 교육방법에 대하여 알아보기로 한다.

(1) 普通敎育

공자가 교육상 많은 공헌을 한 것은 보통교육인 것이다. 論語 衛靈公篇에 '가르침에는 차별이 있을 수 없다'[39]라는 말이 있다. 이 같은 말은 인간을 교육함에 있어서 상하의 계급이나 지위 고하를 막론하고 평민 자제들은 누구나 교육을 받을 수 있음을 시사한 말이다. 또 공자는,

"배움에 뜻을 두고 束脩의 예를 갖춘 이상 누구에게나 가르치지 않는 일이 없다."[40]

고 했다.

고래로부터 제자들이 스승에게 배움을 청원할 때는 예물을 지참하는 예가 있었다고 보아야 한다. 그래서 공자께서는 스승을 섬기는 인간의 도리를 갖추기만 하면 누구나 가르쳐 주겠다는 것이 공자의 보통교육의 취의였다.

공자는 '性은 서로 가깝고 익힘은 서로 멀다'고 하였다. 인간은 누구나 태어나면서 고유한 性은 정직하고 진실한 것이지만 후천적으로 수양

---

[39] 『論語』 衛靈公篇 "子曰 有敎無類"
[40] 『論語』 述而篇 "子曰自行束脩以上 吾未嘗無誨焉"

에 따라서 氣質의 性을 如何히 교화하느냐에 따라서 善人, 惡人으로 갈라지게 된다고 보았다. 우리 인간은 누구나 학문의 정도에 따라서 어질게도 어리석게도 될 수 있다는 것이다. 이것은 공자의 평민교육을 말하는 것이며 보통교육을 말한 것이다. 이와 같이 보통교육은 우리나라 헌법 제27조에 나타난 '모든 국민은 균등하게 교육을 받을 권리가 있다'고 한 것은 공자의 평민교육의 취의와 그 맥을 같이 한다고 볼 수 있다. 이 같은 평민교육은 인간은 누구나 본질적인 면에서 평등하다고 하는 무차별적 평민교육의 신조에서 나온 교육 방법론이라고 볼 수 있다.[41]

(2) 人格 形成을 爲한 敎育

인간이 인간다운 품성을 이룩하고 인덕을 갖춘 인간의 가치관을 정립키 위해서는 교육적인 교화가 필요한 것이다. 따라서 이 같은 교육을 통한 인격형성을 함양할 문제가 제기된다. 大學에서는 三綱領 八條目을 말하고 있는데 三綱領 八條目은 공자의 인격 형성을 위한 교육의 요체를 공자의 손자에 의하여 잘 정리하여 놓은 것이라 볼 수 있다. 그 내용을 살펴보면 다음과 같다.

三綱領은 明德, 新民, 止於至善이고 八條目은 格物, 致知, 誠意, 正心, 修身, 齊家, 治國, 平天下이다.[42] 朱子가 明德에 대해서 설명하기를,

"사람이 하늘로부터 부여받는 것인데 虛靈不昧하고 仁, 義, 禮, 智,와 같은 衆理를 갖추고 있으며, 그리고 이것을 사물에 感而遂通되어 가는 것이다."[43]

---

41) 金益洙, 儒敎思想과 敎育哲學 p.111~112 參照.
42) 『大學』 經章

라고 하였으니 인간은 태어날 때 누구나 虛靈不昧한 明德을 타고났으나, 이 明德이 사물에 感而遂通할 때 氣質의 性에 淸, 濁, 厚, 薄의 氣質의 차이로 해서 知, 賢, 不肖의 구별이 있게 된다고 朱子는 설명하고 있다. 宋代의 張載가 말한 기질변화와 같이 濁氣를 淸氣로, 薄氣를 厚氣로 수양 또는 교육이 필요함을 요청하게 된다. 이 같은 수양 또는 교육방법으로 中庸에서 道問學을 제시하고 있다. 道問學의 조목으로 博學, 審問, 愼思, 明辨, 篤行으로 實踐窮行할 것을 강조하고 있다.44) 道問學은 바로 인간의 인격형성을 이룩하는 교육방법이라고 볼 수 있다. 道問學의 교육이 이루어지면 곧 인간의 덕성이 높아져서 타고날 때의 明德, 즉 인간주체로서의 가치관이 드러나게 되는 것이다. 이와 같이 明德을 이룩한 위정자라면 "마치 북극성이 제자리에 있으면 뭇별들이 북극성을 잘 받들고 있는 것"45)과 같은 內聖外王의 인격을 갖추고 있는 위정자라 볼 수 있다.

이와 같이 하늘로부터 부여된 진실한 性, 즉 자연지성인 明德을 회복하는 방법으로 공자는 '克己復禮爲仁'46)을 주장한다. '克己'란 자기 자신의 울분을 참고 견딘다는 의미가 아니라 자기 자신의 기질 중에 좋지 못한 氣質의 性을 수양하고 또 학문적 교육을 통하여 성실한 자기, 즉 天賦의 明德을 되찾는다는 의미이다. 즉 天道로의 환원을 뜻한다. 그래서 공자는 군자에게는 '爲人之學'을 하지 말고 '爲己之學'47)을 강조하신 것은 바로 인간가치관의 확립을 위한 말인 것이다.

---

43) 上揭書 經章 註釋 "人之所得乎天 而虛靈不昧 以具衆理 而應萬事者也."
44) 『中庸』 20章
45) 『論語』 爲政篇 "子曰爲政以德 譬如北辰居其所 而衆星共之"
46) 『論語』 顔淵篇
47) 『論語』 憲問篇 "子曰 古之學者 爲己 今之學者 爲人"

그리고 공자께서는 '德者는 외롭지 않다. 반드시 이웃이 있다'[48]라고 하였다. 德은 得也라 인데 이것은 오늘날의 매력과 같은 의미를 가지고 있다. 이 같은 德을 갖추고 있는 사람은 겉보기에 어리석어 보이나 그 德의 힘은 남을 이끌 수 있는 매력을 가지게 되므로 반드시 共鳴者나 따르는 자가 있게 된다는 것이다. 또한 사람다운 明德을 갖추게 되면 자기주체의식이 확립되어 남을 교화시킬 수 있고 새롭게 할 수 있는 교육적 의무를 가지게 된다. 그래서 中庸에 成己 成物을 말했는데, 이것은 이와 같은 의미와 같다고 본다. 즉 자기 자신이 수신과 교육을 통하여 전인적 인물이 되면 대상인 他者의 인격을 완성시키는 것에 힘써야 함을 강조하는 말이다. 결국 공자의 교육의 실천방안은 仁・德・道를 통하여 자기 인격형성과 동시에 他者의 인격형성을 완수하는데서 교육실천의 효과를 기대해 볼 수 있는 것이다.[49]

이와 같이 공자 교육의 이념은 오늘날 교육의 본령이 진리탐구에 있고 인격도야에 있으며 지향하는 목적이 전인교육에 있다고 하는 말과 그 맥을 같이 한다. 이와 같이 공자의 교육론은 인간다운 인간을 기르기 위해서는 知와 德을 겸비하여 갈 것을 강력히 촉구하고 있다. 그러므로 교육을 인간 교육 또는 인격형성을 위한 교육, 전인교육이라 부를 수 있다.

(3) 個性과 資質에 따른 敎育

올바른 교육을 하자면 피교육자의 개성을 존중하고 자질을 이해하는 데서만이 성과를 찾아볼 수 있다.

---

48) 『論語』 里仁篇 "子曰 德不孤 必有隣"
49) 東洋哲學硏究 第4輯 p.42 參照(沈佑燮, 儒學思想에 立脚한 倫理敎育)

공자는 개성과 본질에 따라 그에 알맞은 교육을 실천하였다. 『論語』에 "季文子가 무슨 일이든 세 번 생각한 뒤에 행하니, 공자가 듣고 말하되 두 번이 옳으니라."50)하였다. 魯나라 大夫인 季文子는 매사에 신중을 기하기 위하여 세 번 깊이 생각하고 난 연후에 실행에 옮기는 분이다. 공자께서는 너무 신중을 기하다 보면 추진력이 떨어질 가능성이 있기 때문에 두 번 정도로 고려할 것을 季文子에게 말한 것이다. 다른 사람이라면 四思를 말했을 것이다. 이와 같은 교육은 '隨人異敎' 도는 '因材施敎'라 할 수 있다. 이를테면 공자께서 "子貢이 師(子張)와 商(子夏) 가운데서 누가 더 현명한가를 물었을 때 공자께서는 師는 過하고 商은 不及하다"51)고 했고 또 "顔淵은 道에 가까우나 가난하여 자주 끼니를 못한다"52)고 했다. 또 공자께서는 다음과 같이 평하였다.

"柴(子羔)는 愚하고 參(曾子)은 魯(魯鈍誠實)하고 由(子路)는 喭(粗俗)하다."53)

이와 같은 사례들은 공자께서 제자들의 개성과 재질을 충분히 파악하고서 그에 대한 적절한 교육을 하였음을 보여준 것이다. 이 같은 사례들은 論語를 통하여 여러 곳에서 찾아 볼 수 있다.

이에 대한 사례를 하나 더 들어본다면 "子路가 공자에게 말씀을 들었으면 즉시 실천에 옮겨야 합니까? 라고 물었을 때 공자께서는 父兄이 계시는데 어찌 들었다고 바로 행할 수 있으랴? 라고 대답하였다. 그러나

---

50) 『論語』 公冶長 "季文子三思而後行 子聞之曰再斯可矣."
51) 『論語』 先進 "子貢問 師與商也 孰賢? 子曰師也 過, 商也 不及"
52) 上揭書 "子曰 回也 其庶乎 屢空"
53) 上揭書 "柴也愚, 參也魯, 師也辟, 由也喭"

冉有가 같은 질문을 했을 때는 들었으면 바로 행할지니라고 하였다. 公西華는 이와 같이 상반되는 말에 의혹하여 그 까닭을 물었다. 이에 대하여 공자는 子路는 그 자질이 굳세므로 물러서게 한 것이고 冉有는 謙退하므로 나아가게 한 것이라고 일러 주었다."54)

이와 같은 공자의 개성교육은 오늘날 학교교육에서만이 아니고 가정교육, 사회교육에서도 요청되고 있음을 절감케 한다.

(4) 啓發敎育

공자의 교육은 단순한 지식만을 피교육자에게 전달하는 교육을 중요시하지 아니 하였다. 윤리교육의 기반 위에서 학문을 할 것을 주장하였다.

"공자께서 말씀하시기를 제자란 집에 들어오면 효도하고 나아가면 웃어른을 공경하며 삼가 미덥게 하며 널리 무리를 사랑하되 어진 이를 친히 할 것이니 이것을 행하고 남은 틈이 있거든 글을 배울 것이다."55)

라고 하였다. 이와 같이 가정윤리 교육이나 사회윤리 교육을 제자들에게 전달할 때 항상「知行合一」할 것을 말하면서 제자들의 개성이나 교육의욕 태도에 따라서 지도하는 방법도 달리 했으며 그리고 제자들이 자발적으로 탐구하고 연마하는 정신을 길러 주는 계발 적 교육방법을 택하고 있음을 논어를 통하여 알 수 있다. 즉,

---

54) 『論語』先進 "子路問 聞斯行諸, 子曰 有父兄在 如之何其聞斯行之 冉有問 聞斯行諸, 子曰聞斯 行之 赤也惑敢問. 子曰求也 退故進也 由也 兼人故退之."
55) 『論語』學而篇 "子曰 弟子入則孝 出則弟 謹而信 汎愛衆 而親仁 行有餘力 則以學文"

"스스로 알려고 애쓰지 않으면 열어주지 않고, 발표하려고 애쓰지 않는 사람은 깨우쳐 주지 않는다. 한 모퉁이를 알려 주어 세 모퉁이로 반응을 보이지 않는다면 더 계속해서 가르치지 않는다."56)

라고 한 것이다. 학문을 하는 사람은 자발적으로 연구케 하고 사색케하여 자기가 스스로 문제를 풀 수 있도록 하고 스승은 그 문제 해결을 위한 産婆的 역할만 하면 된다는 것이다. 즉 하나를 열어주면 셋, 넷의 길을 계발해 나가는 창의성을 발휘하게 하는 교육이라 볼 수 있다.
또 공자께서는,

"스스로 어떠한 문제에 대해 해결을 구하지 않고, 이 일을 어떻게 할까 하고 근심 걱정만 한 사람은 나도 어찌할 도리가 없다."57)

고 하였다. 이것은 계발적 교육의 필요성을 한층 더 강조한 말이라 할 수 있다. 또 공자는 제자들을 교육함에 있어서 제자들 각자의 의지나 개성 자질에 따라 하고자 하는 바를 살펴서 키워 주고 깨우쳐 주는 것이 없다. 논어를 통하여 볼 때 仁에 대한 제자들 물음에 공자의 해답은 제자들의 개성, 자질에 따라 그 해답은 다양했다. 이를테면 子張이 仁을 물었을 때에 "능히 5가지를 천하에 행할 수 있으면 仁을 행하는 것"58)이라고 하였고 또 顔淵이 仁을 물었을 때 "克己復禮爲仁"이라 했다.
이와 같이 공자는 먼저 제자들의 개성과 자질, 그들이 하고자 하는 의지를 파악하고 가르침을 달리 했으며, 그리고 하나의 암시를 던져 주

---
56) 『論語』 述而 "子曰 不憤不啓 不悱不發 擧一隅而示之以三隅反 則不復也."
57) 『論語』 衛靈公 "子曰 不曰如之何 如之何者 吾未如之何也矣"
58) 『論語』 季氏篇 "子貢問仁於孔子 孔子曰 能行五者於天下爲仁矣 請問之 曰恭寬信敏惠"

어 제二 제三의 문제를 해결케 하는 계발 교수법을 취했던 것이다.59)

이와 같이 자기 문제를 자기 스스로 계발해 가는 강인한 정신적 태도와 창의적 계발 정신이 있을 때 비로소 훌륭한 교육의 효과를 기대할 수 있는 것이다. 위에서 논술한 바와 같이 공자의 교육방법은 보통교육, 인격형성을 위한 교육, 개성교육, 계발교육을 통하여 자기 자신의 가치관 정립과 가정 사회로 추급하는 차등을 가진 교육방법임을 찾아볼 수 있었다. 생각컨데 모든 교육은 인간됨의 바탕을 위한 것임을 알 수 있고 그와 같은 교육이 이루어질 때 참된 인간 가치관을 발견할 수 있는 것이다.

Ⅳ. 結論

中庸 서문에 朱子는 書經의 말을 인용하여 "인심은 오직 위태롭고 道心은 오직 희미해가니 오직 정밀히 하고 오직 한결같이 하여 진실로 그 中을 잡으라."60)하였다. 오늘날 산업 경제 시대의 병폐와 물질 존중, 인간경시의 사상으로 인심은 날이 갈수록 위태롭게 되고 윤리 도덕은 날이 갈수록 땅에 떨어져 가고 있다. 이와 같은 시점에서 지덕을 겸비한 바람직한 인간 가치관 확립에 역점을 둔 공자의 교육 철학 사상이 오늘날 지식 교육으로 치닫고 있는 이 시점에 그 필요성이 절감하게 되는 것이다.

생각건대 교육의 목적이 바람직한 인간상, 즉 전인적 인물인 지성인을 양성하는데 있다면, 지성인과 지식인은 구별되어야 한다. 지성인이

---

59) 上揭書 顔淵篇
60) 『中庸』朱子章句序 "人心惟危 道心惟微 惟精惟一 允執厥中"

라 할 때 그 性은 『中庸』의 '天命之謂性'이라 한 性과 같은 의미로 보아 하늘이 인간에게 부여한 인성 즉 虛靈하고 어둡지 않은 明德과 같은 개념이며, 마음의 明德으로서 공자의 仁에 상응하는 것이다. 지성인의 知는 良知와 같은 知로서 知行할 수 있는 知인 것이다. 그러므로 지성인은 윤리, 도덕의 가치관을 갖춘 기초 위에 학식을 구비한 사람으로서 성인과 같은 인물을 의미한다. 그러므로 공자의 교학사상은 바람직한 인간을 위한 것이다. 학식이 많고 지식이 풍부하다 하더라도 바람직한 인간 가치관이 결여된 때는 참다운 인물이 될 수 없는 것이요, 동시에 전인적 인물이라 일컬을 수 없다. 생각건대 오늘날 知와 德을 겸비한 전인교육을 실행해야 할 학교 교육을 생각해 볼 때 교육자와 피교육자 간의 문제점을 쉽게 발견할 수 있다. 교육의 효과는 교육자와 피교육자와의 관념이 일치 되는데서 그 효과가 구현되는 것이다. 그러므로 교육의 목적을 달성하기 위해서는 교육자 자신이 교육의 사명감을 가지고 있어야 하며 또는 투철한 교육 철학이 있어야 한다. 특히 교육 철학이 결여되고서는 바람직한 교육은 기대하기 어려운 것이다. 그러므로 교육과 철학은 서로 밀접한 관계 속에서 이해되어야 한다.

환언하면 교육 작용의 근본, 본질을 탐구하고 구명해 내는 것이 교육 철학의 근본 문제임을 공자의 교학사상을 통하여 알게 되었다. 따라서 교육은 최고 과제는 무엇보다도 지덕을 겸비한 사람다운 사람을 만드는데 있다면, 교육자는 줄기차게 자라나는 청소년들의 인성과 품격을 올바른 방향으로 이끌어주고 또 이루게 하는 것이 교육자의 본연의 자세이며 본연의 과제를 다하는 것이라고 본다.

우리는 흔히 현대교육 붕괴니 또는 교실 붕괴니 하는 말을 자주 한다. 이 같은 현상은 입시 교육에 치중되어 공교육이 무너졌음을 표현한 말이다. 오늘날 지식만을 축적하는 知識人 교육에 치중하고 있는 현실에서 바람직한 자녀교육이 이루어지지 못한 그 책임은 누가 져야 할 것인가? 이와 같은 추세에서 하루 빨리 제거하여 바람직한 전인교육을 실천해야 한다.

오늘날 위기 교육을 바로 잡기 위해서는 전국의 학부모, 학생, 교육자들이 三位一體가 되어 함께 지덕을 겸비한 전인교육에 邁進할 때 실효성을 거둘 수 있으리라 본다. 이와 같은 전인교육의 실효성을 거두기 위해서는 지덕의 조화를 가진 공자의 교육철학사상에 그 해결책을 찾아볼 수 있다고 본다.

9. 孟子의 王道政治

Ⅰ. 序 論

   역사의 흐름 속에서 정치 철학사상과 정치는 상호밀접한 관계를 이루고 있었다는 것을 쉽게 알 수 있다. 대부분 정치 철학사상은 그 당시 사회의 새로운 변화와 개혁을 시도하고, 비판하기 위해서 절대로 필요하며, 이 정치 철학사상에 의해서, 정치 철학자들은 이상국가에 관여하고 모색하고 그들의 정치적 이상을 전개하고자 한 것이 사실이다. 그러나 이러한 정치적 이상을 지향하고자 하는 정치적 이론들은 그 당시 정치 철학사상과 밀접한 관계를 이루고 있음을 알 수 있다. 이를테면 Platon의 『국가론』은 고대 희랍에 있어서 도시국가의 쇠망기에 있었던 상태를 고찰하지 않고서는 이해할 수 없고, More의 『유토피아(utopia)』도 영국에 있어서의 농경시대로부터 유축농업기로 전환된 사회적 불안을 배경으로 한 것이다.
   일반적으로 정치 철학사상을 그 당시의 사회적 환경과 경제적 상황 및 정치적 여건의 보편적이며 객관적 표현이며, 그 당시의 상황과 지식

체계를 바탕으로 이루어지는 것이다. 이 같은 정치 철학사상은 동양과 서양의 구별 없이 변천·발전되었다고 생각한다.

이와 같은 취의에서 동양의 정치 철학사상을 대표하는 맹자의 정치철학사상을 구명함으로써, 오늘날 혼란한 정치사상에 활력을 주고자 한다. 특히 혼란한 사회 질서와 인간가치관이 무너져서 인간성 상실이란 현대에 있어서 맹자가 주장하는 인간가치관 문제인 性善論과 관련된 인성론 문제를 정치사상의 본질로 구명하고 이 같은 인간가치관 문제를 民本主義, 王道主義와 연관하여 연구함으로써 平和主義 정치관을 모색하여 현대적 의미를 찾아보고자 한다.

Ⅱ. 本 論

1. 王道政治思想의 本質

사상의 본질인 性善論과 仁義思想을 살펴보기 전에 먼저 맹자의 사상적 배경을 찾아보기로 한다.

1) 思想的 背景

司馬遷의 『史記』 「孟荀列傳」에 의하면, "孟軻는 鄒人으로 子思의 門人 밑에서 수업하여 이미 학문이 성취 됨에 齊의 宣王을 섬기려 했는데 宣王이 그를 등용하지 아니하므로 또 梁으로 가서 惠王을 봄에 惠王은 그의 말한 바를 실천하지 않고 그의 주장은 세상실정과 거리가 멀다고 생각했다.······특히 맹자는 唐虞三代의 盛德을 祖述하였다. 그러므로 간 곳마다 의견이 불합해서 鄕里에 退歸하여 萬章 등 제자를 데리고 『詩經』과 『書經』을 編序하였는데 仲尼의 사상을 承述함으로써 『맹자』 七편을 作하였다."1)고 했으니 그의 人稱이 서명으로 되었다.

맹자는 子思의 사상을 再傳한 제자이며, 맹자의 책은 자작한 책이다. 이와 같은 설에 대하여는 이론이 있으나, 『맹자』를 통하여 볼 때 子思의 제자요 자작인 점을 찾아 볼 수 있다.

이 저서는 맹자와 당시의 국왕 및 제자들과의 대화를 쓴 것인데, 후에 주자가 「대학」과 「중용」을 『예기』에서 빼내어 각각 주석을 붙여서 表章한 것으로 후에 단행본으로 만들고 난 후 『논어』, 『맹자』와 함께 四書라 하였다. 이때부터 교육의 중추적인 서적으로 귀중하게 여겨왔다.

천성적으로 총명했던 맹자는 賢母의 양육과 훌륭한 스승의 교육을 받음으로써 그의 학문은 날로 현저해졌었다. 특히 맹자는 공자의 손자인 子思의 교육을 받았으므로 유가의 조종인 공자의 사상을 그대로 전수받을 수 있었던 것이다. 맹자는 이 같은 정통 유학사상을 제자들에게 가르쳤을 뿐만 아니라, 공자와 같이 제자들을 거느리고 여러 나라를 주유하면서 유가의 이상적인 정치사상을 실현시키고자 하였다. 맹자는 諸國의 왕들에게 왕도정치와 仁政의 실현을 촉구하고 민생문제의 해결책으로써 농업경제를 제시하기도 하였다. 다시 말하면 유가의 이상정치로부터 실용정치까지를 제시하였던 것이다.

---

1) 司馬遷『史記』「孟子列傳」"孟軻鄒人也 受業子思之門人道旣通遊 事齊宣王 宣王不能用 適梁 梁惠王不果所信則見以爲迂遠而闊事情當時之時 ······ 孟軻乃述唐虞三代之德 是以所如者 不合退而與 萬章之徒 序詩書述仲尼之意 作孟子七篇"

이와 같은 왕도정치가 구현되게 하는 所以然之理가 바로 맹자 정치사상의 본질이라고 생각한다. 다음으로 정치사상의 본질인 性善說을 논하고자 한다.

2) 性善說

맹자의 性善說은 그의 철학사상의 근본 문제이다. 그는 인성이 선하다 함을 先聖의 說과 경서를 통하여 찾아 볼 수 있고 또 인간의 심리 및 오관의 작용등을 예거하여 논증하려 하였다.
『詩經』「大雅 蒸民篇」에

> "天이 蒸民을 낳으시니 物이 있으면 則이 있도다. 民의 불변의 道(彝)를 잡음이여! 懿德을 좋아 하는 도다."[2]

라 함은 사람들이 태어날 때부터 미덕을 좋아하는 正常道를 지킨다는 것을 말하고 있으므로 이것은 바로 인성의 本善을 증명한 것이라고 할 수 있다.

子思는 『중용』 二十장에서 誠은 天의 道요 誠되게 함은 人道라 하고, 또 『중용』首章에 天으로부터 부여받은 것을 性이라고 하였는데 인간에게 부여한 것을 인성이라 한다. 이 때 人性은 바로 天道이고 眞實無妄한 것으로써 인욕과 사욕이 배제된 소박한 性卽理임을 맹자는 터득하여 人性은 선함을 명백히 하였다. 또 龍子는 "사람의 발의 寸法을 재지 않고 신(履)을 만들지라도 그것이 삼태기가 되지 않음은 天下人의 발이

---

[2] "天生 蒸民 有物有則 民之秉彝 好是懿德"

다 相似한 증거라고 하였다. 또 사람의 혀로 맛을 보는 것이나 귀로 소리를 듣는 것이나 눈으로 색깔을 보는 것은 사람마다 다 같다. 그렇다면 오직 마음에 있어서만 어찌 다를 수 있으랴 그러나 實際에 있어서 사람의 마음에 악이 있음은 욕심이 본연의 선심을 梏亡하여 버린 까닭이다."3)이라 하였다. 이와 같이 인간에 있어서 마음의 그렇게 같은 바(所同然)가 곧 천리로서 性卽理가 되는 보편성이 있음을 설명하고 있다.

또 맹자는 性善의 사실을 인간의 심리현상으로 나타나는 四端을 가지고 설명하고 있다.

"사람은 누구나 다 남의 불행을 참아 보지 못하는 마음이 있다. 이제 어떤 어린 아이가 우물로 기어 들어 간다고 가정한다면 그것을 보는 사람은 누구나 다 불쌍히 여겨서 건지려고 할 것이다. 이순간 그 정황을 생각해본다면 그는 어린아이를 구출하였다는 명예를 얻으려는 것도 아니고, 그 기회에 어린아이의 부모와 사귀어 이익을 보자는 것도 아니고 또 어린아이를 구출하지 아니한데 대한 좋지 못한 평을 두려워함도 아니다. 어린아이를 건지려함은 순수한 自然之性의 발로이다. 이 같은 마음을 惻隱之心이라 한다. 이것을 추급해보면 측은한 마음이 없으면 사람이 아니고 羞惡의 마음이 없으면 사람이 아니고, 辭讓의 마음이 없으면 사람이 아니고 是非의 마음이 없으면 사람이 아니다. 惻隱의 마음은 仁의 端이고, 羞惡의 마음은 義의 端이고, 辭讓의 마음은 禮의 端이고, 是非의 마음은 智의 端이다. 사람은 누구나 다 이 四端이 있다."4)

---

3) 龍子曰「告子 上」"不知足而爲履 我知其不爲蕢也 履之相似 天下之足同也 故曰 口之於味也 有同耆焉 耳之於聲也 有同聽焉 目之於色也 有同美焉 至於心獨無所然乎 心之所同然者 何也 謂理也 義也 聖人 先得我心之所同然耳."

4) 孟子曰「公孫丑 上」"人皆有不忍人之心……今人 乍見孺子將入於井 皆有怵惕惻隱之心 非所以內交於孺子之父母也 非所以要譽於鄕黨朋友也 非惡其聲而然也 由是觀之 無惻隱之心 非人也 無羞惡之心 非人也 無辭讓之心 非人也 無是非之心 非人也 惻隱之心 仁之端也 羞惡之心 義之端也 辭讓之心 禮之端也 是非之心 智之

라고 하였다. 이 四端을 가지고 있는 것은 인간이 태어날 때부터 선한 性을 가지고 태어남을 시사한 것이다.

　맹자는 性善으로써 良知 良能을 말하였는데 良知 良能은 선천적인 것으로 사람이 배우지 않아도 능한 것은 良能이고, 생각하지 않고도 아는 것은 良知이다. 孩提의 아이가 그의 어버이를 사랑할 줄 알고 성장함에 따라 그 형을 공경할 줄 아는 것은 良知 良能이 있기 때문이다.[5] 惻隱, 羞惡, 辭讓, 是非의 마음은 양심의 내용으로써 사람마다 가지고 있는 양심의 고유한 것이다. 그리고 이에 王陽明은 맹자의 良知說을 취하여 일가의 학설을 이룩하였다.[6]

　또 맹자는 상식적인 표현으로 牛山의 나무 이야기로 性善을 말하고 있다. "牛山의 나무는 일찍이 울창하고 아름다웠다. 그런데 牛山은 大國의 교외에 위치하였으므로 樵夫가 도끼로 그 가지를 찍고 방목하는 牛羊들이 그 싹을 먹어 버렸으므로 마침내 벌거벗은 산이 되고 말았다. 그 가지를 찍고 방목하는 牛羊들이 그 萌芽를 먹어 버렸으므로 마침내 벌거벗은 산이 되고 말았다. 사람들은 그 벌거벗은 牛山을 보고 본래 草木이 없는 것이라고 생각한다. 그러나 牛山에 본래 초목이 없는 것이 아니다. 초목이 없는 것이 산의 性이 아니다. 이와 같이 사람의 性은 본래 선한 것이나 욕심 때문에 악하여졌다. 사람의 性이 악하다 함은 牛山에 초목이 없는 것을 보고 그 산에 본래 초목이 없다 하는 것과 같다. 이것은 심히 잘못된 견해이다."라고 하였다.[7]

　　端也"
5) 孟子曰「眞心 上」 "人之所不學而能者 其良知者 孩提之童無不知愛其親也"
6) 金能根 『中國哲學史』 pp.73-75 參照
7) 孟子曰「告子 上」 "牛山之木 嘗美矣 以其郊於大國也 斧斤伐之 可以爲美乎 是其日夜之所息 雨露之所潤 非無萌蘖之生焉 牛羊又從而牧之 是以 若彼濯濯也 人見其濯之也 以爲未嘗有材焉 此豈山之性也哉 雖存乎人者 豈無仁義之心哉 其所放其

맹자는 또한 性은 인의 도덕의 본성으로 다음과 같이 설명하고 있다.

"告子가 말하기를, 性은 杞柳에 비할 수 있습니다. 사람의 본성으로 仁과 義를 만드는 것은 마치 杞柳를 가지고 桮棬을 만드는 것과 같습니다. 맹자가 말하기를, 자네는 능히 杞柳의 본성에 순응하여 桮棬을 만드는가? 자네 의도를 보면 杞柳의 본성을 해롭게 하여 桮棬을 만들려고 한 것이니, 만약에 杞柳의 본성을 해롭게 하여 桮棬을 만들려고 하였다면 이것은 또한 사람의 본성을 해롭게 하여 仁과 義를 만들려고 한 것이다. 천하의 사람을 인솔하여 仁과 義에 화를 가져 오게 하는 것은 반드시 자네의 말이로구나!"8)

여기에 담긴 글의 내용을 살펴보면 맹자와 告子가 각자 자기의 性論에 대한 정의를 내리면서 상대를 논박한 것이다. 맹자는 인성을 사회적 규범에 적응하는 도덕을 실현해야 한다는 의미에서 그 근거는 인간의 본성에서 찾겠다는 입장이고, 告子는 이러한 선택적 입장을 벗어나서 경험적인 태도였기 때문에 인성은 도덕ㆍ비도덕 이전 상태로 돌아가야 한다는 입장에서 인의ㆍ도덕은 인간의 작위로 본 것이다. 즉 맹자는 性을 선천적 도덕성으로 보았다.

告子는 性은 마치 빙빙도는 물과 같다고 했다. 동방으로 트면 동으로 흐르고 서방으로 트면 서로 흐릅니다. 인성에 선과 불선의 구분이 없는 것은 마치 물에 동서의 구분이 없는 것과 같다고 말하였으며, 이에 맹자는 물에는 정말 동서의 구분은 없지만 상하의 구분이야 없겠는가? 인성

良心者 亦猶斧斤之於木也"
8) 告子曰「告子 上」"性猶杞柳也 義猶桮棬也 以人性爲仁義 猶以杞柳爲桮棬" 孟子曰 "子能順杞柳之性而以爲桮棬也 如將戕賊杞柳而以爲桮棬則亦將戕賊人以爲仁義與 率天下之人而禍仁義者 必子之言夫"

이 선한 것은 마치 물이 아래로 내려가는 것과 같으니 사람치고 선하지 않은 사람이 없고 물 치고 아래로 내려가지 않는 물이 없어 이제 물을 쳐서 뛰어 오르게 하면 이마를 넘어 가게 할 수 있으나 이것이 어찌 물의 性이겠는가? 외부의 힘으로 그렇게 되는 것일세. 사람이 性을 불선하게 만드는 것도 그 경우가 이 물과 같은 것이다라 말하였다.[9]

告子가 앞에서 말한 자신의 性論에 대한 견해를 조금도 굽히지 않고 人性을 물에 비유한 것을, 맹자가 자신의 性善說에 대한 확언을 물에 비유하여 논박한 것이다.

이상의 性善에 대한 맹자의 논증으로 추론해 보면 사람의 본성이 선한 것으로 이해할 수 있었다. 특히 맹자는 子思의 하늘이 명한 것을 性이라고 한다는 것과 『周易』에 한 번은 陰하고 한 번은 陽한다. 이것을 천지자연의 道라고 한다. 이것을 계승한 것이 선이요, 이것을 형성한 것이 본성이다 라고 하여 본성의 선함을 말하였는데, 이 같은 본성의 선함을 만인이 다 구비하고 있다는 것이다.

3) 仁과 義의 思想

맹자는 인간은 태어날 때부터 본성이 선하다고 하였고 또 태어날 때부터 仁義禮智와 같은 四端으로서 道心을 지니고 있음을 말하고 있다. 그래서 맹자는

---

9) 告子曰「告子 上」"性猶湍水也 決諸東方則東流 決諸西方則西流 人性之無分於善不善也 猶水之無分於東西也 孟子曰 '水信無分於東西 無分於上下乎 人性之善也 猶水之就下也 人無有不善 水無有不下 今夫水 搏而躍之 可使過顙激而行之 可使在山 是豈水之性哉 其勢則然也 人之可使爲不善 其性 亦猶是也"

"仁이라는 것은 사람이 행하는 것이니 이것을 합해서 말하면 道이다."10)

라고 하였다. 맹자는 仁思想은 공자의 仁思想을 이어 받았다. 공자가 말하는 「仁」의 의미는 『대학』의 經文에 있는 明德과 같은 의미를 가지고 있다.

明德에 대한 주자의 풀이를 보면 "明德이란 사람이 하늘로부터 부여 받은 것인데 人欲과 私心이 배제되고 신령스럽고 어둡지 아니하여 여러 이치(仁義禮智)를 갖추어 만사에 응하는 것이다."11)라고 하였다.

明德은 인성의 본질에 대한 의미로서 인간의 내적 성실성을 말하고 있으며 心之德이요 愛之理로서 공자가 말하는 仁과 같은 뜻을 의미한다. 공자는 하나의 공동사회를 살아가는데 있어서 상부상조 정신으로 相愛해야 하는 인륜의 조화를 강조하였다. 그래서 "仁은 愛人"12)이라 하였고 맹자도 "仁은 人이라"13)하여 仁 은 곧 人이라 하였으니 仁은 인간의 가치관 문제를 요청하고 있는 것이다. 仁을 이해하려면 먼저 인간을 이해해야 한다는 뜻을 내포하고 있다. 仁道는 곧 人道로서 인간의 본질을 통해서 윤리관을 세울 수 있고, 仁의 가치관을 이해할 수 있음을 시사한 것이다.

인간의 바람직한 가치관·윤리관을 이해하려면 『논어』속에 있는 공자의 仁思想을 구명하는 것이 중요하다. 공자와 제자들과의 仁에 대한 대화를 살펴보기로 한다.

---

10) 孟子曰 "仁也者 合而言之道也."
11) 『大學』朱子註釋 "明德者 人之所得於天而虛靈不昧 以其具衆理而應萬事者也."
12) 『論語』「顔淵」孔子曰 "仁者 愛人也"
13) 「盡心 下」孟子曰 "仁也者 仁也."

예컨대 仲弓이 공자에게 仁을 물음에 "문에 나가서 귀한 손님을 뵙는 것 같이 하고, 백성을 부리기를 큰 제사를 지내는 것 같이 하고, 자기가 하고자 아니하는 바를 남에게 베풀지 말아야 할 것이니 그렇게 하면 나라에 있어서도 원망이 없을 것이며 집에 있어서도 원망이 없을 것이다."[14]라고 하였으니, 인간과 인간 사이에 사랑의 조화와 상호교통을 통하여 너와 나와의 대립관계를 넘어서 하나로 통하는 仁思想을 표현한 말이라고 하겠다.

顔淵이 仁을 물으니 "克己復禮爲仁"[15]이라 했다. 여기서 극기란 자기의 人欲과 私欲을 다 버리고 내면적으로 성실한 자기환원으로 이해할 때 일상생활 속에서 극기함으로서 바람직한 자기가치가 정립된 仁者를 요청하고 있는 것이다. 또 공자께서 대타적 관계에 있어서의 조화를 설명하기를 "仁이란 자기가 서고자 하면 다른 사람을 세우며 자기가 통달하고자 하면 다른 사람을 통달하게 한다."[16]라 하였다. 이것은 사람 각자가 내면적 성실성과 虛靈不昧한 明德의 가치관이 성립되면 자비스러움과 박애의 정신이 자연스럽게 나 이외의 대상에게로 추급되어 忠恕의 정신으로 연결되는 것을 설명하고 있다.

이와 같은 공자의 仁思想은 여러 곳에서 찾아볼 수 있는 데 때와 장소에 따라 사람에 따라 다르게 말하고 있으나 仁思想이 하나로 정립된 말씀이 있으니, 이것이 바로 "一以貫之道"[17]이다. 공자의 제자인 曾子는 一以貫之道를 忠恕로 풀이하였던 것이다. 忠은 인간이 하늘로부터 부여받은 마음을 다 한다는 것으로 內라 볼 수 있고 恕는 나를 미루어

---

14) 『論語』「顔淵」 "仲弓問仁子曰 出門如見大賓 使民如承大祭 己所不欲勿施於人"
15) 上揭書「顔淵」
16) 上揭書「雍也」 "夫仁者 己欲立而立人 己欲達而達人 能近取譬 可謂仁之方也耳"
17) 上揭書「里仁」

타자에게 미쳐가는 아량으로 外라 볼 수 있다. 그런데 程子는 『논어』 「里仁篇」에서 忠은 天道요 恕는 人道라 하고, 忠은 無妄이요 恕는 忠을 행하는 것이라 하고 또 忠은 大本으로써 體요 恕는 達道로써 用으로 설명하고 있다.

『중용』에 "誠은 天道요 聖人이라."[18]하였다. 여기에 忠이 심화되면 誠으로 연결됨을 쉽게 알 수 있다. 그래서 忠은 天道로써 聖心이라 볼 수 있고 恕는 聖心이 외적으로 나타나게 될 때 인간이 마땅히 행해야 할 人道로서 의리정신의 발휘라 볼 수 있다. 그러므로 『중용』에 "忠恕는 天道로 지향함에 사람으로부터 멀지 않다."[19]고 하였다. 인간의 大本인 忠의 가치관이 확립되었을 때 達道로서 恕가 가능할 수 있음을 시사한 말로서 忠恕가 이원적 일원화될때 二者로서 바람직한 전인적인 인물이 된다는 것이다. 忠恕의 작용으로써 恕가 발휘될 때 의리정신이 드러나기 때문에 맹자는 공자의 仁思想 외에 義字를 더 첨가해서 仁義를 인간가치 문제로 본 것이다.

주자는 『맹자』의 「梁惠王」장의 인의에 대한 설명을 다음과 같이 말하고 있다. '仁은 心의 德이요, 愛의 理'라 하였고 義는 '心의 制요 事의 宜'라 하였다. 仁은 天道로서 마음의 德과 사랑의 조화를 갖추고 眞實無妄하기 때문에 明德과 같은 개념으로 볼 수 있다. 이 같은 人德을 갖추어 대상에 적응될 때 외적인 행위들이 사리에 맞게 된다는 것이다. 그러므로 仁과 義는 두 글자이지만 하나의 뜻으로 나타낼 때 道義란 뜻으로 통용될 수 있는 것이다.

---

18) 『中庸』「二十章」 "識者 天之道也 … 聖人也"
19) 『中庸』「十三章」 "忠恕違道 不遠人"

이상에서 논술한 바와 같이 맹자의 性善과 인의 사상은 인간 가치관 문제로 취급될 수 있음을 알 수 있었다. 이 같은 맹자의 인간 가치관 문제를 가지고 정치사상으로 볼 때 바로 바람직한 인간가치를 정립한 內聖外王으로써 왕도정치를 요구하고 있는 것이다.

다음으로 정치사상의 구현을 논하기로 한다.

2. 德治思想의 具顯

1) 民本主義

民本이란 말은 『書經 夏書』에 "백성들을 가까이 친애하여야 할 것이다. 천시해서는 안된다. 백성은 나라의 근본이니 근본이 견고하여야만 나라가 편안하리라."[20]고 하는 데서 생긴 말이다. 이 같은 민본주의적 요소가 후세 바람직한 제왕상을 규정하는 정치사상으로 정책되어 왔었다.

민본사상은 백성들을 愛民하고 重民하는 정신을 강조한 것이다. 공자가 말한 애민·중민 사상을 『논어』에도 여러 곳에서 찾아 볼 수 있다. 특히 仲弓이 仁에 관한 질문에 "백성이 부리는 데 있어서는 나라의 大祭를 지내는 것처럼 신중히 하여야 한다. 내가 하고자 하지 않는 것을 다른 사람에게 베풀지 말라."[21] 하여 위정자가 백성을 愛之重之해야 함을 강조한 것이다. 더욱 번지가 仁을 물었을 때 공자께서는 '愛人'이라 말한 것은 內聖外王된 자가 民本에 의한 施政을 해야만 할 것을 요청하고 있음을 말하고 있는 것이다.

---

20) 「五子之歌篇」 "民可近 不可下 民惟邦本 本固 邦寧"
21) 『論語』「顔淵」 "使民如承大祭 己所不欲 物施於人"

맹자대에 와서는 書經의 민본주의, 愛民·重民 사상을 더욱 심화하여 諸國의 왕들에게 강조한다. 맹자가 가장 귀한 것은 人民이라 하여 「盡心」 章句에서 "人民이 가장 귀중하고 社稷이 그 다음이고 임금이 가장 輕한 존재이다. 이런 까닭으로 人民 대중에게 신임을 얻으면 천하가 되고, 천자에게 신임을 얻으면 제후가 되고 제후에게 신임을 얻으면 대부가 될 뿐이다.22) 라고 했다. 국가의 구성요소 가운데 중요한 것이 인민·사직·임금으로 그 중 가장 중요한 것이 바로 인민임을 지적하고 있다. 이 말은 셋 중에서 존재의 비중이 인민이 제일 크다는 것이다. 천하·국가의 근본은 인민이라고 맹자는 생각한 것이다.

대부가 제후에게 신임을 얻어야 대부가 될 수 있고 제후가 천자에게 신임을 얻어야 제후가 될 수 있는데 천자는 바로 백성에게 신임을 얻어야만 천자로서 천자 구실을 할 수 있다는 것을 강조함으로써 인민이 국가정치의 근본임을 말한 것이다.

맹자는 夏王朝 최후의 폭군 桀과 殷王朝 최후의 폭군 紂, 이 두 임금이 천하를 잃은 것은 민본주의에 의한 정치를 하지 못함에 있다는 것이다. "桀·紂가 천하를 잃은 것은 그 인민을 잃은 까닭이다. 그 인민을 잃은 것은 그 민심을 잃은 까닭이다. 천하를 얻는 데는 방법이 있다. 그 인민을 얻으면 곧 천하를 얻을 수 있다. 그 인민을 얻는 데는 방법이 있다. 인민이 갖고 싶어 하는 것을 모아다 주고 인민이 싫어하는 것을 베풀지 않도록 할 뿐이다. 이제 천하의 임금들 가운데서 人道를 좋아하는 이가 있다면 딴 임금들 가운데서 그를 위해서 인민을 몰아다 줄 것이다."23) 천하를 잃은 원인은 민심을 잃는 데 있다. 그래서 失民心이면

---

22) 『孟子』「盡心 下」 "民爲貴 社稷次之 君爲輕 是故 得乎丘民而爲天子 得乎天子爲諸侯 得乎諸侯爲大夫"

失天下한다는 것이다. 맹자는 천하를 얻는 방도는 인민을 얻는데 있고 인민을 얻는 방도는 민심을 얻는데 있다고 하였다.

천하를 얻고 민심을 얻기 위해서는 민본주의에 입각한 仁政·仁道를 실행할 것을 시사한 말이 있다. 여기서 주의할 것은 仁政·仁道를 施政할 수 있는 위정자의 가치관 문제이다. 바람직한 明德을 갖춘 內聖外王이라야만 仁政을 베풀어 민심을 얻게 될 수 있고 따라서 천하의 왕 노릇을 할 수 있다는 것이다.

맹자와 齊宣王과의 대화 속에서 민본주의의 중요성을 말하고 있다. "齊나라가 越나라를 쳐서 승리하였다. 宣王이 맹자에게 묻기를, 어떤 이는 과인에게 연나라를 차지하지 말라고 하고 어떤 이는 과인에게 아주 차지해 버리라 합니다. 萬乘의 큰 나라가 똑같은 萬乘의 큰 나라를 쳐서 불과 五十日만에 대승하였으나, 사람의 힘으로 이렇게까지 되지 않을 것입니다. 그러니 차지해 버리지 않으면 반드시 하늘이 내리는 재앙이 생길 것입니다. 차지해 버리는 것이 어떻겠습니까? 이에 맹자가 말하기를, 차지해서 연나라 인민들이 기뻐한다면 차지하십시오. 옛날 사람 중에 그렇게 한 분이 있었습니다. 文王이 그렇게 했습니다. 차지해서 燕나라 인민들이 기뻐하지 않는다면 차지하지 마십시오. 옛날 사람 중에 그렇게 한 분이 있었습니다. 文王이 그렇게 했습니다."[24]

齊宣王에게 武王과 文王처럼 民本主義에 의한 愛民·衆民의 덕치주

---

23) 『孟子』「離婁 上」 "桀紂之失天下也 失其民也 失其民者 失其心也 得天下有道 得其民 斯得天下矣 得其民 有道 得其心 斯得民矣 得其心 有道 所欲與之聚之 所惡勿施爾也…今天下之君 有好仁者 爲之敺矣"

24) 『孟子』「梁惠王 下」 "齊人伐燕勝之" 宣王 問曰 "或謂寡人勿取 或謂寡人取之 以萬乘之國 伐萬乘之國 五旬而擧之 人力不至於此 不取 必有天子 取之何如" 孟子對曰 "取之而燕民 悅則取之 古之人有行之者 武王是也 取之而燕民 不悅則勿取 古之人有行之者 文王是也"

의를 실현함으로써 천하 만백성이 歸服할 수 있게 한다면 연나라를 차지해도 인민들이 기뻐하며 왕을 맞이할 것이나 그렇지 않는다면 인민이 기뻐 맞이하지 않을 것이니 차지하지 말라는 것은 국제적인 민본주의 사상을 고취했다고 하겠다.

맹자는 민본주의와 천명사상의 결부에서 민심은 천심이 됨을 밝혔다.

"萬章이 말하기를 "堯임금이 천하를 舜에게 주었다는 것이 사실입니까?" 맹자 대답하기를 "아니다. 천자가 천하를 남에게 주지 못한다." "그러면 舜이 천하를 차지한 것은 누가 준 것입니까?" "하늘이 준 것이다." 萬章이 말하기를 "그를 하늘에 천거하였더니 하늘이 그를 받아 들이신 다음 그를 인민들 앞에 내놓았는데 인민들이 그를 받아 들였다는 것은 어떻게 된 것인지 좀 알고 싶습니다." 맹자 대답하기를 "그를 시켜 제사를 주관하게 하였는데 모든 신이 그 제사를 받아 지내시니 그것은 하늘이 그를 받아들인 것이다. 그를 시켜 나라 일을 주관하게 하는데 나라 것은 인민들이 그에게 심복하였으니 그것은 인민들이 그를 받아들인 것이다.""25)

堯임금이 돌아가신 뒤 천자의 지위가 요임금의 아들 단주(丹朱)에게 돌아가지 않고 舜에게 돌아온 것은 인민들이 그를 맞이했기 때문이다. 舜의 덕치주의에 만백성들이 歸服했기 때문이다. 이것은 天義가 民義를 토대로 민의를 토대로 하고 있기 때문이다. 그래서 천심은 인심이라는 말이 나온 것이다. 그리고 맹자는 天義가 民義를 따름을 말해주는 것을 『書經』・『詩經』에 있는 구절들을 많이 소개하고 있다. 이를테면

---

25) 『孟子』「萬章 上」萬章曰 "堯以天下與舜有諸" 孟子曰 "否天子不能以天下與人" "然則舜有天下也 孰與之" 曰 "天與之" "敢問薦之於天而天受之 暴之於民而民受之 如何" 曰 "使之主祭而百神享之 是天之 使之主事而事治 百姓安之 是民受之也 天與之人之與之故" 曰 "天子不能以天下與人"

書經에 "天의 聞見은 늘 인민들이 聞見하는 것을 따르고 天의 明德과 두려움은 인민들의 明德과 두려움을 따른다."26) 고 하였고 "인민이 하고자 하면 天이 반드시 이것을 따른다."27)고 하였다. 舜임금이 천하를 준 것은 堯임금이 아니라 민의를 토대로 한 하늘이라는 것이다. 天은 有德者에 명하여 天을 대신하여 인민을 통치하도록 한 것이다. 有德한 천자가 민의에 의한 정치를 할 때 민심은 천심이 되고 천심은 민심과 같이 된다는 것을 이해할 수 있다.

맹자는 민본주의를 근거로 한 與民同樂할 것을 여러 제후에게 권장했다. 맹자는 梁惠王에게 동산을 자랑하고 있을 대 맹자가 말하기를 "賢者가 된 후에야 이런 것을 즐길 줄 알지요 不賢者는 이런 것을 가지고 있다 하더라도 즐길 수 없습니다."라고 하면서 "文王은 인민들의 힘으로 臺도 쌓고 못도 파고하였으나 인민들은 그것을 기쁘고 즐겁게 여겨 그 臺를 靈臺라 부르고 그 못을 靈沼라 부르며 그 안에서 사슴 떼와 물고기들이 뛰놀고 있는 것을 즐겨 하였습니다. 文王과 같은 어진 분들은 인민들과 함께 서로 나누기 때문에 잘도 즐길 수 있었던 것입니다."28)

인민을 중시한 민본주의의 맹자는 통치자들에게 與民同樂할 것을 권한다. 梁惠王에게 有德者로서의 與民同樂한 文王의 天意에 의한 정치철학의 단면을 설명하고 있다. 이어 聖王으로 일컬어지는 周나라 文王의 苑囿는 인민과의 공유물을 말한다.

---

26) 『書經』「虞書 皐陶謨」"天聰明自我民聰明 天明畏自我民明畏"
27) 『書經』「周書 泰誓」"民之所欲 天必從之"
28) 『孟子』「梁惠王 上」孟子對曰 "賢者以後樂此 不賢者 雖有此不樂也……文王以民力爲台爲沼 而民 歡樂之謂其台曰靈台 謂其沼 樂其有麋鹿魚鼈 故之人 與民偕樂 故 能樂也."

"齊宣王이 묻기를 문왕의 苑囿는 사방 七十里나 되었다 하는데 사실입니까? 맹자가 대답하기를 옛 기록에 있습니다. 그렇게까지 컸었습니까? 인민들은 오히려 그것이 작다고 생각했습니다. 寡人의 苑囿는 사방 四十里밖에 안되는데 인민들은 그것이 크다고 생각하니 왜 그렇습니까? 文王의 苑囿는 사방 七十里지마는 나뭇꾼·사냥꾼들이 마음대로 드나드는 등 그것을 인민들과 함께 쓰셨으니 인민들이 그것을 작다고 생각하는 것이 또한 옳지 않습니까?"29)

文王과 같이 인민과 함께 즐길 수 있을 때 민본주의 사상이 구현될 수 있고 왕과 인민의 주의주장이 하나가 되어 화평한 세계가 올 수 있다고 본다.

2) 王道主義

맹자는 민본주의에 입각한 애민사상과 중민사상을 바탕으로 하는 왕도정치사상을 요청하고 있다.

맹자가 말하는 王道란 二帝三王(堯舜의 二帝 夏禹, 殷湯, 周文武의 三王)과 같은 聖王이 천하를 다스리던 방법을 말한다. 그런데 王道는 인의와 밀접한 관계를 두고 있기 때문에 王道와 仁義는 不可離 관계에 있음을 맹자는 말하고 있다. 이와 같은 관점에서 먼저 王道와 경제의 관계를 알아보고 王道와 仁政 및 王道와 覇道를 구명하고자 한다.

---

29) 『孟子』「梁惠王 下」 齊宣王 問曰 "文王之囿 方七十里 有諸" 孟子對曰 "於傳有之" 曰 "若是其大乎" 曰 "民猶以爲小也" 曰 "寡人之囿 方四十里 民猶以爲大何也." 曰 "文王之囿 方七十里 芻蕘者 往焉 雉兎者 往焉 與民同之 不亦宜乎民以宣小"

① 王道政治와 經濟

맹자는 왕도주의 시책으로 務農과 興學을 두가지 강령으로 제시했다. "산사람을 부양하고 죽은 사람을 장사지내는 데 유감이 없도록 하는 것이 왕도정치의 시작이라"[30] 고 말했다. 이것은 平常之道를 말하는 것으로 왕된 자는 人倫之道에 관심을 가지고 또한 만백성들이 거리낌 없이 살도록 하는 것이 바로 왕도정치의 시작이라고 맹자는 보고 있다. 맹자의 務農策으로 다음과 같이 말하고 있다. "농사철을 어기지 않게 하면 곡식은 이루 다 먹을 수 없을 만큼 넉넉하게 될 것이다."라고 하고 또 "百畝의 전답을 가진 경작자에게 농번기를 빼앗지 않는다면 수명의 식구를 가진 가구가 굶주리지 않게 될 것이다.[31]

"학교교육을 신중하게 실시하고 孝悌의 道를 되풀이하여 가르친다면 斑白의 노인이 짐을 지거나 이고서 걸어 다니지는 않게 될 것입니다. 七十代 노인이 비단 옷을 입고 고기를 먹으며 일반 인민이 주리지 않고 헐벗지 않게 될 것이다."[32]라고 하였다. 맹자는 務農策으로 인민대중의 경제적 안정을 도모하고 그 기초 속에서 興學策으로 인류교육을 진작시켜서 인간의 도리를 다하는 이상사회를 지향하고자 한 것이다. 즉 경제적으로 안정을 기하고 윤리도덕교육으로 사회질서를 확립하고자 한 것이다.

이와 같이 경제적 안정 속에서 윤리도덕이 확립된 사회를 만드는 것이 곧 왕도정치의 완성을 위한 기초인 것이다. 이 같은 의미에서 맹자는 다시 恒産과 恒心의 관계를 설명한다.

---

30) 『孟子』「梁惠王 上」 "使民養生喪死 無憾也 養生喪死 無憾 王道之始也."
31) 上揭書, "百畝之田 勿奪其時 數國之家可以無飢矣"
32) 上揭書, "謹庠序之敎 申之以孝悌之義 頒白者 不負戴於道路矣 七十者 衣帛食肉 黎民 不飢不寒 然而不王者"

"滕文公이 나라 다스리는 법을 물었다. 맹자는 인민의 농사 일을 소홀히 하여서는 아니 됩니다.『詩經』에 "낮에는 너가서 띠풀을 하고, 밤이면 너 새끼 꼬아서, 네 집 지붕 서둘러 이어 놓아라. 그렇게 하고 비로소 백곡을 씨 뿌려라."라고 하였다. 일반 인민들이란 恒産이 있는 자는 恒心이 있고, 恒産이 없는 자는 恒心도 없는 것이다. 만일 恒心이 없어 바깥 유혹에 마음이 흔들리면 방탕·편벽·사치 등 못할 짓이 없는 것이다."[33]

왕도정치에서 인민의 농사일을 소홀히 하여서는 아니 된다는 것을 강조하면서 왕도정치의 출발점이 경제생활의 안정에 있다는 것을 강력히 피력한 것이다. 다시 恒産과 恒心의 관계를 설명하고 있다. 일정한 본심인 恒心과 경제적 여건인 恒産은 서로 不可離의 함수관계에 있음을 말하고 있다. 그리고 왕도정치에서 이 두 관계를 충족시켜야만 민본주의가 실현될 수 있음을 시사한 것이다.

② 王道政治와 仁政

王者가 되는 길은 바로 仁政을 베푸는 데 있으며 仁政을 베푸는 것이 바로 왕도정치이다.

그러므로 王者는 백성들의 농사를 보살펴 주는 務農과 孝悌忠信의 덕을 가르쳐 주는 興學 두 방면의 왕도정치를 실천하게 되면 仁政에 부합하는 王者가 될 수 있다고 본다.

맹자는 요순의 道로서도 仁政을 행하지 않으면 천하를 화평하게 다스릴 수 없다 하여 仁政이란 仁愛의 정치를 말한다고 설명하고 있다.

---

33) 『孟子』「滕文公 上」"滕文公 問爲國" 孟子曰 "民事 不可緩也" 詩云 '晝爾于茅 宵爾索綯 亟其乘屋 其始播百穀' 民之爲道也 有恒産者有恒心 無恒産者 無恒心 放辟邪侈 無不爲已"

"맹자가 말씀하기를 '離婁의 밝은 시력과 公輪子의 교묘한 기술로도 콤파스와 曲尺을 쓰지 않으면 사각과 원은 만들지 못한다. 師曠의 밝은 청각으로도 六律을 쓰지 않으면 오음을 바르게 할 수 없다. 堯임금·舜임금의 치세법으로도 仁政을 행하지 않으면 천하를 화평하게 다스리지 못한다. 이제 어진 마음과 어질다는 소문이 있으면서 인민이 그 은택을 입지 못해서 후세에 모범이 될 수 없는 것은 先王의 道를 실천하지 않기 때문이다. 그래서 실천이 따르지 않는 한갓 착하기만 한 것으로는 정치를 하기에 부족하고 실행이 따르지 않는 한갓 형식만 갖춘 법도만으로는 그것이 저절로 운영되어 나가지는 못한다.…정치를 하는데 先王(聖王)의 道를 따르지 않는다면 지혜롭다고 할 수 있겠는가. 이러한 까닭으로 오직 어진 사람이라야만 높은 지위에 있어 마땅하다. 불인한 사람이 높은 지위에 있다면 그것은 그 악을 여러 사람에게 뿌리는 것이다."[34]

맹자는 위정자로서 仁政은 先王의 道 즉 內聖外王의 道의 실천을 요청하고 있는 것이다. 천하의 정치를 완전히 수행할 수 있는 자는 仁者가 높은 지위에 올라서 施政을 해야만 한다는 것이다. 다시 말하면 천하의 정치에 대하여 仁愛의 정치 즉 有德者로서의 왕도정치를 강조한 것이요 이러한 仁愛의 정치를 여러 제후들에게 강력히 권고한 것이다.

夏·殷·周 三代 왕조의 역사는 우리에게 仁政에 의한 得天下와 不仁政에 의한 失天下의 함수관계를 보여 주고 있다.

"맹자가 말하기를 夏·殷·周 삼왕조 때에 천하를 얻은 것은 仁때문이요, 천하를 잃은 것은 不仁 때문이다. 나라가 피폐하고, 홍성하고, 존속

---

[34] 『孟子』「離婁 上」孟子曰 "離婁之明 公輪子之巧 不以規矩 不能成方圓 師曠之聰 不以六律 不能正五音 堯舜之道 不以仁政 不能平治天下. 今有仁心仁聞而不被其澤 不可法於後世者 不行先王之道也" 曰 "徒善 不足以爲政 徒法不能以自行… 爲政 不固先王之道 可謂智乎 是以惟仁者 宣在高位 不仁而在高位 是播惡於衆也"

하고, 멸망하는 것 역시 그러하다. 천자가 不仁하면 천하를 보존하지 못하고, 제후가 不仁하면 사직을 보존하지 못하고, 卿이나 대부가 不仁하면 종묘를 보존하지 못하고, 士나 서인이 不仁하면 四體를 보존하지 못한다. 그런데 죽는 것이나 멸망하는 것을 싫어하면서도 不仁한 행동을 즐기고 있으니 이것은 취하는 것을 싫어하면서 억지로 술 마시는 것과 같다."35)

『맹자』에서는 이 같은 뜻을 말해 주는 문구를 여러 곳에서 찾아 볼 수 있다. "仁則榮, 不仁則辱"36)같은 말도 그 같은 뜻을 말해 주고 있다. 不仁한 행위는 천하를 망친다는 뜻으로 천자로부터 諸侯, 卿, 大夫, 士, 庶人에 이르기까지 이치는 같은 것이다. 그러므로 천자로부터 서인에 이르기까지 心之德인 仁의 가치관으로써 자기주체를 확립할 때 국가질서를 바로잡고 평화를 유지할 수 있으므로 불인보다 仁政을 강조했던 것이다. 불인한 권력이나 무력으로 정치하는 것을 가장 나쁜 정치라 규정하고 양심과 仁愛의 道로서 다스려야 한다고 생각한 것이 바로 맹자의 왕도정치라 할 수 있다.

③ 王道와 覇道

맹자가 梁惠王, 齊宣王 그리고 滕文公에게 권고한 정치사상의 요점은 王道에 있다. 왕도란 요순 이래 聖王이 인의 가치관 윤리를 가지고 천하를 다스리는 방법을 말하는데 맹자는 그의 정치사상에 이 이름을 붙여서 왕도주의라 한다. 그래서 왕도는 맹자의 인의사상을 떠나서 따

---

35) 『孟子』「離婁 上」 孟子曰 "三代之得天下也 以仁其失天下也 以不仁. 國之所以廢興存亡者亦然 天子不仁 不保四海 諸侯不仁 不保社稷 卿大夫不仁 不保宗廟 士庶人不仁 不保四體 今惡死亡而樂不仁是猶惡醉而強酒"
36) 『孟子』「公孫丑 上」

로 왕도를 생각할 수 없다.

霸道는 王道와 상반되는 정치술이다. 왕도가 남의 불행을 참아 보지 못하는 어진 마음을 가지고 인민을 다스리는 仁政을 말하며 霸道는 仁政 또는 德政을 가장하고 실제로는 무력을 가지고 인민을 복종케 하는 것을 말한다. 맹자의 말을 직접 인용하면 다음과 같다.

"무력으로 仁政을 가장하는 자는 霸者다. 霸者는 반드시 큰 나라를 지니고 있어야 한다. 도덕으로 仁政을 실행하는 자는 王者이다. 王者는 큰 나라를 지니고 있어야 할 필요가 없다. 湯임금은 칠십리로써 王者가 되었고, 文王은 백리로써 王者가 될 수 있었다. 무력으로 남을 복종시키는 것은 마음속으로부터, 복종케 하는 것이 아니다. 그 복종자가 힘이 모자라서 그러는 것이다. 도덕적으로 남을 복종시키는 것은 마음속으로부터 기뻐서 정말로 복종하도록 하는 것이다. 그것은 칠십 명의 제자가 공자에게 복종하는 것과 같은 것이다."[37]

맹자 그 당시 제후들의 야망은 모두 천하의 霸道가 되는 것이 꿈이었다. 맹자가 그 당시 제후들에게 요구한 것은 왕자가 되어야 한다는 것이다. 왕자가 되는 데는 큰 나라를 가져야만 된다는 것도 아니다. 小國에서도 왕도정치는 가능하다는 것이다.

다음으로 왕자의 백성과 霸者의 백성을 구별하고 있다.

"霸者의 인민들은 즐겨 날뛰며 좋아하는 것 같다. 그러나 왕자의 인민들은 마음이 넓고 부드러워 悠悠自得하야 스스로 만족하고 있는 것 같다. 그래서 죽여도 원망하지 않고 이롭게 하여 주어도 공로로 여기지 않

---

37) 上揭書, 孟子曰 "以力假仁者霸 霸必有大國 以德行仁者王 王不待大 湯以七十里 文王以百里 以力服人者 非心服也 力不贍也 以德服人者 中心 悅而誠服也 如七十子之服孔子也"

는다. 인민들은 날로 선한데도 옮겨가나 그렇게 만드는 사람을 모른다. 군자가 지나가는 곳은 교화가 되고 머물러 있는 곳은 잘 다스려 진다. 위로는 天德과 합하고 아래로는 地德과 합하여 그 운행을 같이 하는 것이다. 그러니 어찌 覇道가 조그만 틈바구니를 보충하듯 하는 조그만 善政에 비할 것인가?"38)

覇者의 小善 따위에 비교할 수 없는 왕도정치에서는 인민들은 오히려 治者의 존재를 인식하지 못한다. 王者의 정치는 그 존재를 인식하지 않는 것이 최상의 정치요 이것이 곧 仁政이라는 것이다. 왕도정치 하에 있는 인민들은 왕이 그들을 이롭게 하여 주어도 그 공을 모를 정도로 擴大自得하고 있다는 것이다. 이것은 覇者의 백성들이 그 覇者의 小善에 만족하여 즐겨 좋아하는 것보다는 월등한 경지이다. 그리고 천하 사람들이 마음의 승복이 있어야만 王者가 된다는 것이다.

"선으로써 남을 복종시키려는 사람 가운데는 아직 남을 복종시켜 낸 사람이 없다. 선으로써 남을 교양한 뒤에라야 천하를 복종시킬 수 있다. 온 천하가 마음으로부터 悅服하지 않는 데도 왕노릇한 사람은 아직 있어 본 일이 없다."39)

다음으로 仁德을 갖추고 왕도정치를 행하는 데 있어서 堯舜·湯武·五覇 사이에 차이가 있음을 지적하고 있다.

---

38) 『孟子』「盡心 上」孟子曰 "覇者之民 驩虞如也 王者之民 皞皞如也 殺之而不怨 利之而不庸 民日遷而不知爲之者 夫君子所過者化 所存者神 上下與天地同流 豈曰小補之哉"
39) 『孟子』「離婁 下」孟子曰 "以善服人者 未有能服人者也 以善 養人然後 能服天下 天下不心服而王者未之有也"

"요순은 그것(仁)을 본성대로 하였으며, 湯武는 그것(仁)을 힘써 체득하였으며 五霸는 그것(仁)을 借用하여 돌려 보내지 않았으니 자기가 진정으로 가지고 있지 않다는 것을 어떻게 알겠는가?"[40]

옛 先王(聖王) 堯와 舜은 하늘로부터 부여된 天道 즉 본성 그대로 仁政을 실천하였고 殷의 湯王과 周의 武王은 노력하여 그것을 체득하였으며 五霸들은 仁政을 표면적으로 명분상 빌린 자들이라는 것이다. 힘으로써 仁政을 빌린 자는 覇者라고[41] 맹자는 말하였다.

맹자는 천하의 心腹이 있어야 王者가 된다고 하였는데 그러면 천하 사람들이 왕에게 心腹하게끔 하는 근원적인 것을 우리는 이해해야 한다. 그것은 바로 위정자인 왕 자신의 가치관 문제인 것이다. 仁政을 실천하고자 하는 왕 자신이 眞實無妄하고 思無邪한 心之德이 중심을 잡고 있을 때 백성을 교화시킬 수 있고 새롭게 할 수 있는 힘이 있게 될 것이다. 그래서 왕이 明德이란 주체가 확립될 때 대상인 백성을 교화시킬 수 있는 것이다. 이와 같이 주체와 대상이 일치될 때 仁政이 발휘되고 왕도정치가 구현되어 평화스러운 사회가 올 수 있으리라 믿는다.

3. 平和主義

생명을 존중하고 평화를 애호하는 聖君이 나와서 仁政을 행하면 온 천하의 민중이 다 그에게 歸服하리라는 것이다. 인간의 생명을 귀중하게 여기는 Humanism이 평화주의를 주장하는 기본 정신이 됨을 맹자는

---
[40] 『孟子』「盡心 上」 孟子曰 "堯舜性之也 湯武身之也 五霸假之也 久假而不歸 惡知其非有也"
[41] 『孟子』「公孫丑 上」 孟子曰 "以力服仁者覇"

말하고 있다.

> "梁襄이 맹자에게 말하기를, "누가 천하를 통일할 수 있을까요? 하기에 사람 죽이기를 좋아하지 않는 사람이 천하를 통일할 수 있을 것입니다 라고 대답하였다." 또 "누가 그런 사람에게 歸服하겠습니까?"하기에 "천하 사람들이 아무도 歸服하지 않을 자 없습니다. 왕께서는 저 곡식의 싹을 아시겠지요, 여름 七, 八月 사이에 날이 가물면 싹이 마릅니다. 그러다가 하늘이 뭉개뭉개 검은 구름을 일으켜 좍좍 비를 내려주면 다 말라 가던 싹이 힘차게 소생할 것입니다. 만일 이와 같이 된다면 누가 그것을 막아낼 수 있겠습니까? 오늘날 천하 임금들치고 사람 죽이기를 좋아하지 않는 사람이 없습니다. 사람 죽이기를 좋아하지 않는 사람이 나온다면 온 천하의 人民들이 다 목을 길게 늘이고 그를 대망할 것입니다. 그렇게만 된다면 인민들이 歸腹하여 오는 것을 마치 물이 낮은 데로 좍좍 세차게 흐르듯 할 것입니다. 어느 누가 막아낼 수 있겠습니까?"[42)

고 대답하였다. 이는 맹자가 살고 있었던 그 당시의 사회상의 단면을 나타낸 표현이다. 그 당시 전쟁으로 사회가 혼란할 때로 혼란한 난세, 이름 그대로 전국시대이었다. 맹자는 생명의 존귀함을 襄王의 질문을 받기가 무섭게 인민을 전쟁으로 모는 것은 살인행위가 됨을 강조하면서 仁者에 의한 천하통일론을 주장했다. 인간의 생명을 존중하고 사회평화를 애호할 줄 아는 聖君이 仁政을 행할 때 천하 인민이 다 마음의 복종을 하리라는 것이다.

---

42) 『孟子』「梁惠王」"孟子見梁惠王 '孰能一之' 對曰 '不嗜 殺人者 能一之' '孰能與之' 對曰 '天下莫不興也 王夫苗乎 七八月之間 旱則苗槁矣 天油 然作雲 沛然下雨則苗 浡然興之矣 其如是 孰能禦之 今夫天下之人牧 未有不嗜 殺人者 則天下之民 皆引 領而望之矣 誠如是也 民歸之由水之就下沛然 誰能禦之'"

맹자가 주장하는 이상적 평화주의의 기본 정신은 바로 인간의 생명을 존귀하게 여기는 데 있다고 보겠다.

맹자는 공자의 인도주의정신에 입각하여 평화주의사상을 한층 더 강력히 표현하였다. 전쟁을 부정하고 평화주의의 신념이 투철했던 맹자는 무력으로 천하통일의 대업을 하려는 당시의 제후들에게 천하통일은 "반드시 사람죽이기를 좋아하지 않는"43), 聖人에 의하여 이루어짐을 역설하였다. 또 맹자는 不殺, 不奪取가 곧 仁이요 義라는 뜻을 말하고, 생명존중의 인도주의와 전쟁부정의 평화에의 신념은 맹자사상을 일관하고 있는 사상이다.44) 맹자는 仁者는 無敵이라 할 정도로 인도주의정신에 입각한 평화주의사상을 갈망했던 것이다.

Ⅲ. 結論 - 現代的 意味

이상에서 논술한 바와 같이 정치 사상적 본질에서는 性善論과 仁義思想의 양면에서 위정자의 가치관을 해명해 보았다. 특히 맹자의「仁은 人이라」하여 仁은 곧 人이라 하였으니 仁이라는 것은 인간으로서 인간구실을 할 수 있는 인간을 요청하고 있는 것이다. 인간 윤리와 인간 자체 사상으로 仁을 이해하려면 먼저 인간을 이해해야 한다는 뜻을 내포하고 있다. 仁道 곧 人道와 통하는 말로서 인류는 곧 인류가 되므로 인간의 본질을 통해서 仁의 가치관을 이해할 수 있었다.

맹자는 공자의 仁思想 외에 義字를 더 첨가해서 仁義를 가지고 인간

---

43)『孟子』「梁惠王 上」"不嗜殺人者一之"
44)『儒學原論』成大 儒學科 編 p.240 參照

의 가치관 문제로 보았던 것이다. 여기에서 仁은 心之德 愛之理요 義는 心之制 事之宜라고 주자가 해석했다. 仁은 마음의 덕을 갖추고 사랑의 조화를 의미하기 때문에 明德과 같은 개념으로 인간의 주체로 볼 수 있다. 이 같은 주체가 대상인 인민에게 적용될 때 주체와 대상이 하나로 조화를 이루어 대상을 새롭게 한다는 것이다. 이것이 바로 의리의 발휘라 볼 수 있다.

이와 같은 상황은 중용의 中和의 가치관 문제와도 같다. 중용의 首章에 "喜怒哀樂의 未發 상태를 中이라 하고 발하여 절도에 맞는 것을 和라고 하며 中은 천하의 大本이요, 和는 천하의 達道이다."45)라 하였다. 주자가 이를 설명하기를 "情이 발현되지 않은 상태를 性이라 하였고 이것을 中으로 보았다. 이 같은 性이 대상에 감응하여 절도에 맞는 것을 情之正이니 이것이 和이다."46)

宋代의 성리학자 程尹川은 "性은 곧 理요, 本善이며 천하의 理로 희노애락의 未發이라."47) 하였으니「中和」의 中은 性이요, 理요, 至善으로 仁과 같은 개념이라고 볼 수 있다.

주자의 말을 빌면 性은 本然之性과 氣質之性으로 나누고 있다. 本然의 性은 그대로 至善으로 明德이요 仁과 같은 개념으로 볼 수 있다. 氣質之性은 기품 속에 情氣, 獨氣, 厚氣, 偏氣 正氣 등이 함유하고 있는 것이 獨氣를 情氣로, 薄氣를 厚氣로, 偏氣를 正氣로 기질을 잘 순화하여 자연의 性으로 회복하게 된다. 未發之中으로 돌아갈 수 있게 되면 至純, 至善, 調和, 義理와 같은 실체적 구실을 할 수 있다는 것이다.

---

45)『中庸』「中和章」
46) 上揭書, 朱子 註釋
47) 程伊川,『論語』

다시 말하면 인간의 주체가 되는 仁(心之德)으로서의 中이 대상에 작용할 때 情之正으로 나타내서 의리 즉 至善의 조화를 이루어 바람직한 인물로서 聖人의 경지에 이르게 된다. 오늘날 현대 용어로 말하면 전인적인 인물 즉 지성인이 될 수 있다는 것이다.

이와 같은 中和의 德 즉 仁義의 德을 갖춘 위정자가 仁政을 베풀 때 참다운 민주주의 정치가 구현될 수 있음을 찾아보았다.

또 맹자는 인도주의 정신에 입각한 평화주의사상을 구명하여 보았다. 맹자는 살인행위를 일삼는 전쟁을 적극적으로 반대했다. 생각건대, 전국시대 제후들 간에 많은 투쟁으로 사회가 매우 혼란했음을 짐작할 수 있었다. 맹자가 왕도정치로서 仁政을 실현할 것을 요청함은 그 당시의 평화주의가 절실히 요청된 시대였음을 엿볼 수 있다.

맹자의 정치적 본질로서 性善과 인의사상 및 왕도정치와 仁政은 현대에 살고 있는 우리에게 귀감이 될 수 있으리라 믿는다. 특히 물질만능, 황금주의로 흘러 인간성 경시사상과 인간소외의 양상이 만연되고 있는 것이 오늘날의 실정이다. 이에 위정자는 어떻게 하여야만 바람직한 인간성을 회복하고 인간 가치관을 정립하느냐 하는 것이 중요한 문제이다.

생각건대, 8.15 해방과 독립은 우리 사회에 여러 가지 어려운 문제를 던져 주었다. 그 당시의 사회는 서구로부터 유입된 민주주의가 저절로 이루어지는 것으로 착각하였고, 어려운 문제 해결을 너무 쉽게 생각하였다. 그 당시 국가 건설과 사회안녕 질서회복에 힘을 경주할 실정이 못 되었고 각각의 사리사욕에 눈이 어두웠던 것이다. 이와 같이 가치관이 흔들린 실정이었다. 특히 정치적, 경제적 혼란은 더욱 인간의 가치관을 혼란케 하였다. 6.25 동란 이후 불안한 사회였다는 사실과 70년 이후 급격한 경제 성장으로 인한 물질문명의 가치에 치중됨에 따라 인격적

가치 즉 사회윤리관이 무너지기 시작한 것이다.48)

이와 같은 인간가치관의 혼란으로 윤리도덕은 땅에 떨어지고 인심은 위태로워져 갔던 것이다. 이에 대해 인간 가치관 회복을 위한 윤리교육을 실시하였으나 기대할 만한 성과를 거두지 못한 것은 사실이다. 그와 같은 현상은 실리지상주의가 인간성 회복의 문제보다 위에 있기 때문이다. 고전에 "德은 本이요 財는 末이라"49) 하는 것이 오늘날의 실정이다. 그래서 本末이 전도된 오늘날 현실 속에서 정치적으로는 사회통합이나 민족통합을 內로 하면 백성들이 서로 다투고 서로 약탈한다."고 하였으니 이것이 우리 정치·사회현상의 이념을 상실한 채 파행적인 민주화를 외치고 있는 사회, 경제적으로는 물질위주로 인한 황금만능주의만이 만연되는 사회, 문화적으로는 무조건 外來 문화의 수용만을 제일로 아는 사회50), 이같이 소용돌이치는 사회의 질서를 확립하고 바람직한 가치관을 정립하기 위해서는 맹자의 정치철학 속에서 그 가치관을 반드시 찾아야만 올바른 가치관이 정립될 수 있으리라 믿는다. 특히 오늘날의 정치의 책임을 맡고 있는 위정자의 가치관은 맹자가 주장하는 가치관을 확립하여 백성들에게 仁政을 베풀어 仁道主義에 입각한 평화스러운 사회를 이룩하기 바란다.

---

48) 韓國 國民倫理學會, 國民倫理, 螢雪出版社, 1987. pp.79~80 參照
49) 『大學』「傳 十章」
50) 拙稿, 『韓國 傳統思想의 理解』, p.175 參照

10. 孟子의 敎學精神

Ⅰ. 序 論

　교육의 본령이 진리탐구에 있고 인격도야에 있다면, 그 지향하는 목적은 바로 전인적 인물 곧 지성인을 양성함에 있다. 이와 같은 교육의 목적을 성취하기 위하여 교육을 직접 담당하고 있는 교육자 자신들에게는 교육철학이 필히 있어야 한다. 교육철학이 결여 되고서는 바람직한 교육은 기대하기 어려운 것이다. 그러므로 교육과 철학은 서로 불가리의 관계를 가지고 있다고 하겠다. 이 같은 관계 속에서 현대 교육관을 이해해야 한다. 철학은 본질적 근본학 또는 본체론적 형이상학이라 볼 때 교육철학은 교육의 본체이며 교육의 근본학이며 교육의 본체학이라 할 수 있다. 즉 교육의 작용인 교육제도의 근본·본질·전체를 탐구해 내는 것이 교육철학의 본질이라고 말 할 수 있다. 교육철학은 인간을 인간답게 기른다는 교육의 목표를 내포하고 있는 것이다. 지덕을 겸비한 사람다운 사람을 만드는 데 있다는 것이다. 따라서 교육의 최고 목표 과제는 무엇보다도 인성 교육에 있다면, 교육을 담당하고 있는 교육자는 피교육자들의 인성과 품성을 올바른 방향으로 나아가도록 교도하여 바람직한 지성인을 양성해야 한다.

　우리는 흔히 학교 교육 붕괴니 교실 붕괴니 하는 말을 한다. 그것은 교육이 智育·德育을 겸비한 지성인을 양성하기 위한 교육을 제대로 하지 않고, 물질교육·사교육·지식인 교육·입시위주 교육에 치중하여 공교육이 무너지고 있는데서 야기된 말이다.

　오늘날 지식인 교육에서 바람직한 인성 교육을 해결하고 공교육을 살리기 위해서는 맹자의 교육 철학사상이 필요하다고 절감하여 본 연구를 시도 한 것이다.

　본론에서는 맹자의 시대적 배경과 교육철학의 본질인 性善 사상을 규명함으로써 교육의 목적을 알아보고 이 같은 목적을 달성하기 위해 교육 내용과 교육 방법론을 고찰함으로써 현대 인성 교육의 미숙한 점을 보완하고 강조하여 맹자 철학사상의 현대적 의미를 찾아 보고자 한다. 또한 본 논문을 발표함으로써 현대 위기에 처해 있는 왜곡된 교육관을 바로 잡아 나가는데 청량제 역할을 하고자 한다.

Ⅱ. 本體論

1. 道德의 本源으로서의 人性

(1) 現代的 背景

　중국의 춘추전국시대는 여러 제후들이 서로 각축하던 혼란기였다. 이 같은 혼란기는 재래의 봉건제도를 도덕화 해가려는 대기회가 되었던 것이다. 그래서 孔·孟은 周代의 봉건제도를 도덕화해서 새로운 사상을 피력하려는 계기가 되었던 것이다. 따라서 도덕교육은 봉건사회의 혼란한 신분사회 질서의 회복에 있었다. 여기에서 孔孟의 봉건사회 도덕교육학이 요청하는 대상은 예의 구현에 있는 것이다.『논어』에 '博學於文 約之以禮'라고 했다. 예는 봉건적 사회의 질서를 바로 잡는 규정인 것이다. 이 같은 예는 인간의 천성으로 선천적으로 지니고 있다고 보았다. 이 예는 인간에게 하늘로부터 인성을 부여 할 때 주어진 절대의 것이기 때문에, 인간이 그것을 함부로 變改 할 수 없는 것이다. 동시에 사람이면 누구나 天道인 하늘의 질서를 실천해 나가야 하는 것이 인간의 실천 목표이며 이상인 것이다. 따라서 孔孟의 교육 목표가 공공의 이익을 추구하고 혼란한 봉건사회의 질서 유지를 위한 도덕적인 바람직한 인물 양성에 있다고 할 수 있다. 이와 같은 교육의 목표는 인간이 본질적으로 天道의 길을 실천할 수 있도록 되어 있다고 하는 인성론적 입장에서 전개되어져야 한다고 본다.

　유학에서 말하는 인간의 본질적 性은 天命에 의한 것으로서 好義的이며 도덕적인 것으로써 非禮·不義的인 것을 거부하는 것이 천성적으로 주어졌다는 것이다. 그러나 현 사회의 환경이 악과 불의가 유혹을 하고 있다는 것이다. 이 같은 악을 초래하는 모든 환경과의 교섭을 차단할 능력을 인간은 누구나 갖고 있는 것이다. 그러므로 우리는 이 같은 환경 차단과 자기반성을 통한 인성 수양과 도덕적 교육을 통하여 本然의 性을 회복할 수 있다는 것이다. 이 같은 취의를 살려 맹자의 교학 정신으로서의 性論을 고찰하고자 한다.

(2) 道德敎育의 根據로서의 性論

도덕교육의 본능적 욕구로서 필연성이 인성 중에서 내재하고 있음을 명확히 규명한 이는 맹자이다. 맹자는 도덕교육을 행할 수 있는 근거는 본말적으로 具有하고 있는 양심이라 하여 인간의 性을 하늘로부터 부여한 절대적 선이라고 보았다.

그래서 맹자는 윤리·도덕 교육사상 중 가장 중요한 것은 성선설이라는 것이다. 그가 주장하는 오륜의 합리적 근거가 바로 이 성선설에 있으며, 모든 실천도덕과 수양의 가능성도 이 성선설에 그 기초를 두고 있다. 성선설은 인간의 존재 가치를 도덕적 인간관의 위치에서 사회에 道義의 실천함을 그 목적으로 하고 있다. 이와 같은 취의를 구명하기 위해 먼저 맹자의 性善에 대한 의미를 규정해 보고자 한다.

> "등(滕)의 문공이 아직 세자로 있을 때의 일이다. 楚에 일이 있어서 가는 길에 宋나라에 들러 孟子와 만났다. 孟子는 性善을 主張하면서 말마다 堯舜을 예로 들었다. 楚에서 돌아 올 때도 세자는 孟子를 찾았다. 孟子가 말하기를 '세자께서는 아직도 제 말을 반신 반의 하십니까? 무릇 도라는 것은 오직 하나 善을 행하는 일 뿐입니다.'"[1]

라고 하였다. 맹자는 바람직한 인간 가치관을 주장 할 때는 반드시 聖人의 상징이 되는 堯舜을 引稱함으로서 인성이 선하다 함을 증명하려 하였다.

---

1) 『孟子』「滕文公章句上」 "滕文公爲世子 將之楚 過宋而見孟子 孟子道性善 言必稱堯舜 世子自楚反 復見孟子. 孟子曰 世子楚吾言乎 夫道一而已矣."

맹자가 성선을 주장할 때 항상 요순을 언급하려는 것은 文公에게 明君이 될 수 있다는 가능성을 자각시키기 위함이다. 동시에 인간은 누구든지 요순과 같은 인물이 될 수 있음을 시사한 것이다. 이렇게 인간이 누구나 될 수 있다는 전제는 인간의 본성이 절대적인 선을 배태하고 있기 때문이라는 것이다. 그러나 누구나 요순과 같은 인물이 저절로 된다는 것이 아니고 요순과 같은 성군이 되기 위해서는 꾸준한 자기 수양을 통하여 가능하다는 것이다. 이와 같이 성군이 될 수 있는 가능성 즉 인간의 본성은 도덕적 교화를 통하여 성군이 될 수 있다는 것이다. 이 같은 다는 미루어 보아서 인간은 누구든지 반드시 도덕적 교화의 소질이 있다는 것이 맹자 성선의 의의라 할 수 있다. 본성은 선천적으로 인간에게 부여되어져 있는 선의지를 바탕으로 하고 있기 때문에 이다는 고수하여 확충해 가면 누구든지 요순과 같은 聖人이 될 수 있다는 것이다. 그러므로 맹자는 性을 선천적 도덕의 본체로 보게 된 것이다.

> "告子가 말하기를 '性은 마치 빙빙 도는 물과 같습니다. 東方으로 트면 東으로 흐르고 西方으로 트면 西方으로 흐릅니다. 인성에 선과 불선의 구분이 없다는 것은 마치 물에 동서의 구분이 없는 것과 같습니다.' 맹자가 말하기를 '물에는 정말 동서의 구분은 없지마는 상하의 구분이야 없겠는가? 사람치고 선하지 않은 사람이 없고 물치고 아래로 내려가지 않는 물이 없네. 이제 물을 쳐서 뛰어 오르게 하면 이마를 넘어 가게 할 수 있고, 아래를 막아서 역류케 하면 산에까지 올라가게 할 수 있으나 이것이 어찌 물의 性이겠는가? 외부의 힘으로 그렇게 되는 것일세. 사람을 불선하게 만드는 것도 그 경우가 이 물과 같은 것이다.'"[2]

---

2) 『孟子』「告子章句上」"告子曰 '性猶湍水也 決諸東方則東流 決諸西方則西流 人性之無分於善不善也 猶水之無分於東西也.' 孟曰 '水信無分於東西 無分於上下乎 人性之善也 猶水之就下也 人無有不善 水無有不下 今夫水搏而躍之 可使過顙 激

라고 하였다. 이 글은 맹자가 인성을 물에 비유하여 설명하고 있는 告子의 性論을 논박한 글이다. 맹자는 告子의 이러한 물의 비유는 결코 물의 본성이 아니라는 것을 논급하였고 이것을 끌어다가 인간도 물의 성향과 같이 그 본성 자체는 반드시 선의 성향이 있으나, 불선한 행위를 하는 것은 일시적인 環境의 영향에 의한 것이라 하였다. 요약컨대 告子는 도덕의 후천성을 말한 것이라면, 맹자는 도덕의 선천성을 주장한 것이다. 또 맹자는 인간의 본성은 仁義禮智로 보았다.

> "사람은 누구나 다 남의 불행을 참아 보지 못하는 마음이 있다. 이제 어떤 어린아이가 우물로 기어들어 간다고 가정한다면 그것을 보는 사람은 누구나 다 불행히 여겨서 건지려고 할 것이다. 이 순간 그 정황을 생각해 본다면 그는 어린아이를 구출하였다는 명예를 얻으려는 것도 아니고, 그 기회에 어린아이와 사귀어 이익을 보자는 것도 아니고 또 어린아이를 구출하지 아니한데 대한 좋지 못한 평을 두려워함도 아니다. 어린아이를 건지려 함은 순수한 自然之性의 발로이다. 이 같은 마음은 惻隱의 마음이라 한다. 이것을 추급해 보면 측은한 마음이 없으면 사람이 아니고 羞惡의 마음이 없으면 사람이 아니고 辭讓의 마음이 없으면 사람이 아니고 是非의 마음이 없으면 사람이 아니다. 측은의 마음은 仁의 실마리이고, 수오의 마음은 義의 실마리이고, 사양의 마음은 禮의 실마리이고, 시비의 마음은 智의 실마리이다. 사람은 누구나 다 이 四端 즉 네 실마리가 있다."3)

而行之 可使在山 是豈水之性哉 其勢則然也 人之可使爲不善 其性亦猶是也.'"
3) 『孟子』「公孫丑上」 "人皆有不忍人之心 … 今人乍見孺子將入於井 皆有怵惕惻隱之心 非所以內交於孺子之父母也 非所以要譽於鄕黨朋友也 非惡其聲而然也 由是觀之 無惻隱之心 非人也 無羞惡之心 非人也 無辭讓之心 非人也 無是非之心 非人也 惻隱之心 仁之端也 羞惡之心 義之端也 辭讓之心 禮之端也 是非之心 智之端也."

라 하였다. 인간이 이 四端을 가지고 있다는 것은 태어날 때부터 선한 性을 가지고 태어남을 말해 주고 있는 것이다. 또 맹자가 말하는 不忍之心의 발로는 상대방의 행위에 대한 도덕적 가치판단으로 선이라 규정할 수 있다. 이 같은 자연적으로 노출되는 不忍之心은 오직 순수한 本然之性의 발로인 것이다. 그러므로 맹자는 가치관의 규정으로서 선의 결과를 이룰 수 있는 것은 인간의 본성에 근본하고 있는 不忍之心에 의한 것이라 하였다. 또 맹자가 성선을 주장하는데 요순의 性을 말한 것은 不忍之心을 확충해서 聖人의 경지에 이르도록 하기 위함이지 처음부터 사람들을 요순과 같은 성인의 마음을 갖추고 태어났다는 것은 아니다. 맹자가 사람들은 누구나 그 本然의 性 중에 있는 인의예지를 발현할 수 있는 실마리를 갖추고 있음을 말한 것이다. 그래서 그 본성을 수양하고 교학해 나가면 인의예지의 四端이 확충되어서 요순의 인의예지의 본성과 일치될 수 있다는 것이다. 여기에서 맹자는 두 가지 점을 강조하고 있다. 하나는 사단의 마음은 사람들은 누구나 반드시 소유하고 있는 마음이며 또 하나는 성선을 발휘할 수 있는 가능성이다. 환언하면 사단 확충의 가능성을 말하고 있다. 이 양심의 善端을 확충시켜 나가면 선한 사람이 되고 양심의 善端을 발견시키지 못하면 악인이 된다는 것이다.

그래서 맹자는 도덕적 교화론을 주장한다.

"사람의 性은 善한 것이다. 그것은 마치 물이 아래로 흐르는 것과 같다. 그러므로 사람은 착하지 않은 性品이 없으며 물은 아래로 흐르지 않는 것이 없다."[4]

---

4) 『孟子』「告子上」"人性之善也 猶水之就下也 人無有不善 水無有不下."

라 하여 사람은 선의 마음을 가지고 있음을 확증한 것이라 하겠다. 또 맹자는 인성 그대로 따르면 사람은 선한 가치관을 가지게 되고 악을 미워하는 경향이 있다고 하였다.

"마음이 같이 그러한 것이 있다면 그것이 무엇일까? 그것은 理이니, 성인은 먼저 우리들이 옳다고 하는 것을 가지고 있을 뿐이다. 그런고로 理와 義가 내 마음을 기쁘게 함이다."[5]

라 하였다. 의리를 욕구하는 것도 선천적으로 고유한 것이며 또한 보편적 진리인 것이다. 그러므로 의리는 누구나 다 좋아하고 의리가 아닌 것은 누구나 다 미워한다. 이러한 의리는 사람들의 본성에서 나오는 것이기 때문에 이것은 바로 인성이 선한 의지를 가지고 있음을 시사한 것이다. 맹자는 또 性은 인의도덕의 본성임을 다음과 같이 말하고 있다.

"告子가 말하기를 '性은 갯버들에 비하면 義는 갯버들을 구부려 만든 술잔이나 바리에 비할 수 있습니다. 사람의 본성으로 仁과 義를 만드는 것은 마치 갯버들로 술잔이나 바리를 만드는 것과 같다.' 라고. 맹자가 말했다. '당신은 갯버들의 본성을 따라 술잔이나 바리를 만드는가 또는 갯버들의 본성을 죽임으로써 술잔이나 바리를 만드는가. 만약 갯버들의 본성을 죽임으로써 술잔이나 바리를 만드는 것이라면 혹은 사람의 본성을 죽여 인의를 만든다고도 할 수 있을 것이다. 천하 사람을 이끌고 인의를 해치는 것은 필시 당신의 학설일 것이다.'"[6]

---

[5] 『孟子』「告子上」 "心之所同然者何也 謂理也 聖人先得我心之所同然耳 故義理之悅我也."

[6] 『孟子』「告子上」 "告子曰 '性猶杞柳也 義猶桮棬也 以人性爲仁義 猶以杞柳爲桮棬' 孟子曰 '子能順杞柳之性而以爲桮棬乎 將賊杞柳而後以爲桮棬也 如將戕賊杞柳而以爲桮棬則 亦將戕賊人以爲仁義與 率天下之人而禍仁義者 必子之言夫.'"

라고 하였다. 위의 내용은 맹자와 告子가 각자 性論에 대한 제의를 내리면서 상대의 이론을 논박한 것이다. 告子는 인간의 선택적 입장을 벗어나서 경험적인 태도였기 때문에 인성은 존재 가치관을 따지기 이전 상태로 돌아가야 한다는 입장에서 인의도덕은 인간의 작위로 본 것이다. 맹자는 性을 선천적 도덕성으로 보았기 때문에 인성을 사회적 규범에 적응하는 도덕적 실현적 의미로 본 것이다.

　이상의 性善에 대한 맹자의 논증을 정리해 본다면, 사람의 본성이 선한 것으로 이해할 수 있다. 특히 子思가 『중용』의 첫머리에서 '하늘이 命한 것을 性이라고 한다.' 하는 것과 『周易』에 '한번 陰하고 한번은 陽한다. 이것을 천지자연의 道라고 한다. 이것을 계승한 것은 선이요, 이것을 형성한 것이 본성이다.' 라고 하여 본성의 선함을 말하였는데 이같은 본성의 선함을 만인이 다 구비하고 있다는 것이다. 위의 사실을 근거하여 맹자는 인성이 선하다 함을 확신한 것이라 볼 수 있다.

　그런데 맹자가 말하는 不善은 사회적 환경과 인간의 물욕에 의하여 자연의 본성을 가리워 생기는 것이라는 것이다. 이 같은 경우에는 인간 본성이 물욕에 가리워졌을 때는 교학적 방법에 의하여 본성을 회복해야 한다는 것이다. 즉 인도적 수양 및 교학을 통해서 天道의 경지에 이르렀을 때 本然의 性인 선으로 돌아가서 바람직한 가치관을 정립하게 된다는 것이다.

2. 仁, 義의 價値觀

　맹자는 性善에 대한 논증을 추론해 보면, 인간의 본성은 선하다고 하였고, 태어날 때부터 仁義禮智와 같은 天道의 마음을 지닌 四端을 가지고 태어남을 말하고 있다. 맹자의 仁思想은 공자의 仁思想을 이어 받아 구체화하여 仁義를 함께 시사하고 있다. 공자가 말하는 仁의 의미는 『대학』「經文章」에 있는 明德과 같은 의미를 가지고 있다. 명덕에 대한 朱子의 설명을 살펴보면 "명덕이란 사람이 하늘로부터 부여 받은 것인데 인욕과 私心이 배제되고 신령스럽고 어둡지 아니하여 여러 이치(仁義禮智)를 갖추어 만사에 응하는 것이다."7) 라고 하였다. 명덕은 맹자가 말하는 인간의 본성에 대한 의미로서 인간의 내적 성실성을 말하고 있으며, 공자가 말하는 仁과 같은 의미로서 朱子는 心의 德, 愛의 理로 풀이하고 있다. 공자는 또 "仁은 愛人"8) 이라 하여 인간이 공동사회 생활을 하는데 상부상조하는 박애정신을 발휘하는데 필요한 인륜의 조화를 의미하고 있다. 그래서 맹자도 "仁은 人이라."9) 하여 仁은 인간 가치관 문제를 내포하고 있는 것이다. 仁을 이해하려면 인간의 가치관 문제를 먼저 이해해야 한다는 뜻을 지니고 있다. 仁道는 곧 人道로서 인간의 본질적 가치관을 통해서 윤리관을 세울 수 있고, 仁의 가치관을 정립할 수 있음을 시사하고 있다.

　顔淵이 仁의 의미를 공자에게 물었을 때 "공자가 克己復禮爲仁"10) 이라 했다. 여기서 극기란 자기의 울분을 억제한다는 뜻이 아니라, 자기 내면적 인욕과 사욕을 다 버리고 성실한 자기 본래의 환원으로 이해할 때, 극기란 바람직한 자기 가치관이 정립된 仁者를 요청하고 있는 것이다. 또 공자께서 仁을 대타적 관계에서 설명하기를 "仁이란 자기가 서고자 하면 다른 사람을 세우며 자기가 통달하고자 하면 다른 사람을 통

---

7) 『大學』 朱子註? "明德者 人之所得於天而虛靈不昧 以其具衆理而應萬事者也."
8) 『論語』「顔淵」孔子曰 "仁者 愛人也."
9) 『孟子』「盡心下篇」孟子曰 "仁也者 人也."
10) 『論語』「顔淵篇」子曰 "克己復禮爲仁."

달하게 한다."11) 라 하였다. 이것은 사람 각자가 내면적 가치관인 명덕이 확립되면, 대상인 타인에게 자연스럽게 박애의 정신이 추급되어 忠恕의 道와 연결 될 수 있음을 시사하고 있다.

이와 같이 공자의 仁思想은 논어 여러 곳에서 찾아 볼 수 있는데 때와 장소에 따라 사람에 따라 다르게 말하고 있으나 仁思想이 하나로 정립된 말씀이 있으니 이것이 바로 "一以貫之道"12)이다. 공자의 제자인 曾子는 一以貫之道를 忠恕로 풀이하였던 것이다. 그런데 程子는『논어』里仁篇에서 忠恕의 의미를 풀이하기를 忠은 天道요 恕는 人道라 하고 忠은 無妄이요 恕는 忠을 행하는 것이라 하고 또 忠은 大本으로써 體요 恕는 達道로써 用으로 설명하고 있다.

『중용』에 "誠은 天道요 聖人이라."13) 하였다. 여기에서 忠이 심화되면 誠으로 연결됨을 쉽게 알 수 있다. 그래서 忠은 天道로서 聖人의 마음이라 볼 수 있고 恕는 聖人의 마음이 외적 대상에 추급하게 될 때, 인간으로 마땅히 행해야 할 人道로서 의리 정신의 발휘라 볼 수 있다. 그러므로 인간의 본체인 忠의 가치관이 정립 될 때 達道로써 恕가 작용됨을 찾아 볼 수 있다. 이로 미루어 보아 바탕되는 忠과 작용적인 恕가 이원적 일원화 될 때 仁者로써 바람직한 전인적인 인물이 된다는 것을 찾아 볼 수 있다. 이와 같이 忠恕의 恕가 작용 될 때 의리 정신이 발휘될 수 있기 때문에 맹자는 공자의 仁思想 외에 義字를 더 첨가하여 仁義를 인간 가치관 문제로 본 것이다.

朱子는『맹자』「梁惠章」에서 仁義에 대한 설명을 다음과 같이 설명

---

11) 上揭書「雍也」.
12) 上揭書「里仁」.
13)『中庸』「二十章」"誠者天之道也 … 聖人也."

하고 있다. '仁은 心의 德이요 愛之理라' 하였고 '義는 心의 制요 事의 宜라' 하였다. 仁은 인간의 본체로서 天道인 마음의 德과 사랑의 조화를 갖추고 있는 명덕과 같은 개념으로 볼 수 있다. 이 같은 人德을 갖추어 대상에 적응 될 때 외적인 작용들이 사리에 알맞게 적용된다는 것이다. 그러므로 仁과 義는 두 글자이지만 하나의 뜻으로 나타날 때 道義란 뜻으로 통용된다.

또한 『중용』에 있는 "忠恕는 天道로 지향함에 사람으로 멀지 않다."14)고 한 忠恕의 道와 같은 의미를 내포하고 있다. 인간의 心의 大本인 忠의 가치관이 정립되었을 때 達道로서 恕가 가능할 수 있음을 시사한 말로 충서가 이원적 일원화가 될 때 仁者로서 바람직한 전인적 인물이 될 수 있다는 것이다. 충서의 작용으로써 恕가 발휘 될 때 의리 정신이 구현하기 때문에 仁字 외에 義字를 더 첨가해서 인의를 인간 가치관 문제로 해명할 수 있다고 본다.

이상에서 논술한 바와 같이 性善과 인의사상 그리고 충서의 문제는 바람직한 인간 가치의 존재 문제로 취급될 수 있다. 이 같은 맹자의 인간 가치관 문제를 가지고 다음 교육철학의 실천론을 구현하고자 한다.

Ⅲ. 實踐論

1. 敎育目的

유교 교육의 목적은 知行合一 할 수 있는 聖人의 경지에 이름에 있는

---

14) 上揭書「十三章」"忠恕達道 不遠人."

것이다. 다시 말하면 바람직한 인간 가치관의 인격자를 길러 냄에 있다고 하겠다.

맹자도 교육의 최고 목적은 자연의 본성을 신장하여 四端을 확충하여 도덕의 근본인 仁義를 갖춘 바람직한 인물을 양성함에 있다고 볼 수 있다.

> "이상적 인물은 천하의 넓은 집에서 살고 천하의 가장 합당한 위치에 서서 천하의 가장 큰 道를 시행하여 자기가 하고자 하는 뜻을 얻으면 백성들과 같은 방향으로 나아가고 만일에 하고자 하는 뜻을 얻지 못하면 자기 혼자만이라도 이 도를 행한다. 부귀라도 나의 마음을 유혹할 수 없고 빈천에 처해 있어도 옮길 수 없고 권위와 무력이라도 나의 기대를 꺾을 수 없다. 이런 것을 하는 자를 사나이 대장부라 한다."15)

위에서 말하는 천하의 넓은 집은 仁이며 천하의 바른 위치란 禮이며 천하의 大道는 義를 나타내고 있다고 본다. 그러므로 仁과 義와 禮를 실천할 수 있는 바람직한 인물을 대장부라 하였는데 바로 이 같은 인물이 맹자가 바라는 이상적 인물이라 하겠다. 그러므로 맹자는 이 같은 바람직한 이상적 인물이 王이 되어야하는 王道政治를 할 수 있다고 보았다. 이 같은 바람직한 인물을 공자는 君子, 眞人으로 표시하였는데 좀 더 修己治人하면 인간의 극치인 人極으로서 聖人에 이를 수 있는 교육 철학을 제시하고 있다고 본다. 맹자도 완전한 인격자를 군자와 같은 표현으로 자주 한 것을 『맹자』책 가운데서 찾아 볼 수 있다. 仁과 義와 禮를 실천할 수표 현들 수 좀 더 도덕 교육에 의한 주 의 경지를 열망하

---

15) 『孟子』「滕文公下」 "居天下之廣居 立天下之正位 行天下之大道 得志與民由之 不得志獨行其道 富貴不能淫 貧賤不能移 威武不能屈 此之謂大丈夫."

고 있다고 보아야 한다. 그러므로 맹자의 교육의 최고 목적은 人道의 과정을 거쳐 天道에 도달한 聖人을 요청하고 있는 것이다. 이 같은 교육철학을 제시하고 있는 맹자는 현대 교육에서 말하는 전인교육 사상을 고취시킨 최초의 인물로 간주 할 수 있다.

2. 敎育의 內容

맹자는 항상 도덕 교육을 주장하고 있다. 도덕교육의 목적을 聖人에 두고 性善論과 仁義論으로 교육의 본질을 해명하고자 하였다. 그래서 도덕적 판단을 할 수 있는 도덕적 지혜를 요청하고 있다.

> "지성인에게는 알지 못할 것이 없는 것이겠지만 먼저 당연히 힘써야 될 일을 급하게 여겨야 할 것이다. 인자한 사람에게는 사랑하지 않을 것이 없는 것이겠지만 賢良한 사람을 더 친하기를 서두를 것을 힘써야 될 일이다. 堯임금 舜임금 지혜로도 사물을 두루다 알지 못했던 것은 먼저 힘써야 될 일을 서둘러 했기 때문이다. 또 堯임금과 舜임금의 仁慈함을 가지고도 사람들을 두루 다 사랑하지 못한 것은 賢良한 사람을 먼저 친하는데 서둘렀기 때문이다."[16]

라 하였다. 사람은 누구나 도덕적으로 보다 가치 있고 긴요한 일을 먼저 가려서 실행할 줄 아는 판단의식을 갖고 있다. 이것이 바로 도덕적 知이다. 그러나 사람들은 가장 근본적인 것을 잘 파악하지 못하고 일을 처리하는 경우가 많다. 堯임금이나 舜임금과 같이 바람직한 지성인은 자기

---

16) 『孟子』 「盡心章上」 "知者 無不知 當務之爲急 仁者 無不愛也 急親賢之爲無 堯舜之知 而不徧物 急先務也 堯舜之仁 不徧愛人 急親賢."

가 마땅히 처리해야 할 것이 무엇인가를 확실히 판단 할 줄 아는 사람이다. 도덕교육의 목표는 요순과 같은 바람직한 지성인을 양성함을 그 내용으로 한다. 맹자는 또 仁과 義로써 인간 교육의 내용으로 하고 있다. 주위 환경에 의해 인간의 본성이 악화되는 경우가 많다.

이와 같이 되는 것은 存養省察을 제대로 하지 못하기 때문이라는 것이다. 우리의 본성 가운데 있는 仁義禮智의 사단을 확충하는 것이 절대로 필요하다. 이와 같은 역할을 하는 것이 바로 도덕교육 또는 인성교육인 것이다. 그래서 맹자는 다음과 같은 도덕교육을 제시하고 있다.

첫째로, 四端을 확충해야 한다는 것이다.

"이 四端의 마음을 확충하면 한 점의 불이 붙기 시작하여 점차로 뜨거운 火勢를 이루는 것과 같이 또 작은 물방울이 모여서 나중에 滔天의 홍수를 이루는 것과 같이."17) 선의 능력이 강대해져서 물욕의 침해를 배제하면 훌륭한 현인군자가 될 수 있다는 것이다.

둘째로, 浩然의 氣를 기른다는 것이다. 맹자는 不動心에 이르는 방법으로 浩然之氣를 기를 것과 知言의 방법을 말하였다.

> "浩然之氣의 氣됨이 至大至剛하여 正道로써 가르고 害함이 없으면 천지간에 充塞한다. 그 氣는 義와 道를 짝한다. 이것은 義를 쌓음으로써 생기는 것이고 義가 엄습하여 취하는 것은 아니다. 다시 말하면 계속적으로 義를 쌓음으로써 얻어지는 것이고 一朝一夕에 갑자기 얻어지는 것은 아니다. 자기 양심에 비추어 보아 조금이라도 불만족한 것이 있으면 浩然之氣는 얻어졌다고 할 수 없다."18)

---

17) 上揭書「公孫丑上」 "凡有四端於我者 知皆擴而充之矣 若火之始然 泉水之始達."
18) 上揭書「公孫丑上」 "曰難言也 其爲氣也 至大至剛 以直養而無害 則塞于天地之間 其爲氣也 配義與道 無是餒也 是集義所生者 非義襲而取之也 行有不慊於心則餒矣."

라 하였으니 浩然之氣를 가진 사람의 모습을 설명한 것으로 그와 같은 사람을 지조가 있고 품위가 있는 바람직한 인물이라 한 것이다.

셋째로, 養氣와 함께 不動心에 이르는 방법으로 타인의 말을 듣고 正邪曲直을 정확히 판단해야 한다는 것이다.

넷째로, 마음을 수양하는 요체로서 寡欲을 함으로써 욕망을 절제해야 한다.

다섯째로, 夜氣를 보존하고 放心을 도로 찾아야 한다. 그렇게 실행함으로써 性善을 회복하게 된다는 것이다.[19]

이상에서 논술한 5가지 방법으로 인성을 교화했을 때 천인합일의 경지에 이르게 되어 바람직한 인간 가치관을 가지게 된다는 것이다. 맹자는 요순과 같은 바람직한 인물을 희망하고 있다.

맹자의 교육의 내용으로 또한 五倫과 五常을 들 수 있다. 오륜은 인간이 살아가는데 반드시 지켜나가야 할 인륜으로서 父子有親, 君臣有義, 夫婦有別, 長幼有序, 朋友有信인데 이것을 요약해서 親, 義, 別, 序, 信이라 한다.

원래 書經 舜典에 五典이라는 말이 있는데 五品, 五常, 五倫이라는 말과 같은 것으로써 仁, 義, 禮, 智, 信의 五德目을 말하고 있다.

인륜의 기준으로 오륜의 윤리 교육을 실천할 것을 늘 강조한 것은 전국시대의 사회혼란기를 엿 볼 수 있다. 이와 같은 綱常을 확립해야만 禮記에서 말하는 大同社會를 이룩할 수 있다는 것이다. 이와 같은 행위의 주체는 사회구성원 각자의 虛靈不昧한 明德이라는 것을 쉽게 알 수 있다. 그러므로 맹자는 유가의 요체인 修己治人의 원리에 입각한 사

---

19) 金能根 著, 『中國哲學史』 서울, 奬學出版社, 1984. 76-77쪽 참조

회·윤리 교육을 요청하고 있다고 보아야 한다.

3. 教育의 方法

공자의 교육방법을 요약하면 계발 법을 사용하였다. 논어 전편을 통해 볼 때 제자와의 문답을 고찰해 보면 제자들의 재질성에 따라, 그 문제에 따라 그 적절한 지도와 해답을 하여 주었으니 바로 이와 같은 것이 계발식 교육방법이라 하겠다.

맹자는 공자와 달리 다변적 교육방법을 취하고 있다.

> "가르치는 데에도 역시 그 방법이 여러 가지 있다. 내가 탐탐하게 여기지 않아서 가르쳐 주지 않는 것도 역시 가르쳐 주는 것이 될 따름이다."[20]

라고 하여 남을 가르치는 교육방법에 여러 가지 양상이 있음을 시사하고 있다. 그래서 맹자는 교화의 다섯 가지 방법을 제시하고 있다.

(1) 啓發 教育

> "맹자께서 말씀하셨다. '군자가 남을 가르치는 방법에 다섯가지가 있다. 제때에 내리는 비가 초목을 저절로 자라게 하는 것과 같이 하는 것이 있다. 德을 이룩하게 해 주는 것이 있다. 물음에 대답해 주는 것이 있다. 혼자서 덕을 잘 닦아 나가도록 해 주는 것이 있다. 이 다섯 가지는 군자가 가르키는 방법이다.'"[21]

---

20) 『孟子』「告子章句下」 "教亦多術矣 予不屑之教誨也者 是亦教誨之而已矣."
21) 『孟子』「盡心章句上」 "孟子曰 '君子之所以教者五 有時雨化之者 有成德者 有達財者 有答問者 有私淑艾者 此五者 君子之所以教也."

라 하였다. 맹자의 교육의 방법 이론은 인간의 도덕 의지를 통해서 자율적으로 악을 거부하고 바람직한 인간 가치관을 정립할 수 있는 가능성을 敎示해 주고 있다. 그 방법은 환경으로부터 유발하는 모든 악을 차단하고 자율적으로 도덕적 가치관을 가질 수 있도록 하는 일종의 개발 교육이라 볼 수 있다. 위의 '제때에 내리는 비가 초목의 변화를 가져오는 것과 같이 하여', '스스로 덕을 닦아 나가도록' 한다는 것은 바로 간접적 개발 교육 방법이라 볼 수 있다.

(2) 標準 敎育

스승의 가르침을 배우고 배운 것을 구현케 하는데는 적합한 표준이 있어야 한다. 그래서 맹자가 말하기를 "羿(예)가 남에게 활 쏘는 법을 가르칠 적에 반드시 활을 충분히 당기도록 하는 것에 마음 써야 한다. 목수가 남을 가르칠 적에 반드시 規矩를 가지고서 가르친다. 배우는 사람 역시 規矩를 가지고서 배워야 한다."[22]
고 하였다. 聖人의 道를 배우고 그것을 실행하는 데에는 반드시 거기에 필요한 표준이 서 있어야 된다는 것을 비유한 말이다.

활 잘 쏘기로 이름난 羿가 남에게 활쏘는 법을 가르칠 적에 반드시 활을 최대한으로 잡아 당겨서 목표물을 맞혀야 하겠다는 일념으로 전심하도록 했다. 이와 같은 방법으로 聖人의 道를 배우는 사람들에게도 위와 같은 방법으로 반드시 실행하도록 하여 이에 전심해야 된다는 것이다.

---

[22] 上揭書 「告子」 "孟子曰 羿之敎人射 必去於彀 學者於亦 必去於彀 大匠海人 必以規矩 學者亦必以規矩."

위의 말을 통관해 볼 때에 맹자는 선왕의 道가 교육에 기준이 됨을 시사한 것이다. 올바른 스승이라면 그 표준을 지키게 하는 이상적 교육을 지도해야 한다.

(3) 個性 敎育

자연 순리에 따르는 개성 계발 교육을 강조하여 다음과 같이 말하고 있다.

> "송나라의 어떤 사람이 싹이 자라지 않는다고 걱정한 나머지 이것을 뽑아 주었다. 매우 지쳐 돌아오자 '오늘은 피곤하다. 나는 싹이 자라도록 도와서 늘여 주었다.'고 가족에게 말했다. 아들이 급히 밭으로 달려가 보았더니 싹은 온통 시들어 있었다. 이것은 웃을 일이 아니다. 천하 사람들을 보건대, 이 송나라 사람처럼 싹 자람을 도와준답시고 잡아 당겨서 늘이러 들지 않는 사람은 드물다. 이런 일이 해가 됨을 알고 싹난 곡식을 버려 두는 사람은 김을 매지 않는 사람이며 이것을 돕는다고 잡아당기는 사람은 싹을 잡아 뽑는 사람이다. 다만 이익이 안 될 뿐 아니라 싹에 해를 주는 행동이 아니겠느냐."[23]

라고 하였다. 이 문답은 맹자가 신뢰하는 제자의 질문에 대해 자기의 학습방법과 인생의 신조를 토로한 대목이다. 자연의 순리를 무시하고 인위적인 방법으로 목적을 달성하려고 하면 도리어 害가 된다는 것이다. 교육도 자기 주관에 의한 교육방법은 무익하다는 것을 비유한 말이다. 그

---

23) 上揭書 「公孫丑上」 "宋人有閔其苗之不長而揠之者 芒芒然歸 謂其人曰 '今日病矣! 豫助長矣!' 其子趨而往視之 苗則槁矣 天下之不助苗長寡矣 以爲無益而舍之者 不耘苗者也 助之長者 揠苗者也 非徒無益 而又害之."

러므로 자연의 순리에 의한 개성교육을 실천해야 함을 강조한 것이다.

(4) 學習敎育

맹자께서는 사람은 불가능이란 있을 수 없다는 것을 강조하여 말씀하시기를

> "사람에게 나는 태산을 옆에 끼고 북해를 건너 뛸 수 없다고 하면 이것은 참으로 할 수 없는 것이다. 그러나 또 사람에게 나는 어른을 위해서 나뭇가지 하나도 꺾을 수 없다고 하면 이것은 하지 않는 것이요, 할 수 없는 것은 결코 아니다."24)

라고 했다. 사람들은 최선의 노력을 다하여도 불가능한 것이 있고, 가능한 것이 있다. 그러나 피교육자의 학문은 부지런히 목표를 향해서 노력하면 이루지 못할 것이 없다는 것이다. 활을 쏠 때도 전심전력을 다할 때에 목표물에 명중시킬 수 있듯이 학습교육에 도달하려는 자는 일정한 목표를 설정하여 그 목표를 향해 온 정신력을 집중해야만 달성할 수 있다는 것이다.

(5) 敎育 環境

맹자는 慈母의 三遷之敎에 의하여 감화되었기 때문에 교육환경을 매우 중요시했다.

---

24) 上揭書「梁惠王」"狹太山以超北海 語人曰 我不能 是誠不能也. 爲長者折枝 語人曰 我不能 是不爲也 非不能也."

"맹자가 범읍으로 부터 제의 서울에 갔을 때 왕자를 멀리 바라보고 감탄하면서 말했다. '환경의 기질을 바꾸고 식생활이 체질을 바꾼다더니 환경이란 참으로 중요하구나. 다 사람의 아들이 아닌가? 그런데 저 왕자만 어찌 저리도 돋보이는 것이랴.' 또 말하기를 '왕자의 거실, 거마의 복은 대개 타인과 같은데 그래도 왕자가 저렇게 훌륭해 보이는 것은 그 환경 탓이다. 하물며 천하를 자기의 거처로 삼는 인인이야 어찌 훌륭해 보이지 않으랴.' 魯나라 임금께서 宋나라에 가셨을 때 그 서울의 질태문에서 문을 열도록 소리치셨는바 그 때 문지기가 말했다. '우리 상감이 아니신데도 그 소리는 어찌도 그리 우리 상감을 닮으신 것일까? 이것은 다름이 아니라 환경이 비슷한 때문이다.'"25)

라고 하였다. 왕자 역시 인간의 자식인 점에 있어서는 다름이 없다. 그러나 그가 차지하는 지위와 환경에 따라서 그처럼 비범한 인물을 형성한 것이다. 더구나 천하에서 무엇보다 크고 넓은 위치를 차지하는 仁義 뜻을 둔 사람이라면 비범하게 됨을 설명할 필요조차 없다는 것이다. 교육의 효과도 환경의 영향이 절대적 비중을 갖는다는 것을 시사하고 있는 것이다. 그러므로 환경이야말로 교육의 성과를 이룩할 수 있는 주요한 것임을 말하고 있다.

"이제 한 알의 보리를 가지고 비유하면 밭에 씨를 뿌리고 흙으로 덮어주고 땅도 같고 파종 시기도 같게 하면, 그 씨들이 무성히 일제히 자라나니 때가 되면 다 성숙하게 된다. 비록 가을 수확이 많고 적은 차이가 있더라도 이것은 다 땅이 쌀지거나 메마르거나, 비와 이슬이 고르지 않게 자라거나, 또는 사람의 힘을 골고루 들이지 못한 까닭이다."26)

---

25) 上揭書「盡心章句上」"孟子自范之齊 望見齊王之子 喟然歎曰 居移氣 養移體 大哉乎 夫非盡人之子與 孟子曰 王子宮室車馬衣服多與人同 而王子若彼者 其居編之然也 況居天下之廣居者乎 魯君之宋 呼於垤澤之門 守者曰 此非吾君也 何其聲之似我君也 此無他 居相似也."

라고 하였다. 같은 보리씨를 같은 시기에 심고 자라났는데 수확의 차이가 생기는 것은 환경의 여건 때문이라는 것이다. 교육의 효과도 환경의 여건에 따라서 인성교육에 중점을 둘 수도 있고 지식 교육에 중점을 둘 수도 있게 된다는 것이다. 또 맹자는 환경과 교우관계가 교육학습 활동에 큰 영향을 줄 수 있다고 한다.

> "맹자가 萬章에게 일러 '한 고을의 선한 선비를 벗으로 사귀고 한나라의 선한 선비일 경우에는 한나라 선한 선비를 벗으로 사귀며 또 천하의 선비일 경우에는 천하의 선한 선비를 벗으로 사귀는 것이 만족하게 여겨지지 않으면 또 옛사람에게 향해서 논평하고 벗 삼는다. 그 사람이 지은 시를 낭송하고 그 사람이 쓴 책을 읽고서도 그의 사람됨을 모른대서야 되겠는가? 그래서 그의 시대를 논하게 되는 것이니 이것이 곧 위로 향해서 벗으로 사귄다는 것이다.'"[27]

라고 하였다. 인간은 누구나 다 자기보다 식견이 넓고 올바른 행실을 가진 사람과 사귀고자 한다. 그래서 인격적으로 훌륭한 인물을 한 고을에서 찾지 못하면 전국적으로 찾아보고 천하를 두루 찾아보아도 적격 인물이 없을 때에는 역사적으로 훌륭했던 인물을 논평해 보고 벗으로 삼는다는 것이다. 이 같은 제시는 훌륭한 교우 관계가 인성 교육을 학습하는데 지대한 영향을 주기 때문에 교육방법으로써 중요하게 여겼던 것이다.

---

26) 上揭書「告子」"今夫麰麥 播種而耰之 其地同 樹之時又同 樹之時又同 浡然而生 至於日至之時 皆熟矣 雖有不同 則地有肥磽 雨露之養 人事之不齊也."
27) 上揭書「萬章句下」"孟子謂萬章曰 一鄕之善士 斯友 一鄕之善士 一國之善士 斯友一國之善士 天下之善士 斯友天下之善士. 以友天下之善士 爲未足 又尙論古之人 頌其詩 讀其書 不知其人 可乎 是以論 其世也 是尙友也."

이것은 세월의 흐름에 따라 인물의 품격을 평가하고 훌륭한 점을 본받는데서 우리가 취할 수 있는 기본적인 교육의 법칙이 될 수 있다는 것이다.[28]

(6) 師道 敎育

公孫丑는 자녀교육에 대하여 맹자에게 질문하기를

> "군자는 자기 친자식을 가르치지 않는다고 하였으니 이것은 무슨 이유입니까? 하고 물으니 그것은 사실상 행할 수 없는 것이다. 교육은 반드시 올바르게 가르쳐야 하는 것인바, 子息이 올바르게 되지 않으면, 자연히 계속 성을 내게 되고 자연히 부자의 정이 상하게 마련이다. '가령 아버지는 아들을 올바른 길로 가르친다고 하지만 아버지도 그 하는 것이 올바른 데서 나오는 것이 아니다.'라고 하게 되면 그것은 곧 父子가 서로 해치게 되는 것이다. 부자가 서로 해치게 되면 나쁜 것이다. 옛날에는 아들을 바꿔서 가르쳤고 父子간에는 잘 하라고 책하지는 않았던 것이다. 잘하라고 책하면 틈이 나게 된다. 사이가 나쁘게 되면 상서롭지 못하기가 그 보다 더한 것이 없는 것이다."[29]

라고 하였다. 부모가 자식을 교육하는데 있어 중요한 문제점을 시사하고 있다. 不德하고 의롭지 못한 부모가 많기 때문에 자식 교육을 원만하게 할 수 없음을 맹자는 말하고 있다. 그래서 맹자는 바람직한 교육의 이상은 정당한 방법을 사용해서 자녀들에게 올바른 가치관을 심어 주는

---

28) 金益洙 著 "儒家思想과 敎育哲學", 서울, 형설출판, 1979. 孟子의 敎育方法 參照.
29) 上揭書「離婁章句」"公孫丑曰 '君子之不敎者 何也' 孟子曰 '勢不行也 敎者必以正 以正不行 繼之以怒 則友夷矣. 夫子敎我以正 夫子未出於正也' 則是父子夷也. 父子相夷 則惡矣 古者 易子而敎之 父子之間不責善 責善則離 離則不祥莫大焉."

데 그 효과가 있다고 한다. 자식 교육은 아버지가 직접 나서서 해서는 효과를 거둘 수 없음을 말하고 있다. 교육철학이 투철하고, 明德의 가치관이 확립되어 있는 교육자로 하여금 자녀 교육을 하도록 해야 한다는 것이다. 그렇게 될 때 바람직한 인물로 성장 할 수 있다는 것이다. 교육의 효과는 교육자의 虛靈不昧한 明德의 본체가 피교육자에게 감응해 갔을 때 피교육자는 교화시키고 새롭게 할 수 있는 힘이 뻗어 나갈 때, 교육자와 피교육자가 일치되는 점에서 교육의 진가가 발현 될 수 있으리라 믿는다.

Ⅳ. 結 論

이상에서 논술한 것을 요약한다면

(1) 도덕근거로서의 性論에서는 '人性이 善하다'라는 성선설을 도덕 교육의 근거로 제시하고 있다. 맹자가 性善을 주장할 때 항상 요순을 언급하려는 것은 인간은 누구나 꾸준한 자기 수양을 통하여 요순과 같은 聖君이 될 수 있다는 것이다. 이와 같은 것을 미루어 보아 인간은 누구나 반드시 도덕적 교화의 소질을 갖추었음을 시사 한 것이다. 그리고 인간의 본성은 선천적으로 부여되어져 있는 선의지를 바탕으로 하고 있기 때문에 이것을 고수하여 확충해 가면 누구든지 天道의 경지인 聖人이 될 수 있다는 것이다.

(2) 仁과 義의 교학적 가치관에서는 맹자의 性善에 대한 논증을 추론컨데 인간이 태어날 때부터 인성은 선하고 仁義禮智와 같은 天道의 마음을 지니고 태어났음을 알 수 있다. 그리고 맹자의 仁思想은 공자의 仁思想을 계승하여 仁과 義로 발전시킨 것이라 볼 수 있다. 맹자의 仁과 義의 의미는 공자의 一以貫의 道와 같은 뜻이므로 忠恕로 해명할 수 있다는 것이다. 본체로서의 忠은 心의 德으로 仁에 상응하는 것이라면 작용으로서 恕는 義에 해당하는 것으로 볼 수 있다. 인간의 본체인 忠의 가치관이 정립될 때 達道로서 恕가 조화 있게 작용됨을 찾아 볼 수 있다. 그러므로 바탕 된 忠과 작용적인 恕가 이원적 일원화 될 때 仁者로서 바람직한 인물이 될 수 있다는 것이다. 이와 같은 仁者의 행위는 어떤 규범에 어긋남이 없이 의리에 맞는 행위를 할 수 있는 전인적인 인물이 됨을 찾아 볼 수 있다.

그리고 맹자는 仁義道德을 실현할 수 있는 바탕을 선천적 良知良能으로 보아 性善을 주장하였고 그것을 더욱 강조하기 위해서 盡心章下에서 '可欲之謂善'이라 하였다. 여기서 말하는 可欲이란 仁義道德을 욕구하는 선의지의 욕망인 것이다. 이것은 寡欲으로서의 도덕적 가치로서 절대적인 天性의 선이 된다는 것이다. 이 같은 절대적 性善은 仁과 義와 忠과 恕의 사상이 수양과 교학을 통하여 이원적 일원화 될 때 이루어진다는 것을 알 수 있다.

(3) 실천론으로는 교육목적과 교육내용 및 교육방법론으로 규명해 보았다. 그 내용은 다음과 같다.
1) 교육의 목적은 知行合一할 수 있는 聖人의 경지에 도달함에 있다. 즉 人道의 과정을 거쳐 天道에 도달하게 되면 바람직한 전인적 인물이

되는 것에 교육목적이 있다고 보았다.

2) 교육의 내용은 도덕적 판단을 할 수 있는 지혜를 필요로 한다. 그러므로 요순과 같은 전인적 인물을 양성하는 것을 그 내용으로 한다는 것이다. 存養省察로서 도덕교육, 인성교육을 제시하면서 첫째 四端 확충과, 둘째 浩然의 氣를 기르는 것과, 셋째 養氣와 不動心의 방법 正邪曲直을 잘 파악해야 한다. 넷째로 寡欲으로 욕망을 절제해야 한다. 다섯째로 夜氣를 보존하고 방심을 도로 찾아야 한다는 것이다. 이같이 함으로써 性善을 회복할 수 있다는 것이다. 또 맹자는 五倫과 五常을 교육내용으로 하고 있다.

3) 교육방법론으로는 다변적 교육 방법을 취하였다. 첫 번째는 자율적으로 도덕적 가치관을 정립하는 개발교육이요, 두 번째는 표준교육이요, 세 번째는 자연의 순리에 의한 개성교육이다. 네 번째로는 전심으로 노력하는 학습교육이요, 다섯 번째로는 교육환경조성이요, 여섯 번째로는 스승의 올바른 교육이라 하였다. 스승이 올바른 교육철학이 확립되어야 올바른 교육이 실천될 수 있다는 것이다.

생각컨데 오늘날 급변하여 가는 현실을 직시 해 볼 때 사회는 다원화됨으로 인하여 사회적 인심은 극도로 악화되어 서로간의 불신 신조가 만연되어 인간가치관이 무너져 가는 것이 오늘의 실정이다. 더구나 숭금주의, 물질주의가 팽배해짐으로 실리지상주의로 말미암아 참된 인간성을 찾아 볼 수 없다. 이와 같은 가장 큰 원인은 무엇보다도 이 시대에 적합한 교육철학의 부재에 있다고 본다. 교육의 본령이 진리탐구에 있고 인격도야에 있다고 했는데, 그 향하는 목적이 바로 전인교육, 지성인 교육에 있는 것이다. 오늘날 우리는 학교 교육 붕괴니 교실 붕괴니 하는 말이 나돌고 있다. 이와 같은 현상은 知德을 겸비한 지성인 교육을 하지 않고 물질교육, 지식교육, 대학입시교육에 치중하다 보니 공교육이 무너지고 사교육으로 치닫고 있는 현실이다. 이와 같은 교육을 수십년 계속 해온 교육자들은 그것이 곧 교육의 본질로 착각하고 있다. 아무리 입시제도를, 학교 교육제도를 바꾸어도 올바른 교육관이 서지 못하는 것은 교육의 본질인 인성교육, 사람교육을 제대로 확립하지 못한 위에 교육제도를 개혁하였기 때문이다. 즉 교육철학이 없는 교육제도 개혁은 모래 위에 집을 짓는 격이 되고 말 것이다. 이와 같은 시점에서 인성교육의 표본이 되는 맹자의 교육 철학 사상은 오늘날 황무지의 교육관을 재정립해 줄 수 있는 청량제의 역할을 할 수 있으리라 확신한다.

11. 孟·荀의 人性에 대한 比較

Ⅰ. 序 論

우리가 살고 있는 현대는 정치, 경제, 사회 등 다방면에서 급진적 변화와 발전을 가져오고 있다. 특히 사회가 다원화 되어가고 인구가 기하급수로 증가함에 따라 書經에서 말하듯이 "人心은 위태롭게 되고 윤리도덕은 무너져 인간 가치관이 상실되어 가고 있는 것"[1]이 오늘의 실정이다.

고전(大學)에 '德은 本이요 財는 末이라'[2]했는데, 현대는 財가 本이요 德이 末이 되어 본말이 전도되었다. 末인 財를 중시할 때 물질주의, 숭금주의로 흘러가게 되어 근본인 心之德은 경시되어 자연적으로 인간 가치관이 무너지게 된다. 이로 인하여 백성들은 서로 투쟁하게 된다는 것이다. 이 같은 실황이 오늘날의 사회현상이라고 볼 수 있다. 따라서 현대인은 실리지상주의로 흘러 참다운 인간성을 잃게 된 것이다. 그러므로 우리가 파멸되어 가는 인간 가치관을 회복하는 길이 바람직한 사

---

1) 『中庸』「章句序」 "人心惟危 道心惟微 惟精惟一."
2) 『大學』「10章」 "德者本也 財者末也."

회 질서를 찾는 길이라 볼 수 있다.

그래서 맹자는 도덕적 필연성을 인간의 性善으로 보고 외적인 환경에 의해서 악해지지 않도록 수양해서 본연의 성선을 회복해야만 바람직한 인간 가치관을 정립할 수 있다고 보았고, 순자는 생리적인 욕망이 인간의 化性起僞 할 것을 요청하고 있다. 그렇게 할 때 人極에 이르러 비로소 바람직한 가치관을 정립할 수 있다는 것이다. 맹자는 인성의 良知 良能할 수 있는 良心은 선천적으로 인간에게 부여한 것이라 하였고 또한 仁義의 마음을 고수하면서 잃어버렸던 본성을 다시 회복하기 위하여 예를 방법으로 사용했으나 순자는 인간의 본성을 악이라고 생각하여 그 본성을 교화하기 위해서 예를 또한 사용하였다. 孟·荀의 인간 가치관을 정립하는데 예의 방법에 대한 견해는 서로 다르다고 하겠다. 따라서 孟·荀의 性善과 性惡을 규명함에 있어서는 性의 범위 설정을 서로 달리하고 있음을 찾아볼 수 있다. 두 사상가는 본성에 대한 입장을 달리하고 있으나, 인간의 최고 경지인 天道 즉 聖人의 경지에 이르러서는 하나로 일치한다고 보아서 다같이 공자학파에 속한다고 볼 수 있다. 이와 같이 올바른 인간 가치관이 확립할 때 공자가 말하는 '君君 臣臣 父父 子子'3)와 같은 정명 사상이 具顯되어 禮記 禮運篇에서 말하는 大同社會가 이루어질 수 있으리라 믿는다. 이와 같은 취의를 살려서 맹자와 순자의 가치관 문제인 性善과 性惡의 문제를 재조명함으로써 현대의 물질 지상주의로 병들어 가는 사회 윤리관을 바로 세우고자 하는데 본 연구의 목적과 필요성을 가진다.

---

3) 『論語』「顔淵篇」

Ⅱ. 本 論

  상품의 값어치는 희귀성과 그 효용성에 있다면 인간의 값어치는 善惡에 있다고 볼 수 있다. 인간에 있어서 선악을 나타내게 하는 근원적인 것은 인성이라 볼 수 있다. 이 같은 性이란 글자는 고전 여러곳에서 찾아볼 수 있다. 그러나 동양 고전에서 사람의 본성에 대해 언급하기 시작한 것은 『書經』 「湯誥篇」에 "惟皇上帝께서 이 땅의 백성에게 衷心을 내리시어 떳떳한 性을 주시니 능히 이 道에 따르는 자가 오직 임금이니라"4)한 데서 性字를 찾아볼 수 있다. 그리고 『周易』 「繫辭上」에 性字가 보인다.5) 여기에 나타나는 性은 인간의 본성이라고 孔穎達은 설명하고 있다.6) 인성론의 본격적인 시작은 아무래도 공자로부터 잡는 것이 옳을 듯하다. 論語를 통하여 볼 때 인간 본성에 대해서 말씀하신 것은 陽貨篇에서 찾아 볼 수 있다. "타고난 본성은 서로 가깝고 익힘은 서로 멀다"7)고 했다. 이것은 인성론의 본격적인 시작으로 보기도 하는데 宋 시대의 張載는 여기서 말하는 性은 본성으로 習은 습성으로 풀이했고, 朱子는 性을 本然의 性으로 習은 氣質의 性으로 풀이했다.8)

  공자의 손자 子思는 性에 대한 근원을 天道에 두고 하늘이 인간에게 부명한 것을 인성이라고9) 했다. 하늘에서 부여받은 純然한 性은 天地의 性이라 純一無雜하고 眞實無妄한 絶對善으로 보았고, 氣質의 性은

---

4) 『書經』 「湯誥」 "惟皇上帝 降民于民 若有恒性 克綏厥猷 惟后."
5) 『周易』 「繫辭上」 "一陰一陽之謂道 繼之者善也 成之者性也."
6) 孔穎達 疏 "若能成就此道者 是人之本性."
7) 『論語』 「陽貨篇」 "性相近 習相遠."
8) 『朱子語類』 "有天地之性 有氣質之性 天地之性則太極本然之妙 萬殊一本也 氣質之性則二氣變運而生 一本而萬殊也."
9) 『中庸』 「第一章」 "天命之謂性."

기품에서 나와서 五行(水火木金土)의 배합정도에 따라서 善, 不善, 賢 不肖의 차별이 생한다는 것이다. 맹자의 性善으로서 인간 가치관에 대한 정립도 공자가 주창한 性相近의 性과 中庸의 하늘이 인간에게 賦命한 天地의 性이라는 데서 性善의 가치관을 정립했다고 보아야 한다. 한편으로서 순자의 性은 告子가 말한 '生之謂性'과 같은 의미로 "사람이 나면서부터 타고 태어난 것이 性이라"[10]하였고, 사람은 태어날 때부터 이익을 좋아한다.[11]고 하였다. 이와 같이 인간이 태어날 때부터 그 본성이 악하고 이기적이라는 것이다. 그러므로 性惡을 예라는 작위로 교화할 것을 요청하고 있다. 이 같은 의미를 추론하건대 순자는 공자의 性相近보다 習相遠에 치중하였기 때문에 氣質의 性을 더 중요시했다고 볼 수 있다. 이와 같은 취의를 살려 다음 맹자의 性善說의 가치관 문제를 규명하고 다음으로 순자의 성악설의 가치관을 천명하여 孟·荀의 가치관을 비교하고자 한다. 그리하여 실천론에서는 윤리적 측면과 정치적 측면으로 구명함으로써 현대적 의미를 밝히고자 한다.

1. 孟子의 性論

(1) 思想的 背景

맹자는 공자가 죽은지 100여년 뒤에 鄒나라에서 태어났다. 鄒나라는 공자가 태어난 魯나라와 인접한 곳이며 지금 중국의 산동성 남쪽 지역에 해당한다. 司馬遷의 『史記』「孟荀列傳」에 의하면

---

[10] 『荀子』「正名篇」 "生之所以然者 謂之性."
[11] 『上揭書』「性惡篇」 "人之性 生而有好利焉."

"孟軻는 鄒人으로 子思의 문인 밑에서 수업을 하여 이미 학문이 성취됨에 齊의 宣王을 섬기려 했는데 宣王이 등용을 거부하므로 梁으로 가서 惠王을 봄에 惠王은 그의 말한 바를 실천하지 않고 그의 주장은 세상 실정과 거리가 멀다고 생각했다.… 특히 맹자는 唐虞三代의 聖德을 祖述하였다. 그러므로 간 곳마다 의견이 불합해서 鄕里에 退歸하여 萬章 등 제자를 데리고 『詩經』『書經』을 編序하였는데 仲尼의 사상을 承述함으로써 『孟子』七篇을 作하였다."[12]

고 하였다. 맹자는 공자의 손자 子思의 사상을 再傳한 제자이며, 맹자의 책을 저술한 자이다. 특히 공자의 손자인 子思의 정통 유학 사상을 전수받을 수 있었다. 그는 공자와 같이 제자들을 거느리고 여러 나라를 방문하면서 유가의 이상 정치사상을 구현시키고자 하였다. 맹자는 諸國王들에게 仁과 義의 정신이 담긴 왕도정치를 촉구하고 민생고를 해결할 수 있는 경제 정책을 구현 할 수 있는 所以然之理가 바로 인간가치를 확립하는데 있다고 생각했다.

공자가 유가학파의 전통을 확립하고 仁사상으로 인간의 가치 문제를 해명하려 했다. 이에 맹자는 공자의 仁에다가 義를 더 첨가하여 仁義로서 性善說을 전개한 것이다.

(2) 性善의 價値觀 問題

맹자의 性善論은 그의 인생철학의 근본 문제로 제시하고 있다. 그는 인성이 선하다함을 先聖의 설과 경전을 통해서 찾아 볼 수 있다. 『詩經』

---

12) 司馬遷 『史記』「孟荀列傳」"孟軻鄒人也 受業子思之門人 道旣通遊 事齊宣王 宣王不能用 適梁王 不果所信則見以爲迂遠而闊於事情當時之時…孟軻乃述唐虞三代之德 是以所如者 不合退而萬章之徒 序詩書述仲尼之意 作孟子七篇."

「大雅 蒸民篇」에 "天이 뭇 백성을 낳으시니 物이 있으면 則이 있도다. 백성들이 不變의 道를 잡음이여! 美德을 좋아 하는 도다."13)라 함은 사람들이 태어날 때부터 미덕을 좋아한다는 것은 바로 인성의 선함을 나타낸 것이라고 보았다. 또 子思는 『中庸』 首章에서 天으로부터 부여받은 것을 性이라 하였는데 인간에게 부여한 것을 인성이라 했다. 또 二十章에서 誠은 天의 道요 誠되게 함은 人道라 하였다. 이 때 인성은 바로 眞實無妄한 하늘의 道이므로 人欲과 私欲이 배제된 소박하고 純一無雜한 天理임을 맹자는 터득하여 인성은 선하다는 것을 확정하였다. 또 맹자는 性이 선하다는 사실을 인간의 심리적 현상으로 나타난 四端을 가지고 설명하고 있다. 四端인 惻隱·羞惡·辭讓·是非는 누구나 태어날 때 없는 사람이 없으니 능히 이것을 길러서 확충하면 반드시 聖人의 영역인 天道에 도달할 수 있다고 보았다.

> "사람은 누구나 다 남의 불행을 차마 보지 못하는 마음이 있다. 이제 어떤 아이가 우물로 들어간다고 가정한다면 그것을 보는 사람은 누구나 다 불쌍히 여겨서 건지려고 할 것이다. 이 순간 그 정황을 생각해 본다면 그는 어린아이를 구출하였다는 명예를 얻으려는 것도 아니고 그 기회에 어린아이의 부모와 사귀어 이익을 보자는 것도 아니다. 또 어린아이를 구출하지 아니한 데 대한 좋지 못한 평을 두려워함도 아니다. 어린아이를 건지려 함은 순수한 自然의 性의 발로인 것이다. 이 같은 마음을 惻隱의 心이라 한다. 이것을 推及하면 惻隱한 마음이 없으면 사람이 아니고 羞惡의 마음이 없으면 사람이 아니고 辭讓의 마음이 없으면 사람이 아니고 是非의 마음이 없으면 사람이 아니다. 惻隱의 마음은 仁의 端이고, 羞惡의 마음은 義의 端이고 辭讓의 마음은 禮의 端이고, 是非의 마음은 智의 端이다."14)

---

13) "天生蒸民 有物有則 民之秉彛 好是懿德."

라고 하였다. 사람이 이 四端을 가지고 있음은 四體를 가지고 있음과 같으니 인간이 태어날 때부터 善한 性을 가지고 태어났음을 시사한 것이라 하겠다. 그리고 또한 四端은 各人이 가지고 있는 도덕의식인데 이것을 확충·발전시키고 체득해야 한다는 것이다. 四端은 仁義禮智를 발생하는 근본이 되는 것이다.

 맹자는 性善으로서 良知 良能을 말했는데 良知 良能은 인간이 태어날 때부터 가지고 있다고 하였다. "사람이 배우지 않아도 능한 것은 良能이고 생각하지 않고도 아는 것은 良知이다. 孩提의 아이가 그의 아버지를 사랑할 줄 알고 성장함에 따라 그 형을 공경할 줄 아는 것은 良知 良能이 있기 때문이라"15)는 것이다. 惻隱·羞惡·辭讓·是非의 마음은 양심의 고유한 것으로써 인간 가치관을 이루는데 주체라고 볼 수 있다. 이와 같은 주체로서 四端이 확립되어져서 사물과 작용하게 될 때 자기 행위는 반드시 情之正으로써 선행을 할 뿐만 아니라 대상을 교화시켜 나갈 수 있는 힘이 된다는 것이다. 이와 같은 인격자를 우리는 聖人이라 한다. 이 같은 취의를 살려 명대 王陽明은 맹자의 良知說을 취하여 一家의 학설을 이룩하였다.

 또 맹자는 상식적인 표현으로 牛山의 나무 이야기로 性善을 말하고 있다.

---

14) 『孟子』「公孫丑上」"人皆有不忍人之心……今人乍見孺子將入於井 皆有怵惕惻隱之心 非所以內交於孺子之父母也 非所以要譽於鄕黨朋友也 非惡其聲而然也 由是觀之 無惻隱之心 非人也 無羞惡之心 非人也 無辭讓之心 非人也 無是非之心 非人也 惻隱之心 仁之端也 羞惡之心 義之端也 辭讓之心 禮之端也 是非之心 智之端也."
15) 『孟子』「盡心上」"人之所不學而能者 其良能也 所不慮而知者 良知者 孩提之童 無不知愛其親也."

"牛山의 나무는 일찍이 울창하고 아름다웠다. 그런데 牛山은 大國의 교외에 위치하고 있으므로 樵夫가 도끼로 그 가지를 찍고 방목하는 牛羊들이 그 싹을 먹어 버렸으므로 마침내 벌거벗은 산이 되고 말았다. 사람들은 그 벌거벗은 牛山을 보고 본래 草木이 없는 것이라고 생각했다. 그러나 牛山에 본래 초목이 없는 것이 아니다. 초목 없는 것이 산의 性이 아니다. 이 牛山 같이 사람의 性은 본래 선한 것이나 욕심 때문에 악하여졌던 것이다. 인간의 性惡하다 함은 牛山의 草木이 없는 것을 보고 그 산에 본래 草木이 없다 하는 것과 같다는 것이다. 이것은 심히 잘못된 견해이다."16)

라고 하였다. 맹자는 性을 선천적 명덕으로 보았던 것이다. 그리고 告子는 性을 물에 비유했다.

"性은 빙빙도는 물과 같다고 했다. 동방으로 트면 동방으로 흐르고 서방으로 터면 서방으로 흐릅니다. 人性에 선과 불선의 구분이 없는 것은 마치 물에 동서의 구분이 없는 것과 같다고 말했으며, 이에 맹자는 물에는 동서의 구분은 없으나 상하의 구분이야 없겠는가 인성이 선한 것은 마치 물이 아래로 내려가는 것과 같으니 사람 치고 선하지 않은 사람이 없고 물 치고 아래로 나려가지 않는 물이 없어 이제 물을 쳐서 뛰어오르게 하면 이마를 넘어 가게 할 수 있고, 아래를 막아서 역류케 하면 올라가게 할 수 있으나 이것이 어찌 물의 性이겠는가? 외부의 힘으로 그렇게 되는 것일세. 사람이 性을 불선하게 만드는 것도 그 경우가 이 물과 같은 것이다."17)

---

16) 『孟子』「告子上」, "牛山之木嘗美矣 以其郊於大國也 斧斤伐之 可以爲美乎 是其日夜之所息 雨露之所潤 非無崩蘗之生焉 牛羊又從之牧之 是以若彼濯濯也 人見其濯之也 以爲未嘗有材焉 此豈山之性也哉 雖存乎人者 豈無仁義之心哉 其所以 放其良心者 亦猶斧斤之於木也."
17) 『上揭書』「告子上」 "性猶湍水也 決諸東方則東流 決諸西方則西流 人性之無分善不善 猶水之無分於東西也 孟子曰水信無分於東西 無分於上下乎 人性之善也 猶水

라고 말하였다. 告子가 性에는 선과 불선의 구분 없는 것을 물에 비유하여 설명한 것에 대하여 맹자가 자신의 性善說에 대한 확신을 갖고 물에 비유하여 논박한 것이다. 또 告子가 말하기를 "性은 선함도 없고 불선함도 없다. 혹자는 말하기를 性은 선을 할 수도 있으며 불선을 할 수도 있으니 이러므로 文王과 武王이 일어나면 백성들이 선을 좋아하고 幽王과 厲王이 일어나면 백성들이 포악함을 좋아한다 하였고, 혹자는 말하기를 性이 선한 이도 있고 性이 불선한 이도 있다. 그러므로 堯가 군주가 됐는데도 象이 있었으며 고수를 아버지로 삼은 舜이 있었으며 紂王은 형의 아들이 되고 또 군주가 되었는데도 微子 啓와 王子 比干이 있었다 하니, 지금 불선이라 하시니 그렇다면 저들은 모두 틀린 것입니까?"18) 라고 맹자에게 물었는데 "사람이 性을 가지고 있으면 재질을 가지고 있으니 性이 이미 선하면 재질도 선하다"19)는 것이다. 그러니 맹자는 "그 情으로 말한다 하더라도 선하다고 할 수 있으니 이것이 곧 내가 주장하는 선이다."20)라고 하였다. 맹자가 말하는 불선은 物欲이 자연성을 가리워 생기는 것이라는 것이다.

맹자는 性善에 대한 논증을 추론해보면 사람의 본성이 선한 것으로 볼 수 있다. 또 맹자는 인간이 태어날 때부터 본성이 선하다고 하였고 또 태어날 때부터 仁義禮智와 같은 四端으로서의 道心을 지니고 태어남을 말하고 있다. 맹자의 仁思想은 공자의 仁思想을 더욱 구체화하여

之就也 人無有不善 水無有不下 今夫水搏而躍之 可使過顙 激而行之 可使在山 是豈水之性哉 其勢則然也 人之可使爲不善 其性亦猶是也."
18) 『上揭書』「告子上」"告子曰 性無善無不善也 或曰性可以爲善可以爲不善 是故文武興則民好善 幽厲興則民好暴 或曰有性善有性不善 是故以堯爲君而有象 而瞽瞍爲父而有舜 以紂爲兄之子 且以爲君 而有微子啓 王子比干 今曰性善 然則彼皆非與."
19) 『上揭書』「告子上」"人有是性則有是才 性旣善則才亦善."
20) 『上揭書』「告子上」"孟子曰 乃若其情則可以爲善矣 乃所謂善也."

仁義를 함께 말하였다. 공자가 말하는 仁의 의미는 『大學』 經文章에 있는 明德과 같은 의미를 가지고 있다. 明德에 대한 朱子의 설명을 보면 "明德이란 사람이 하늘로부터 부여받은 것인데 인욕과 사심이 배제되고 신령스럽고 어둡지 아니하여 여러 이치(仁義禮智)를 갖추어 만사에 응하는 것이다"[21]라고 하였다. 명덕은 인성의 본질에 대한 의미로서 인간의 내적 성실성을 말하고 있으며 心之德이요 愛之理로서 공자가 말하는 仁과 같은 뜻을 의미한다. 공자는 "仁은 愛人"이라 하여 인간이 공동사회 생활을 하는데 있어서 상부상조 정신으로 相愛해야 하는 인륜의 조화를 시사하고 있다. 그래서 맹자도 "仁은 人이라"[22]하여 仁은 곧 人이라 하였으니 仁은 인간의 가치관 문제를 내포하고 있는 것이다. 仁을 이해하려면 먼저 인간을 이해해야 한다는 뜻을 지니고 있다. 仁道는 곧 人道로서 인간의 본질을 통해서 윤리·도덕관을 세울 수 있고 仁의 가치관을 이해할 수 있음을 말하고 있다. 顔淵이 仁을 물으니 "克己復禮爲仁"[23]이라 했다. 여기서 克己란 자기의 인욕 사욕을 다 버리고 내면적 성실한 자기 환원으로 이해할 때 일상생활 속에서 극기함으로서 바람직한 자기 가치관이 정립된다는 것이다. 맹자는 공자의 仁사상 외에 義字를 더 첨가해서 仁義思想으로 인간 가치문제를 해명하고자 한다. 『孟子』「梁惠王章」의 仁義에 대한 朱子의 설명은 다음과 같다. '仁은 心의 德이요 愛의 理라 하였고 義는 心의 制요 事의 宜'라 하였다. 仁은 天道로서 마음의 명덕과 사랑의 조화를 갖추고 眞實無妄한 明德의 개념으로 볼 수 있다. 이 같은 仁德을 마음 중심에 갖추어 대상에

---

[21] 『大學』 「經文」 朱子註釋 "明德者 人之所得於天而虛靈不昧 以其衆理而應萬事."
[22] 『孟子』 「盡心下篇」 "孟子曰 仁也者人也."
[23] 『論語』 「顔淵篇」 "子曰 克己復禮爲仁."

적응될 때 외적인 행위들이 사리에 맞게 된다는 것이다. 그러므로 仁과 義는 두 글자이지만 하나의 뜻으로 나타낼 때 道義란 뜻으로 통용된다. 또한 『中庸』에 "忠恕는 天道로 지향함에 사람으로 멀지 않다"24)고 한 충서의 의미를 내포하고 있다. 인간의 大本인 忠의 가치관이 확립되었을 때 達道로서 恕가 가능할 수 있음을 시사한 말로서 忠恕가 二元的 一元化될 때 仁者로서 바람직한 전인적인 인물이 될 수 있다는 것이다. 그리고 충서의 작용으로써 恕가 발휘될 때 의리 정신이 발휘되기 때문에 맹자는 仁思想 외에 義字를 더 첨가해서 仁義를 인간 가치관 문제로 설명한 것이다.

2. 荀子의 性論

(1) 思想的 背景

순자는 전국 말에 태어나서 秦의 통일 전후까지 활동한 河北省의 趙나라 사람으로 맹자보다 조금 뒤의 인물인 것이다.

『史記』「孟子荀卿列傳」에 의하면 이름은 況, 荀卿이라고도 불렀는데 漢代에 와서 宣帝의 諱를 피하여 孫卿이라고 불렀다. 순자는 지금 河北省 서쪽으로부터 山西省 북부까지를 점령하였던 전국시대에 태어났다. 순경은 齊의 襄王때에 세 번이나 祭酒에 등용되었으나 참소를 받아 齊나라를 떠나 楚로 갔다. 楚의 왕족이고 권력자인 春申君의 천거로 蘭陵令에 임명되었으나 春申君이 암살당하자 벼슬을 그만두고 그곳에서 講學과 저술에 전념하다가 일생을 마쳤다. 宰相 李斯와 韓의 公子 韓非는

---

24) 『中庸』「十三章」"忠恕違道 不遠人."

다 그의 제자이다.

그 생존했던 춘추전국 시대는 정치 사회적으로 대단히 혼란한 시대였지만 사상의 자유와 언론의 자유가 허용되어진 사회 풍토였기 때문에 유가류, 법가류, 도가류와 같은 諸子百家의 사상가들이 출현하기 시작했던 것이다. 그와 같은 혼란한 시대상 속에서 등장한 순자는 인간의 속성은 이기적 욕심을 지니고 있음을 발견하였던 것이다. 인간의 이기적 속성을 인위적 예에 의해서 순화해야 된다는 것이다. 그래서 순자는 인간의 이기심을 그대로 둔다면 사회질서가 무너진다고 보고서 이기적 본성을 변화시켜 선하게 만들어야 한다고 강조했는데 그것이 바로 '化性而起僞'이다.[25]

또한 순자는 공자 이후 맹자에 의해서 정비된 유교사상이 인간의 내면적이고 주관적인 心之德을 강화함으로써 인간의 바람직한 가치관에 역점을 두었다면, 순자는 성악설을 근거로 하는 예의 윤리사상을 강조하여 여러 사상을 비판적으로 받아들이면서 객관적 입장에서 인간 가치관 문제를 이해하고자 했다.

순자는 孔·孟이 주장하는 윤리·도덕의 근원으로서의 天觀을 부정하여 하늘은 인간의 윤리도덕과는 상관없는 자연의 天에 지나지 않다고 하여 天人之分을 역설했다. 그러므로 순자의 天은 자연의 天으로써 예 사상의 근거가 되었던 것이다. 또한 순자가 지향하는 바람직한 인간의 경지는 聖人이므로 이 경지에 도달하기 위해서는 師法의 가르침과 예의의 길인 인위에 의한 교화만이 달성할 수 있다고 하였다. 그러므로 인간의 가치문제는 선천적인 본성에 의하여 지배되지 않고 후천적인 인

---

[25] 『荀子』「性惡篇」

위에 의하여 형성된다고 보았다. 宋代 이후 순자의 性惡說은 天・人의 분리설로 간주되어 이단시 되었으나, 그의 철학적이고 논리적 사고방식으로 그 당시 사회질서 유지와 인간 가치관을 정립하는데 크게 기여한 것이다.

이와 같은 관점을 살려서 다음으로 性惡의 가치관 문제를 규명하고자 한다.

(2) 性惡의 價値觀 問題

① 本體論的 天

유학에서 말하는 天觀은 종교적이며 도덕적 근거로서 의미를 부여하고 있기 때문에 도덕적 선의지를 내포한 天으로 볼 수 있다. 그리고 또한 이 같은 天은 인간 도덕적 가치의 근원으로서 의미를 가지고 있다. 그러나 순자의 천관은 단순한 자연 天이라기 보다는 본체론적 실체의 의미를 부여하고 있다. 그래서 순자는 天을 철학적・과학적・기계적인 것으로 보았다.[26]

> "治亂은 天의 所爲가 아니고 人君의 所爲이다. 明星辰을 관찰하여 曆을 만들어서 천하를 다스린 것은 禹王 때나 桀王 때나 모두 같다. 그러나 禹王 때는 잘 다스려지고 桀王 때는 어지러워 진 것을 보면 치란은 결코 天의 所爲가 아니고 人君의 所爲임이 분명하다. 치란은 四時의 所爲도 아니다. 오곡을 비롯하여 모든 초목은 春夏에 발아하고 성장하여 秋期에 결실하면 사람들은 그것을 수확하여 창고에 보관한다. 이것은 우왕 때나 걸왕 때나 다 같다. 그런데 禹王 때는 다스려지고 桀王 때는 어지러워졌

---

26) 金能根 『中國哲學史』 p.55 참조.

다. 이것을 보면 치란은 결코 사시의 소위가 아니고 인군의 소위이다.…
그러므로 인군이 正道로써 다스리면 천하는 平定하고 邪道로써 다스리
면 천하는 어지러워진다. 또 天은 사람들이 추위를 싫어한다 하여 겨울
을 폐하지 않으며, 땅은 사람들이 遼遠한 것을 싫어한다 하여 그 넓음을
폐하지 않으며, 군자는 小人들이 떠든다 하여 그 행하는 것을 그만두지
않는다"27)

라 하니 天에는 常道가 있고 地에는 常數가 있고 군자에게는 常體가
있다. 순자에 있어서 天은 인위적인 것을 보존하는 기능으로서 자연적
천관이다. 순자의 자연의 天은 인위적인 작위가 배제된 자연 현상으로
서의 天이다. 그래서 순자는 인위와 天의 구별을 철저히 하여 天人之分
의 자연관을 다음과 같이 설명하고 있다.

"天의 운행은 常道가 있다. 天은 堯 때문에 있는 것도 아니고 桀 때문
에 없어지는 것도 아니다. 善治로써 이에 응하면 吉하고 亂治로써 이에
응하면 凶하여진다. 농업과 같이 근본적인 산업에 힘써 비용을 절약하면
天이 그를 가난하게 할 수 없고, 봄·여름이 올 것을 대비하여 여름 준비
를 하고 여름이 오면 가을 준비를 하는 것처럼 미리 준비하여 때 맞추어
움직이면 天이 그를 병들게 할 수 없으며 자연의 운행을 미리 예측하여
마땅히 대비해야 하는 인간의 도리를 잘 닦아서 한결같이 하면 天이 그
에게 화를 줄 수 없다. 그러므로 홍수나 가뭄이 굶주리거나 목마르게 할
수 없고 추위와 더위가 그로 하여금 병들게 할 수 없으며, 괴이한 것이
그를 凶하게 할 수 없다. 農桑과 같은 근본된 산업이 황폐해지고 쓰임이

---

27)『荀子』「天論篇」"治亂天耶曰 日月星辰瑞曆 是禹桀之所同也 禹以治 桀以亂 治
亂非天也 時耶曰 繫啓蕃長於春夏 畜積收藏於秋冬 是又禹桀之所同也 禹以治 桀
以亂 治亂非時也 地耶曰 得地則生 天地則死 是又禹桀地所同也 禹以治 桀以亂
治亂非地也 天不爲人之惡寒也輟冬 地不爲人也惡遼遠也輟廣 君子不爲小人匈匈
也輟行."

사치스러워지면 天이 그를 吉하게 할 수 없다. 그렇게 되면 홍수나 가뭄이 이르지 아니하여도 굶주리게 되고, 추위와 더위가 다가오지 아니하여도 병들게 되며 괴이한 것이 이르지 아니하여도 凶하게 된다. 春夏秋冬이 四時로 운행되는 天의 혜택을 받음은 堯舜 시대와 같지만 禍가 일어남은 다스려진 시대와 다르다. 그렇다고 天을 원망할 수 없다. 그 이치가 그러하기 때문이다. 그러므로 天과 人의 구분을 분명히 할 줄 아는 사람을 至人이라고 할 수 있다."[28]

자연의 天은 자연의 법칙대로 운행하는 것이지 인위적인 治亂의 영향을 받아서 常道를 이탈하지도 않으며 그렇다고 인위적인 치란에 영향을 주지도 않는다는 것이다. 그렇다면 순자가 말하는 天은 인위적인 것과 아무런 관계가 없다는 것인가? 일정한 독립적 관계를 가지고 있다. 인간세계의 治亂·吉凶은 天秩·天序의 범주 속에서 인간의 인위적인 노력 여하에 다라서 결실을 볼 수 있다는 것이다. 따라서, 天人之分은 대자연 속에서의 자기존재에 대한 자각인 것이다. 순자가 말하는 天人之分의 分은 자연과 인간의 질서에 대한 구분을 말하는 것이다. 즉, 자연과 인성 상호간의 질서인 것이다. 이와 같이 天과 人의 질서가 이룩되는 것을 天人之分이라고 한다. 즉, 자연 질서라고 한다.

순자는 天과 人의 구분은 단순한 구분이 아니라 대자연의 질서 속에서 인간질서의 관계를 설명하면서 自然天의 운행 질서와 인간이 지켜야 할 질서를 잘 터득하여 그 조화를 이룰 수 있는 인물을 至人이라고

---

[28] 『荀子』「天論篇」 "天行有常 不爲堯存 不爲桀亡 應之以治則吉 應之以亂則凶 彊本而節用則天不能貧 養備而勤時則天不能病 修道而不貳則天不能禍 故水旱不能使之飢 寒暑不能使之病 祆怪不能之凶 本荒而用侈則天不能使之富 養略而動罕則天不能使之全 倍道而妄行則天不能使之吉 故水旱未至而飢 寒暑未薄而病 祆怪未至而凶 受時與治世同 而殃禍與治世異 不可以怨天 其道然也 故於天人之分則至人也."

했다. 여기에서 至人은 자연의 天을 잘 이해할 줄 알면서 인간의 질서를 이해함에 인간의 윤리를 확고하게 할 수 있는 바람직한 인물을 지칭한다고 할 수 있다. 여기에서 말하는 至人은 老莊學派들이 무위자연의 道를 체득한 인물을 가리키고 있는데 그와 같은 의미에서 순자는 至人이라는 말을 구사하고 있는 듯하다. 순자의 至人은 인간세계에서 볼 때는 성인이라 할 수 있다.

② 性惡說

순자가 말하는 본성은 自然의 性으로서 이기심과 욕망의 작용만 있을 뿐이지 사고 작용까지 포함되어 있지 않은 점을 이해하여야 한다. 그러므로 自然의 性은 그 자체와 志慮는 각각 분리시켜서 성악설을 생각해야 한다. 순자가 태어난 전국시대 말기는 윤리·도덕이 무너져 인간가치관이 상실된 시대였다. 순자는 혼란한 사회풍토를 바로잡을 것을 생각하고 그 시대에 적절한 성악설을 주장하게 되었다. 다음으로 성악의 근거를 찾아보기로 한다.

"사람의 본성은 악하고 그 선함은 인위적 노력의 결과이다. 이제 인간의 본성을 살펴보면 나면서부터 이익을 좋아한다. 그러므로 쟁탈이 생기고 사양이 없어진다. 또 사람은 나면서부터 미워하는 마음이 있다. 그러므로 도적이 생기고 충신이 없어진다. 사람은 나면서부터 耳目의 욕망이 있어 聲色을 좋아한다. 그러므로 음란이 생기고 禮義文理가 없어진다.
사람의 性情에 다라 행하면 반드시 쟁탈이 생기고 분수를 넘어서고 예의절도를 어지럽혀 포악한 세상이 되고 말 것이다. 그러므로 반드시 師法에 의한 교화와 예의로 인도함을 받은 위에야 사양하게 되고 예의의 조리에 합당하게 되어 다스려지게 된다. 이것으로 본다면 인간의 본성이 악하다는 것은 분명하다. 선하다는 것은 인위적인 노력의 결과이다."[29]

순자가 말하는 인간성은 태어날 때부터 이익을 좋아하고, 남을 미워하고 질투하는 것을 가지고 태어났기 대문이 性·情 그대로 행위를 하게 내버려두면 禮義文理가 무너져서 바람직한 인간가치관을 잃게 된다는 것이다. 그러므로 반드시 師法의 교화와 聖人인 만든 예의의 가르침이 요청된다는 것이다. 또 순자는 사람의 본성을 다음과 같이 설명하고 있다.

> "본성은 주리면 배부르고자 하고 추우면 따스해지려 하고 피곤하면 휴식하려 한다. 지금 사람이 주릴지라도 어른에게 양보하는 것은 禮라는 僞 때문이다. 아들이 아버지의 수고를 대신하고 동생이 형에게 양보를 함은 다 자연의 性에 반하여 僞를 행하는 것이다."30)

인간의 본성은 태어날 때부터 악하기 때문에 그 性情대로 간다면, 예의법도가 없어져서 父子兄弟 사이에 투쟁만 남지만 예의로서 교화하면 서로 양보할 줄 아는 인간윤리가 확립하게 된다는 것이다. 그래서 순자는 다음과 같이 말하고 있다.

> "굽은 나무는 반드시 도지개를 대고 쪄서 바로잡은 뒤라야 곧아지고 무딘 쇠는 반드시 숫돌에 간 뒤라야 날카로워지듯이 지금 사람의 본성이 악한 것은 반드시 스승과 법도의 가르침이 있은 뒤라야 바르게 되고, 예

---

29) 『荀子』「性惡篇」 "人之性惡 其善者僞也 今人之性 生而有好利焉 順是故爭奪生而辭讓亡焉 生而有病惡焉 順是故盜賊生而忠臣亡焉 生而有耳目之欲有好聲色焉 順是故淫亂生而禮義文理亡焉 然則從人之性 順人之情 必出於爭奪 合於分亂而歸於暴 故必將有師法之化 禮義之道 然後出於辭讓 合於文理而歸於治 用此觀之 然則人之性惡明矣 其善者僞也"
30) 上揭同「性惡篇」 "今人之性飢而欲飽 寒而欲煖 勞而欲休 此人之性情 今人飢 見長而不敢先食者 將有所讓也 勞而不敢求息者 將有所代也 夫子之讓乎父 弟之讓乎兄 子之代乎父 弟之代乎兄 此二者 皆反性情而悖於情也"

의 규제를 받은 뒤에야 다스려지는 것이다. 지금 사람들에게 스승과 법도가 없다면 편벽되고 음험하여 바르지 않으며 이치에 어긋나는 어지러운 짓을 한다고 여기어 예의를 만들고 법도를 제정하여 사람들의 본성과 감정을 바로잡고 수식하여 올바로 인도하니 이에 비로소 모두 잘 다스려지게 되고 도리에 맞는 행동을 하게 되었다."31)

라고 하였으니, 타고난 성악에 따르고 감정에 맡겨두면 서로 싸우고 빼앗아 법에 저촉되는 일을 하게 되고, 윤리·도덕이 무너져 혼탁한 사회가 되어서 인간가치관이 상실된다고 보았다. 그러므로 스승의 교화와 聖王이 만든 예의법도로서 순화하고 높은 학덕을 쌓아서 인간의 본성과 감정을 바로잡아야만 바람직한 도덕군자가 된다는 것이다. 옛날 聖王들이 인간이 지켜야 할 예의법도를 제정한 것도 그와 같은 연유에서 있는 것이다. 그리고 또 순자는 다음과 같이 性과 僞를 분별하고 있다.

"맹자는 '사람이 배우는 것은 그 본성이 선하기 때문이다'라고 말하였다. 이것은 그렇지 않다. 이것은 사람의 본성을 제대로 알지 못하여 사람의 본성과 작위의 구분을 살피지 못한 것이다. 본성은 하늘로부터 타고난 것이어서 배워서 행할 수 없는 것이며 노력으로 이루어 질 수 없는 것이다. 예의는 성인이 만들어 낸 것이어서 배우면 행할 수 있는 것이며, 노력하면 이루어 질 수 있으니 그것을 작위라 한다. 이것이 본성과 작위의 분별이다. 지금 사람의 본성은 눈으로 볼 수 있고 귀로는 들을 수가 있다. 볼 수 있는 시력은 눈을 떠나지 않으며 들을 수 있는 청력은 귀를 떠나지 않는다. 눈에는 시력이 있고 귀에는 청력이 있는 이것은 배워서

---

31) 『上揭書』「性惡篇」 "故枸木必將待檃栝烝矯然後直 鈍金必將待礱厲然後利 今人之性惡 必將待師法然後正 得禮義然後治 今人無師法 則偏險而不正 無禮義則悖亂而不治 古者 聖王 以人之性惡 以爲偏險而不正 悖亂而不治 是以之起禮義 制法度 以矯飾人之情 性而正之 以擾化人之情性而導之也 使皆出於出合於導者也."

될 수 있는 것은 아니다. 맹자는 '지금 사람의 본성은 선한데 모두 그의 본성을 잃기 때문에 악한 것'이라고 하였다. 나는 그런 말은 잘못이라고 본다. 지금 사람이 본성대로 내버려두면 그 질박함이 떠나버리고 그의 자질도 떠나버려 반드시 본성을 잃어버리고 말 것이다. 이로써 본다면 사람의 본성은 악하다는 것이 분명하다."32)

　여기서는 맹자의 성선설과 비교 설명하여 성선설의 잘못을 지적하면서, 性과 僞의 구별을 설명하고 있다. 맹자는 예의와 같은 것은 선천적 본성에 구비되어 있는 것으로 보고 있으나 순자는 예의와 같은 제도는 성인들이 본성을 교화시키기 위한 작위에 의해서 생긴 것이지 본성자체에서 생긴 것이 아니라는 것이다. 聖人과 보통 사람의 본성은 모두 같으나 그들의 교화 작용에 따라 다르게 나타난다는 것이다. 따라서 성인과 보통 사람과의 가치관도 차이가 있다는 것이다. 그래서 인간은 누구나 똑같은 본성과 같은 본체적 실체를 지니고 태어났지만 각자의 노력에 의하여 어떤 사람은 성인의 지혜를 어떤 사람은 군자의 지혜를 어떤 사람은 소인의 지혜를 지니게 된다는 것이다. 모든 인성은 악하기 때문에 聖人이 만들어 놓은 師法禮義와 같은 작위로서 수양(교육)하면 바람직한 인물이 될 수 있다는 것이다. 누구나 인간의 최고봉인 聖人이 될 수 있음에도 그렇게 되지 못하는 것은 積僞(수양)가 부족하기 때문이다. 積僞가 충분하면 누구나 聖人의 경지에 도달하여 바람직한 인간의 가치

---

32) 『上揭書』「性惡篇」 "孟子曰 人之學者 其性善也 曰 是不然 是不及知之性 而不察乎人者性僞之分者也 凡性者 天之就也 不可學 不可事 禮義者 聖人之所生也 所學而能 所事而成者也 不可學 不可事 而在人者 謂之性 可學而能可事 而成之在人者 謂之僞 是性僞之分也 今人之性 目可以見 耳可以聽 夫可以見之明不離目 可以聽之聰不離耳 目明耳耳聰 不可學明矣 孟子曰 今人之性善 將皆失喪 其性故也 若是則過矣 今人之性 生而離其朴 離其資 必失而喪之 用此觀之 然則人之性惡明矣"

관을 확립한다는 것이다. 이와 같이 자연성을 교화시키고 작위를 일으키는 것을 化性起僞라 한다.

인간의 性은 自然之性으로 이기적인 욕심을 가지고 생겨나는 것이다. 이때 인간의 본성을 교화시키기 위한 작위를 僞라 한다. 이것은 師法의 교화와 예의를 통하여 이룩되는 것이다. 예의를 인식하는 주체는 인간의 마음이다. 또한 이것은 예의를 실천하여 化性起僞하는 원동력이 되기도 한다. 이에 대해 순자는 治氣養心說을 다음과 같이 말하고 있다.

> "氣를 다스리고 마음을 기르는 방법은 혈기가 너무 왕성한 사람은 유순하게 하여 조화시키고, 지혜와 사려가 지나치게 깊은 사람은 알기 쉽고 바른 도로써 통일하도록 해야 한다. … 예에 따르는 것보다 빠른 길이 없고 스승을 얻어 교훈을 얻는 것보다 요긴한 것이 없고 好學하는 것보다 신통한 것이 없다."[33]

治氣養心의 방법은 마음의 기운을 유순하게 조화시키고 예의를 통하여 수양하고 스승의 교훈과 학문의 수학하는 것이 가장 좋은 방법이라는 것이다. 또 순자는 積僞의 방법을 다음과 같이 말하고 있다.

> "한줌의 흙을 쌓아 큰산을 이루면 풍우가 일고, 작은 물을 모아 연못을 이루면 교룡이 산다. 인간도 선행을 쌓아 덕을 이루면 스스로 신명에 통하여 聖人의 마음씨가 갖추어진다."[34]

---

33) 『上揭書』「修身篇」 "治氣養心之術 血氣剛疆 則柔之以調和 知慮漸深 則一之以易良 … 莫徑由 禮 莫要得師 莫神一好 夫是之謂治氣 養心之術也"
34) 『上揭書』「勸學篇」 "積土成山 風雨興焉 積水成淵 蛟龍生焉 積善成德 而神明自得 聖心備焉."

인간의 人極인 明德은 일조일석에 이루어지는 것이 아니라 차츰차츰 노력하여 이룩된다는 것이다. 인위적인 노력에 의해 善德을 쌓아갈 때 바람직한 인간상을 갖춘 聖人으로써 자기가치관을 확립하게 되는 것이다.

3. 孟·荀의 價値觀 問題의 對比

이상에서 맹자의 성선설과 순자의 성악설에 대한 논술을 종합해보면 맹자는 性이 선하다는 것은 하늘이 인간에게 부여할 때 자연의 소박하고 純一無雜한 天地의 性을 지니게 했기 때문에 인성은 선하다고 보았다. 악하게 되는 것은 본성은 선하지만 환경에 의해서 淸·濁, 厚·薄, 正·偏이 생긴다는 것이다. 이것을 氣質의 性이라 하는데, 濁氣를 淸氣로 薄氣를 厚氣로 偏氣를 精氣로 수양하면 하늘로부터 부여받은 本然之性인 明德으로 돌아간다는 것이다. 이 경지가 天道의 경지이며 聖人의 경지로 인간의 極致인 人極인 것이다. 인간은 누구나 태어날 때부터 性善을 가지고 태어났으나 환경에 의해서 氣質之性이 다르게 적용하기 때문에 小人, 君子, 聖人으로 분별되나, 仁義禮智와 같은 덕목으로 수양을 하여 천인합일 경지에 이르면 다같이 바람직한 성인이 될 수 있다는 것이다.

순자는 인간의 본성은 自然의 性으로써 태어날 때부터 악한 것이고 그 선하는 것은 僞로써 가식한 것이라는 것이다. 그러므로 인간의 性情은 선천적으로 악한 것이므로 性情 그대로를 따라하면 이익을 좋아하고 남을 질투하고 미워하여 쟁탈·도덕·음란한 행위를 하게 된다는 것이다. 그러므로 師法의 교화와 성인이 만든 예의의 인도가 필요하다고 하였다. 性情은 선천적이고 예의법도는 후천적인 수식이라고 하였다.

이와 같이 自然의 性을 교화시켜서 작위를 유발시키는 것을 '化性起僞'라 한다. 이것을 후천적인 작위를 통하여 師法의 교화와 禮義文理로 선도하면 누구나 다 인간의 바람직한 가치관을 확립하여 성인이 될 수 있다는 것이다. 순자는 맹자의 성선을 비평하면서 선악의 구별을 다음과 같이 설명하고 있다.

"맹자는 '사람의 본성은 선하다'라고 하였다. 내 생각은 그렇지 않다. 무릇 옛부터 지금에 이르기까지 천하에서 선하다고 하는 것은 이치에 바르고 다스림에 공평하다는 것이며, 악하다는 것은 음험하게 편벽되며 어지러이 이치를 어기는 것이다. 이것이 선함과 악함의 구분이다. 지금 사람의 본성에 따른다면 본시부터 이치에 바르고 다스림에 공평해지겠는가? 그렇다면 聖王이 무슨 소용이 있으며 예의는 무슨 소용이 있겠는가? 비록 聖王이나 예의가 있다 하더라도 이치에 바로 다스림에 공평한데 무엇을 더 할 것인가? 지금 보면 그렇지 않다. 사람의 본성은 악한 고로 옛날에 성왕은 사람들의 본성이 악하며 음험하게 편벽되어 바르지 못하며 어지러이 사리를 어겨 다스려지지 않는다고 생각했기 때문에 그들을 위하여 임금의 권세를 세워서 군림하고 예의를 밝혀 교화하고 올바른 법도를 만들어 다스렸으며, 형벌을 무겁게 하여 악한 행동을 금하였다. 그렇게 함으로써 온 세상이 모두 잘 다스려지도록 하고 선에 적합하도록 하게 한 것이다. 이것이 성왕의 다스림이며 예의의 교화이다. … 이렇게 본다면 사람의 본성은 악한 것이 분명하며 그 선함은 작위인 것이다."[35]

---

[35] 『荀子』「性惡篇」 "孟子曰 人地性善曰 是不然 凡古今天下之所謂善者 正理平治也 所謂惡者 偏險悖亂也 是善惡之分也已 今誠以人之性 固正理平治邪 則有惡用聖王 惡用禮義矣哉 雖有聖王 禮義將曷加於正理平治也哉 今不然 人之性惡 故古者 聖人以人之性惡 以爲偏險而不正 悖亂而不治 故爲之立君上之藝以臨之 明禮義以化之 起法正以治之 重刑罰以禁之 使天下皆出於治 合於善也 是聖王之治而禮義之化也 … 用此之見之 然則人之性惡明矣 其善者僞也"

이것은 순자가 맹자의 성선을 비평한 것인데 사람이 선하다는 것은 '이치에 바르고 다스림에 공평함'이라고 하였다. 그렇다면 성왕이나 예의와 같은 것은 쓸모가 없게 된다는 것이다. 사람의 본성이 악하기 때문에 성왕의 다스림과 예의제도가 필요하다는 것이다. 맹자가 말한 것처럼 본성이 착하다고 한다면 성왕의 다스림이나 예의가 필요 없을 것이다. 오늘날 법규가 강화되고 있는 것은 인간에게 이기적 본성이 있기 때문이라고 생각했던 것이다. 또 여기서는 맹자의 성선설과 비교설명하면서 맹자의 성선설이 잘못된 것임을 지적하고 있다. 맹자가 말하는 선천적 성품 그대로 두면 선한 성질은 나타나지 않는다는 것이다. 그리고 예의와 같은 제도는 聖人들이 본성을 교화시키려는 작위에 의해 생겨난 것이지 그 본성자체에서 생겨나는 것이 아니라는 것이다. 따라서 聖人과 보통 사람도 본성이 악하다는 것은 모두 같으나 化性起僞에 의한 교화에 따라 차이가 있다는 것이다. 생각건대 맹자의 성선설은 선천성을 강조하는 입장이고 순자의 성악설은 후천성을 주창하고 있다고 보아야 한다. 선천적 性인 性卽理를 강조하게 되면 실용성을 상실하게 되고, 후천성을 강조하게 되면 실용주의에 빠지게 될 염려가 있다. 孟·荀의 이론에서 나타나고 있는 바와 같이 선천성만을 주장하거나 후천성만을 주장한다면 중화의 道를 유지할 수 없다고 하겠다.

  中庸 首章에서 '致中和'를 말하고 있는데 致中은 性卽理로서 인간의 본성을 말하고 致和는 達道로서 情之正을 말하고 있다. 致中은 선천성으로서 明德에 속하며 性善에 속하고, 致和는 師法의 교화와 예의의 인도로 수양을 요청하고 있기 때문에 순자가 말하는 性惡의 교화라고 볼 수 있다.

致中和속에서 맹자의 性善과 순자의 性惡의 만남을 찾아볼 수 있다. 致中和되었을 때 天道의 경지에 이르면 바람직한 聖人의 경지에 이르게 된다. 따라서 이 같은 聖人의 경지는 인간으로 가장 바람직한 가치관을 이룩한 경지라 볼 수 있다. 聖王이 致中和된 정치를 하게 되면 '천하백성들이 다 제자리를 차지하고, 만백성들이 다 먹고사는데 걱정 없게 된다.'36)라고 하였다. 그러므로 孟·荀의 바람직한 인간가치관의 정립으로 인간의 極致인 聖人의 경지에서 일치됨을 찾아 볼 수 있다. 이와 같은 점에서 맹자나 순자는 다같이 유가학파에 속한다고 볼 수 있다.

4. 實踐論

(1) 倫理觀

① 孟子의 修養論

전술한 바와 같이 사람의 본성은 선한 것이나, 악을 행하는 것은 물욕에 빠지기 때문이라고 했다. 맹자는 다음과 같은 수양론을 제시하고 있다.

첫 번째로 四端을 확충해야 한다는 것이다. "이 四端의 마음을 확충하면 한점의 불이 붙기 시작하여 점차로 뜨거운 火勢를 이루는 것과 같이 또 작은 물방울이 모여서 나중에 滔天의 홍수를 이루는 것과 같이 善의 능력이 강대해져서 물욕의 침해를 배제하면, 훌륭한 현인군자가 될 수 있다"37)고 하였다.

---

36) 『中庸』「首章」"致中和 天地位焉 萬物育焉"
37) 『上揭書』「公孫丑上」"凡有四端於者 知皆擴而充之矣 若火之始然泉之始?"

둘째로 浩然의 氣를 기른다는 것이다. 맹자는 不動心에 이르는 방법으로 浩然의 氣를 기를 것과 知言의 방법을 말하였다.

> "浩然의 氣는 정의하기는 어려우나 그 氣됨이 至大至剛하여 正道로써 기르고 해함이 없으면 천지 사이에 충색한다. 그 氣는 義와 道를 짝한다. 이것은 義를 쌓음으로써 생기는 것이고 義가 엄습하여 취하는 것은 아니다. 다시 말하면 계속으로 義를 쌓음으로써 얻어지는 것이고 一朝一夕에 갑자기 얻어지는 것이 아니다. 자기의 양심에 비추어 보아 조금이라도 불만족한 것이 있으면 浩然의 氣는 얻어졌다고 할 수 없다."[38]

라 하였으니 浩然의 氣를 가진 사람의 모습을 설명한 것으로 그런 사람을 지조 있고 威武한 대장부라 하여 바람직한 인물이라 볼 수 있다.

셋째로는 養氣와 함께 不動心에 이르는 방법으로는 타인의 말을 듣고 正邪曲直을 정확히 판단해야 한다는 것이다.

넷째로는 마음을 수양하는 要辭로서 寡欲을 가져야 한다.

다섯째로 夜氣를 보존하고 放心을 도로 찾아야 한다. 그렇게 함으로 선한 상태를 회복하게 된다는 것이다.[39]

이상에서 논술한 5가지 수양방법을 잘 숙지하여 復其性했을 때 천인합일의 경지에 이르게 되어 바람직한 인간가치관을 가지게 된다는 것이다. 맹자는 堯舜과 같은 內聖外王이 될 수 있는 인물을 희망하고 있다. 생각건대 맹자는 올바른 王道政治를 할 수 있는 왕은 위의 다섯가지 조건의 수양을 쌓은 聖人이여야만 가능하다고 보았다. 즉 內聖外王으로써 바람직한 가치관이 확립된 인물이라야만 민중을 위한 왕도정치를

---

[38] 『上揭書』「公孫丑上」 "曰難言也 其爲氣也 至大至剛 以直養而無害 則塞于天地之間 其爲氣也 配義與道 無是 是集義所生者 非義襲而取之也 行有不慊於心則餒矣"
[39] 金能根 著, 『中國哲學史』 서울, 奬學出版社, 1984, 76~77쪽 참조

실현 할 수 있다고 보았다.

② 荀子의 修養論

순자는 인간의 본성이 태어날 때부터 好利的이고 욕망적인 것을 가지고 있기 때문에 그대로 두면 악으로 흐르게 되어 인간의 가치관이 상실하고 만다고 했다. 好利的이고 疾惡的인 性情을 교정하여 사회생활을 잘 할 수 있도록 교화시키는 기준이 바로 예의 작위라고 보았다. 순자는 예에 대해서 다음과 같이 말하였다.

> "예는 인간도리의 극치이다. 그래서 예를 기준으로 하지 않고 예가 부족한 것을 일러 方正하지 못한 백성이라 하고, 예에 따르고 예를 충족시킨 것을 일러 방정한 선비라고 한다."[40]

라 하였다. 여기에서 말하는 예의는 공자의 主思想인 仁의 내용만큼 인간윤리를 해명하는데 중요한 역할을 한다. 그래서 순자는 예를 인간의 道極으로 여겼던 것이다. 여기서 道極이란 天道의 경지요, 聖人의 경지라고 볼 수 있는데 순자가 말하는 方正한 선비인 것이다. 방정한 선비는 성인과 같은 사람으로써 바람직한 인격을 갖춘 인물을 지칭한 것이다.

또 예는 사회의 윤리적 질서와 경제적인 질서를 유지하여 사회안녕을 지키는 역할을 하는 것이다. 그리고 예란 올바른 규범이다. 그러므로 쓸데없는 궤변이나 쓸데없는 행동은 통하지 않는다. 예는 올바른 일 올바른 길만이 허용되는 것이다. 따라서 예에 알맞게 생각하고 예에 알맞게 행동하여 예에 순응하는 사람이 성인이라는 것이다. 그래서 순자는 다

---

[40] 『荀子』「禮論篇」 "禮者 人道之極也 然而不法禮 不足禮 謂之無方之民 法禮足禮 謂有方之士"

음과 같이 말하고 있다.

"예에 맞게 사색할 줄 알면 이것을 일컬어 '생각할 줄 안다'고 믿하고, 예에 맞게 지조가 바뀌지 않으면 이것을 일컬어 '절조가 굳다'고 말한다. 생각할 줄 알고, 절조를 굳게 지킬 줄 알며, 더구나 예를 좋아하는 사람이라면 바로 聖人이다. 그러므로 하늘이란 높음의 극치이고, 땅은 낮음의 극치이며 끝없는 것은 넓음의 극치이듯 聖人이란 올바른 道의 극치이다. 그러므로 배우는 사람이란 본래부터 聖人이 되는 길을 배우려는 것이지, 단지 법도 없는 백성이 되기를 배우는 것이 아니다."[41]

라고 하였다. 그러므로 "聖人이 독실한 것은 예가 쌓여 있기 때문이며, 위대한 것은 예가 넓기 때문이며, 고상한 것은 예가 융성하기 때문이며, 총명한 것은 예를 다했기 때문이다."[42]라고 하여 성인의 인격에 대한 설명인데, 순자가 말하는 성인으로서의 도극은 周濂溪가 말하는 인극에 해당되며 천도의 경지라 볼 수 있다. 이와 같은 경지에 이른 사람은 『中庸』20장에 "생각하지 않아도 까닭에 되고 힘쓰지 않아도 時中에 맞아 들고 자연스럽게 도리에 들어맞는 행위를 하는 성인이다."[43]라고 했다. 순자가 말하는 성인으로 道極은 바람직한 인간가치관이 확고히 이루어진 경지라 할 수 있다.

이상과 같이 孟・荀의 윤리관을 논술하였는데 맹자나 순자 두 사람 다 인간가치의 최고봉은 도극으로서 성인이 되는데 있었다. 서로간 수

---

41) 『荀子』「禮論」"禮之中焉能思索 謂之能慮 禮之中焉能勿易 謂之能固 加好者焉 斯聖人矣 故天者高之極也 地者下之極也 無窮者廣之極也 聖人者道之極也 故學者 固學爲聖人也 非特學爲無力之民也"
42) 『荀子』「禮論」"是聖人也 故厚者 禮之積也 大者 禮之廣也 高者 禮之隆也 明者 禮之盡也"
43) 『中庸』「20章」"不思而得 不勉而中 從容中道 聖人也"

양의 범위설정이 달랐지만, 인극에서는 서로 일치되어 성인으로서의 바람직한 가치관을 가진다는 점에서 같은 유가학파의 맥을 가졌다고 할 수 있다. 다음으로 이 같은 바람직한 가치관을 이룩한 聖人의 정치관에 대해서 설명하고자 한다.

(2) 政治思想의 具顯

맹자의 정치사상을 먼저 논하고 다음으로 순자의 정치사상을 구현하고자 한다.

① 孟子의 政治思想

맹자는 夏王朝 최후의 폭군 桀과 殷王朝 최후의 폭군 紂 이 두 임금이 천하를 잃게 된 것은 民本主義에 의한 정치를 하지 못함에 있다는 것이다.

> "桀·紂가 천하를 잃은 것은 그 인민을 잃은 까닭이다. 그 인민을 잃은 것은 그 民心을 잃은 까닭이다. 천하를 얻는 데는 방법이 있다. 그 인민을 얻으면 곧 천하를 얻을 수 있다. 그 민심을 얻는 데는 방법이 있다. 인민이 갖고 싶어 하는 것을 모아다 주고, 인민이 싫어하는 것을 베풀지 않도록 할뿐이다. 이제 천하의 임금들 가운데서 仁道를 좋아하는 이가 있다면 딴 임금들 가운데서 그를 위해서 인민을 몰아다 줄 것이다."[44]

천하를 얻고 민심을 얻기 위해서는 民本主義에 입각한 仁政·仁道를

---

44) 『孟子』「離婁上」 "桀紂之失天下也 失其民也 失其民者 失其心也 得天下有道 得其民 斯得天下矣 得其民有道 得其心 斯得民矣 得其心有道 所欲與之聚之 所惡勿施爾也 … 今天下之君 有好仁者 則諸候皆爲之敺矣"

실행할 것을 시사한 말이다. 생각 건데 인민을 얻고 민심을 얻기 위한 仁道를 베풀 수 있는 위정자의 가치관 문제인 것이다. 性卽理로서 바람직한 明德을 갖춘 內聖外王이라야만 仁政을 베풀어 민심을 얻게 될 수 있고 따라서 천하의 왕노릇 할 수 있다는 것이다.

맹자는 民本主義를 근거로 한 與民同樂할 것을 여러 제후에게 권장했다.『孟子』에서 梁惠王이 동산을 자랑하고 있을 때 孟子가 말하기를, "賢者가 된 후에야 이런 것을 즐길 줄 알지요. 不賢者는 이런 것을 가지고 있다하더라도 즐길 수 없습니다."라고 하면서 "文王은 인민들의 힘으로 臺도 쌓고 못도 파고 하였으나 인민들은 그것을 기쁘고 즐겁게 여겨 그 臺를 靈臺라 부르고 그 못을 靈沼라 부르며 그 안에서 사슴떼와 물고기들이 뛰놀고 있는 것을 즐겨하였습니다. 文王과 같은 어진 분들은 인민들과 함께 서로 나누기 때문에 잘도 즐길 수 있었던 것입니다."[45]라고 한 것은 맹자가 梁惠王에게 有德者로서의 文王이 천의에 의한 與民同樂하고 있는 정치철학의 일면을 설명하고 있다.

또 맹자는 民本主義에 입각한 愛民思想과 重民思想을 바탕으로 하는 왕도정치 사상을 요청하고 있다. 맹자가 말하는 왕도란 二帝三王(堯舜의 二帝, 夏禹, 殷湯, 周文武의 三王)과 같은 聖王이 천하를 다스리던 방법을 말한다. 그러므로 王道는 仁義와 밀접한 관계를 두고 있음을 말하고 있다. 또 맹자는 왕자되는 길은 바로 仁政을 베푸는 데 있으며 인정을 베푸는 것이 바로 왕도정치라는 것이다. 맹자는 堯舜과 같은 道로서도 인정을 행하지 않으면 천하를 화평하게 다스릴 수 없다하여, 인정이란 仁愛의 정치를 말한다고 설명하고 있다.

---

45)『孟子』「梁惠王上」孟子對曰 "賢者以後樂此 不賢者雖有此不樂也 … 文王以民力爲台爲沼 而民歡樂之謂其台曰靈台謂其沼 樂其有麋鹿魚鼈 故人與民偕樂故 能樂也"

"堯임금·舜임금의 治世法으로도 인정을 하지 않으면 천하를 화평하게 다스리지 못한다. 이제 어진 마음과 어질다는 소문이 있으면서 인민이 그 은택을 입지 못해서 후세에 모범이 될 수 없는 것은 先王의 道를 실천하지 않기 때문이다. … 정치를 하는 데는 先王(聖王)의 道를 따르지 않는다면 지혜롭다고 할 수 있겠는가? 이러한 까닭으로 오직 어진 사람이라야만 높은 지위에 있어 마땅하다. 不仁한 사람이 높은 지위에 있다면 그 惡을 모든 사람에게 뿌리는 것이다."46)

맹자는 堯舜과 같은 바람직한 가치관을 갖춘 有德者로서의 왕도정치를 강조하면서, 仁愛의 정치를 여러 제후들에게 요청하고 있다.

『孟子』책 속에서 '仁則榮 不仁則辱'47)과 같은 仁政에 관한 文句를 여러 곳에서 찾아 볼 수 있다. 그러므로 맹자는 천자로부터 諸侯, 卿, 大夫, 士, 庶人에 이르기까지 心之德인 仁의 가치관으로써 자기주체를 확립할 때 국가질서를 바로잡고 평화를 유지할 수 있으므로 覇道보다는 王道를 강조했던 것이다. 不仁한 권력이나 무력으로 정치하는 覇道는 나쁜 정치라 규정하고 양심과 仁愛의 道로서 다스려야 한다고 보는 왕도정치에 역점을 둔 것이다. 그러므로 맹자는 不殺, 不奪取가 곧 仁이요 義라는 뜻을 말하고, 생명존중의 人道主義와 戰爭否定의 평화의 신념은 맹자사상을 일관하고 있는 사상이다. 맹자는 仁者는 無敵이라 할 정도로 인도주의정신에 입각한 평화주의사상을 갈망했던 것이다.

---

46) 『孟子』「離婁上」孟子曰 "堯舜之道 不以仁政 不能平治天下 今有仁心 仁聞而不被其澤 不可法於後世者 不行先王之道也 … 爲政 不固先王之道 可謂智乎 是以惟仁者 宜在高位 不仁而在高位 是播其惡於衆也"
47) 『孟子』「公孫丑上」

② 荀子의 政治思想

순자는 맹자와 같이 民本主義에 뿌리를 두고 있다. 위정자는 爲民·愛民정치를 제일 원칙으로 내세우고 있다. 그래서 백성들의 생활을 안정되게 하는 것이 정치의 근본이라 했다.

"말이 수레를 요동시키면 군자는 수레에서 안정될 수 없고, 서민이 정치를 혼란하게 하면 군자는 그의 자리에서 안정되지 못한다. 말이 수레를 요동시키면 말을 안정시키는 것이 좋고, 서민들이 정치를 혼란하게 하면 그들에게 은혜를 베푸는 것이 가장 좋다. … 그러므로 임금이 안정되려 한다면 정치를 공평히 하고 백성들을 사랑하는 것이 가장 좋으며, 번영을 바란다면 예를 존중하고 어진 이를 높이고 능력 있는 이를 뿌리는 것이 가장 좋다. 이것이 임금의 큰 원칙이다."[48]

정치의 근본은 백성들의 생활을 안정시키는데 있다. 안정된 생활을 하려면 무엇보다도 어질고 훌륭하고 능력 있는 위정자를 세워서 그로 하여금 공평한 정치, 예의를 존중하고 선비를 공경하는 일, 어진 이와 능력 있는 이들을 존경하고 등용하는 일을 하게 하면 좋은 정치가 이루어진다는 것이다. 그래서 순자는 나라를 풍족하게 하고 부유하게 하고 예의 질서가 잘 이룩하게 될 수 있도록 할 수 있는 위정자로는 仁厚하고 明德을 갖춘 內聖外王이라는 것이다. 이와 같은 바람직한 가치관을 갖추고 있는 위정자가 施政할 때 임금의 지혜와 仁厚함과 덕에 힘입어 백성들이 잘 살아 갈 수 있기 때문에, 자연히 백성들도 목숨 받쳐 임금의 은혜를 갚으려 한다는 것이다. 여기에서 순자의 經世濟民 사상을 엿

---

48) 『荀子』「王制篇」"馬駭輿 則君子不安輿 座人駭政 則莫若靜之 庶人駭政 則莫若惠之 … 故君人者欲安 則莫若平政愛民矣 欲榮則莫若隆禮敬士矣 欲立功名 則莫若尙賢使能矣 是君人者之大節也"

볼 수 있다.

> "임금이란 백성들의 근원이다. 근원이 맑으면 흐름도 맑고, 근원이 흐리면 흐름도 흐리다. 그러므로 나라를 다스리고 있는 사람이 백성을 사랑하지 못하고 백성을 이롭게 하지 못하면서 백성들이 자기를 친애하기를 바라는 것은 될 수 없는 일이다. … 그러므로 임금이 강하고 견고하여지고 안락하여지기 바란다면 합당한 사람을 구하는 것보다 좋은 것은 없다."49)

임금이란 백성을 이끌어 가는 귀중한 존재이다. 위정자인 임금이 똑바른 가치관이 확립되어야만 올바른 정치가 될 수 있다는 것이다. 그러므로 임금이 임금으로서 자기명분을 다하고 신하는 신하로서 자기명분을 다하게 될 때 자연적으로 백성들도 자기명분을 다하게 된다는 것이다. 그렇게 될 때 나라 안의 질서가 확립되어 평화로운 사회가 이룩된다는 것이다.

이상에서 맹자와 순자의 정치사상을 구명하여 보았다. 둘 다 바람직한 明德의 가치관을 갖춘 內聖外王의 정치를 할 것을 요청한 것은 서로 정치적 맥을 같이 했다고 볼 수 있다.

---

49) 『荀子』「君道篇」 "君者 民之原也 原淸則流淸 原濁則流濁 故有社稷者 而不能愛民 不能利民而求民之親愛已 不可得也 … 故人主欲彊固安樂 則莫若反之民 欲附下一民則莫若反之政 欲修政美國 則莫若求其人"

Ⅲ. 結論 - 現代的 意味

이상에서 논술한 것을 요약한다면,

(1) 맹자의 인성론에서는 '人性이 善하다'함을 상식적 측면과 심리적 측면으로 나누어 구명했다. 맹자의 논증을 추론건데 인성이 선하다는 것으로 볼 수 있었다. 맹자는 인간이 태어날 때부터 본성이 선하며, 仁義禮智와 같은 四端으로써의 道心을 지니고 태어났음을 시사하였다. 그런데 不善이나 악은 物欲이 자연의 본성을 가리워 생기는 것으로 보았다. 그래서 본성을 自然의 性 또는 天地의 性이라 하고 情을 氣質의 性이라 보았다. 氣質의 性에는 淸濁, 厚薄, 偏正이 있는데 淸, 厚, 正氣는 情之正으로 선이 되지만, 濁, 薄, 偏氣는 수양을 거쳐서 濁氣는 淸氣로 薄氣는 厚氣로 偏氣는 正氣로 순화되었을 때 하늘로부터 인간에게 부여한 本然의 性으로 회복된다는 것이다. 이와 같은 인간을 바람직한 가치관을 확립한 聖人이라는 것이다.

(2) 荀子의 인성론에서는 인간은 누구나 똑같은 본성과 같은 본체적 실체를 지니고 태어났지만 모든 인성은 악하기 때문에 聖人이 만들어 놓은 師法의 교화와 聖人이 만들어 놓은 예의와 같은 작위로서 수양을 하면 바람직한 가치관을 갖춘 인물이 된다는 것이다.

(3) 性善·性惡의 가치관 문제의 대비에서는 맹자의 성선설은 선천성을 강조하는 입장이고 순자의 성악설은 후천성을 주창하고 있다고 보았다. 선천성인 天理를 강조하게 되면 실용성을 상실하게 되고 후천성을 강조하게 되면 실용주의에 치우치게 될 염려가 있다는 것이다.

孟·荀의 이론에서 나타나고 있는 바와 같이 선천성만을 주장하거나 후천성만을 주장한다면, 中和의 道를 유지할 수 없다는 것이다. 致中은 性卽理로서 인간의 본성을 말하고 致和는 達道로서 情之正을 말하고 있다. 致中은 선천성으로 性善에 속하고, 致和는 師法의 敎化와 예의의 인도로 수양을 필요로 하기 때문에 순자의 性惡의 교화라 볼 수 있다. 그러므로 致中和되었을 때 人極으로써 바람직한 성인의 경지에 이르게 된다는 것이다. 그러므로 孟·荀의 바람직한 인간가치관 정립은 인간의 극치인 聖人의 경지에 일치됨을 찾아 볼 수 있다. 이와 같은 점에서 둘 다 유가학파에 속한다고 볼 수 있다.

(4) 실천론에서는 윤리관과 정치관으로 나누어 살펴보았다. 윤리적 측면에서는 맹자나 순자 두 사람 모두 인간가치관의 최고봉은 道極으로써 聖人이 되는데 있었다. 서로 수양범위 설정은 달랐지만, 人極에서는 서로 일치되어 성인으로서의 바람직한 가치관을 확립할 수 있었다는 점을 살펴보았고, 정치적 측면에서는 맹자나 순자는 둘 다 바람직한 인간가치관을 갖춘 內聖外王의 정치를 요청했다는 것을 구명했다.

생각 건데 오늘날 급변하여 가는 현실을 직시해 볼 때 사회가 다원화 되어 가고 인구밀도가 높아져서 인심은 극도로 악화되어 서로간에 불신 신조가 만연되어 인간가치관이 상실되어가고 있는 것이 오늘의 실정이다. 더구나 崇金主義, 拜金主義, 物質主義가 팽배해짐으로 實利至上主義로 말미암아 참된 인간성을 찾아보기 힘들게 되었다. 이 같은 바람직한 인간가치관을 회복하는 길은 맹자가 말하는 性善을 회복하여 바람직한 인간가치관을 가질 수 있다고 하였고, 순자는 본연의 性惡을 예의로서 化性起僞하여 人極에 이르게 될 때 비로소 바람직한 가치관을 정립할 수 있다는 것이다. 두 사람은 본성에 대한 입장을 달리하고 있으나 인간의 최고경지인 聖人에 이르러서는 일치한다고 하겠다. 이와 같은 취의를 살려 이와 같은 바람직한 인간가치관을 확립할 때 오늘날 혼란한 사회질서가 확립되어 살기 좋은 세상이 될 수 있으리라 믿으며, 또한 바람직한 가치관 확립은 오늘날 정치철학이 없는 혼란한 정치풍토를 안착시키는데 청량제 역할을 할 수 있으리라 확신한다.

참고문헌

費隱으로 본 中庸

中庸章句大全.
大學章句大全.
論語集註大全.
孟子集註大全.
十三經注疏.
中庸或問.
中庸解義.
性理大全.
二程全書.
近思錄.
朱子大全.
周易傳義大全.
退溪全書.
栗谷全書.
茶山全書.
霞谷集.
宋龜峰集.
柳承國, 東洋哲學論考, 成均館大學校大學院 東洋哲學研究室, 1974.
李相殷, 退溪의 生涯와 學問, 瑞文堂, 1974.
玄相允, 東洋儒學史, 民衆書舘, 1960.
張志淵, 朝鮮儒敎淵源, 同文社 1922.
梁大淵, 儒學槪論, 新雅社, 1962.

金敬琢, 中國哲學史, 泰成社, 1955.
____, 中庸의 硏究, 成均館大學校, 1962.

馮友蘭, 中國哲學史.
____, 新原道.
胡　適, 中國哲學大網.
錢　穆, 朱子新學案.
梁啓超, 儒家哲學.
宇野哲人, 易의中庸硏究.
簡野道明, 中庸解義.

『中庸』의 費隱으로 본 天道

1. 經集類

十三經法疏及補正 全 16冊, 臺北, 世界書局, 中華民國 52-62(1963-1973).
三經:『詩傳大全』,『周易傳義大全』, 全 2冊, 影印版, 서울, 成大 大東文化硏究院, 1970.
經書:『四書章句集註大全』, 影印版, 서울, 成大 大東文化硏究院, 1970.
『中庸集註』,『大學集註』,『論語集註』,『孟子集註』, 서울, 世昌書館, 1968.
宋 程顥, 程頤 撰, 朱熹 編,『二程全書』, 影印版, 서울, 曺龍承 刊行, 1975.
南宋 朱熹 撰,『朱子大全』, 影印版, 서울, 曺龍承 刊行, 1978.
南宋 朱熹 撰,『近思錄』, 影印版, 서울, 曺龍承 刊行, 1976.
明 王守仁 撰,『王陽明全書』, 全 2冊, 影印版, 서울, 景文社, 1976.
南宋 朱熹 撰,『大學或問』,『中庸或問』, 合本影印版, 서울, 景文社, 1977.
李　滉,『增補退溪全書』, 全 5冊, 影印版, 서울, 成大 大東文化硏究院, 1971.
李　珥,『栗谷全書』, 全 2冊, 影印版, 서울, 成大 大東文化硏究院, 1971.
鄭齊斗,『霞谷先生文集』, 共 22冊, 鄭文升 編, 寫本, 哲宗7年(1856).
鄭齊斗,『國譯霞谷集』, 2冊, 古典國譯叢書 70, 서울, 民族文化推進會, 1977.

2. 單行本

柳承國,『東洋哲學論攷』, 서울, 1974. 成大 東洋哲學研究室.
金敬琢,『中國哲學史』, 서울, 1962. 泰成社.
金能根,『中國哲學史』, 서울, 1978. 獎學出版社.
裵宗鎬,『韓國儒學의 課題와 展開(Ⅰ)』, 서울, 1979. 汎學社.
梁大淵,『儒學槪論』, 서울, 1962. 新雅社.
牟宗三,『中國哲學的 特質, 香港九龍, 人生出版社, 中華民國 52(1963).
苑壽康,『朱子及其哲學』臺北, 臺灣開明書店, 中華民國 65(1976).
吳　康,『宋明理學』臺北, 華國出版社, 中華民國 44(1955).

3. 論文類

李相殷,『中庸思想』新譯四書, 中庸篇, 서울, 玄岩社, 1963.
朴鍾鴻,『大學과 中庸의 現代的 意義』新譯四書, 中庸篇, 서울, 玄岩社, 1963.
金斗憲,『中庸의 道理』劉錫昶博士古稀紀念論文集, 1970.
李東俊,『十六世紀韓國性理學派의 歷史意識에 關한 研究』.

『大學』의 德治主義

1. 原典類

朱　熹,『大學章句集註』, 大田, 學民文化社, 1990.
＿＿＿,『論語集註』, 大田, 學民文化社, 1990.
＿＿＿,『孟子集註』, 大田, 學民文化社, 1990.
＿＿＿,『中庸章句集註』, 大田, 學民文化社, 1990.
＿＿＿,『大學或問』, 서울, 保景文化社, 1990.
＿＿＿,『朱子語類』, 北京, 中華書局, 1983.
＿＿＿,『朱文公文集大全』, 서울, 法仁文化社, 1988.
程顥・程頤,『二程集』, 中華書局, 1981.

2. 著書類

沈佑燮,「費隱의 觀點에서 본 中庸思想」『中庸思想의 哲學的 摸索』, 대화교육
　　　문화, 1996.
오오하마 아키라,『주자의 철학』(임현규 옮김), 서울, 인간사랑, 1997.
錢 穆,『주자학의 세계』(이완재, 백도근 譯), 대구, 以文出版社, 1994.
_____,『朱子新學案』, 臺北, 三民書局, 民國 69.
한국철학사상연구회,『우리들의 동양철학』, 서울, 동녘, 1997.
侯外廬,『宋明理學史』1·2(박완식 譯), 서울, 이론과 실천, 1993.
金能根,『中國哲學史』, 서울, 장학출판사, 1984.
蒙培元,『理學範疇系統』, 북경, 人民出版社, 1989.
束景南,『朱子大傳』福建, 福建敎育出版社, 1992.
市川安司,『朱子哲學論考』, 東京, 汲古書院, 昭和 60.
友枝龍太郎,『朱子思想形成』, 東京, 春秋社, 昭和 44.

3. 論文類

孔泳立,「朱子 倫理사상의 본질에 관한 연구 -禮사상을 중심으로-」, 성대 박사
　　　학위 논문, 1986.
金道基,「朝鮮朝 儒學에 있어서 認識理論에 관한 연구 - 大學의 格物致說을
　　　中心으로-」, 성대 박사학위 논문, 1986.
_____,「朱熹의 佛敎批判과 工夫論 연구」, 고려대 박사학위 논문, 1998.
孫英植,「宋代 新儒學에서 哲學的 爭點의 硏究」, 서울대 박사학위 논문, 1993.
梁熙龍,「大學의 本義에 관한 연구」, 성신여대 박사학위 논문, 1998.
李楠永,「李退溪의 孔子觀과 그 實踐性」,『退溪學報』제87·8집, 1995.

孔子의 仁思想에 의한 人間價値觀

金大容,「孔子敎育思想의 現代的 理解」, 민주논총 V, 민주아카데미, 1993.
金祥謙,「論語에 나타난 孔子의 敎育思想硏究」, 석사학위논문, 충남대학교 교
　　　육대학원, 1990.

金世漢,「孔子의 敎育哲學思想 硏究 - 사서를 중심으로」, 안동한문학연구 제1집, 안동대학한문학회, 1990.
金暎鎬,「論語 一以貫之 解釋의 檢討」, 동양철학연구 제13집, 동양철학회연구, 1992.
金忠烈, 孔繁외,「공자 사상과 21세기」, 한중국제학술회의 대논문집, 서울 : 동아일보사, 1994.
南相樂,「孔子 仁思想의 社會哲學的 意義」, 大同文化硏究 第21輯, 成均館大學校 大同文化硏究院, 1987.
朴榮熙,「論語에 나타난 敎育的 人間으로서의 孔子」, 교육개발연구논총 제12집, 충북대 교육개발논문집, 1992.
孫世濟,「天道觀의 變遷에 觀한 硏究 - 秦漢期를 중심으로」, 성균관대학교 대학원, 1992.
宋榮培,「儒敎思想의 歷史的 理解와 反省」, 태동교육연구 제6집, 한림대학교 부설태동고전연구소, 1990.
劉勝鍾,「孔子의 天觀에 關한 硏究」, 철학사상 제9집, 동국대학교철학회, 1987.
李基東,「孔子 思想의 根本構造」, 大同文化硏究 第22輯, 成均館大學校 大同文化硏究員, 1988.
李文周,「中國先秦時代 儒家의 禮說에 대한 硏究 - 禮의 本來性과 現實性을 中心으로」, 박사학위논문, 성균관대학교 대학원, 1991.
李 渦,「論語에 나타난 孔子의 敎育理論」, 교육연구 제28집, 성신여자대학교 교육문제연구소, 1994.
全世營,「孔子의 政治思想에 關한 硏究 - 論語에 나타난 政治觀을 中心으로」, 박사학위논문, 중앙대학교 대학원, 1990.
鄭 瑽,「孔子 思想의 現代的 照明 - 인간 공자의 휴머니스틱한 측면을 중심으로」, 철학연구 제12집, 철학연구회, 1977.
鄭鍾復,「孔子之君子思想硏究」, 청주대학교논문집 제13집, 1980.
_____,「孔孟의 敎育思想 比較 硏究」, 청주대학교 논문집 제16집, 청주대학교, 1983.
_____,「朱子의 敎育者的 獻新論考」, 교육과학연구 제2집, 청주대학교 교육문제연구소, 1988.

孔子의 德治主義

1. 經集類 및 叢類

大學集註.

論語集註.

孟子集註.

中庸集註.

中庸或問 朱子撰.

大學或問 朱子撰.

    三經：詩經大傳, 周易大傳, 書經大傳 全2冊 影印本, 서울, 成大 大東文化 研究院, 1970.

    二程全集 宋, 朱熹撰 二程의 遺書.

    朱子大全 宋, 朱熹.

    주자어류 宋, 黎精德編.

    性理大全 明, 胡廣等撰.

「先秦政治思想史」梁啓超 著.

「中國政治思想與制度論集」張其均 著.

「孔孟學報」孔孟學會 編.

2. 單行本

金敬琢 「中國哲學史」서울 : 泰成社, 1962.

金能根 「中國哲學史」서울 : 獎學出版社, 1978.

柳承國 「東洋哲學論攷」서울 : 成大東洋哲學硏究室, 1974.

柳承國 「儒學原論」서울 : 成大出版部, 1981.

梁大淵 「儒學槪論」서울 : 新雅社, 1963.

鄭 瑽 「孔子思想의 人間學的 硏究」서울 : 東大出版社, 1975.

鄭 瑽 「孔子思想과 現代」서울 : 孔子學會編 思禮硏, 1985.

梁啓超 「先秦政治思想史」台湾.

張其均 「中國政治思想史」台湾.

孔孟學會「孔孟學報」台灣.
陳大齊「孔子學說」台灣.
宋錫正「孔子教學 思想」台灣 : 三民書國.
高　明「孔子思想研究論集(一)」: 台灣 : 黎明 文化事業公司.
陳大齊「孔子思想研究論集(二)」: 台灣 : 黎明 文化事業公司.
沈佑燮「韓國의 傳統思想의 理解」서울 : 螢雪出版社, 1990.

孔子의 敎學精神

1. 經集類

大學集註.
中庸集註.
論語集註.
孟子集註.
中庸或問, 大學或問.
三經 ; 詩經, 周易, 書經 全2冊, 影印本 (서울 : 成大 大東文化研究院, 1970).
性理大全.
朱子大全, 朱熹 撰.
增補退溪全書, 李滉 著.
栗谷全書, 李珥 著.

2. 單行本

<國內資料>

金能根　中國 哲學史 (서울 : 獎學出版社, 1978).
柳承國　東洋哲學論考 (서울 : 成大 東哲研究室, 1974).
裵宗鎬　韓國儒學史 (서울 : 延大出版部, 1974).
鄭　瑽　孔子思想의 人間學的 研究 (서울 : 東大出版部, 1975).
金益洙　儒家思想과 敎育哲學 (서울 : 螢雪出版社, 1979).
朴鍾鴻　國民倫理 (서울 : 삼화출판사, 1971).

柳承國 儒學原論 (서울：成大出版部, 1981).
沈佑燮 中庸思想硏究 (서울：誠信女大出版部, 1981).
沈佑燮 儒學思想에 立脚한 倫理敎育, 東洋哲學硏究 第4輯 (서울：三元社, 1983).
梁大淵 儒學槪論 (서울：新雅社, 1962).
崔己元 道德과 敎育 (서울：1969).

<中國資料>
唐君毅 中國哲學元論 (台灣 九龍：人生出版社, 中華 60(1971)).
牟宗三 中國哲學的 特質 (台灣 九龍：人生出版社 中華 52(1968)).
馮友蘭 中國哲學史 (上海：商務印書館, 中華 46(1957)).

孟子의 王道政治

1. 單行本

『論語』,『孟子』,『大學』,『中庸』,『詩經』,『書經』,『周易』,『禮記』,『春秋』
成均館大 大同文化硏究院 影印本, 1985.
程齊家,『中國敎育思想史』, 北京, 敎育科學出版社, 1991.
具本明,『新譯四書Ⅲ 孟子』, 서울, 玄岩社, 1968.
金能根,『中國哲學史』, 서울, 探究堂, 1975.
金忠烈,『中國哲學散考』, 서울, 凡學社, 1939.
羅　光,『中國哲學思想史』, 臺北, 學生書局, 1987.
柳承國,『東洋哲學論攷』, 서울, 成大東洋哲學硏究室, 1974.
方立天,『中國古代哲學問題發展史』, 北京, 新華書店, 1992.
馮友蘭, 鄭仁在 譯,『中國哲學史』, 서울, 螢雪出版社, 1998.
成大儒學科 編,『儒學原論』, 서울, 成均館大出版社, 1982.
沈佑燮,『韓國傳統思想의 理解』서울, 螢雪出版社, 1990.
梁啓超 等著,『中國哲學思想論集』, 臺北, 水牛出版社, 1986.
梁國榮,『儒家價値體系的歷史衍化及其現代轉換』, 北京, 上海人民出版社, 1994.
梁化之 編,『孟子硏究集』, 臺灣, 民國 52年.

梁大淵, 『儒學槪論』서울, 新雅社, 1963.
吳 康 等, 『孟子思想硏究論集』, 臺灣, 黎明文化事業公司, 1982.
吳 怡, 『中國哲學發展史』, 臺北, 三民書局, 1984.
宇 同, 『中國哲學問題史』, 臺北, 彙文堂出版社, 1984.
李相殷, 『現代와 東洋思想』, 서울, 日新社, 1963.
李澤厚, 『中國古代思想史論』, 臺北, 谷風出版社, 1987.
張起鈞 著, 宋河璟 譯, 『中國哲學史』, 서울, 一志社, 1984.
趙吉惠 等 四人 主編, 『中國儒學史』, 北京, 新華書店, 1991.
曹伯言, 張哲永, 『中國古代思想家列傳編注』, 北京, 華東師範大學 出版社, 1985.
周柱鈿, 『中國傳統哲學』, 北京, 北京師範大學 出版社, 1991.
陣訓章, 『中國人性論史』, 臺北, 臺灣常務印書館, 1984.
復旦大學 國際交流 辦公室, 『儒家思想』, 北京, 上海人民出版社, 1992.

2. 論文類

金忠烈, 「東洋 人性論의 序說」, 『東洋哲學의 本體論과 人性論』, 韓國東洋哲學會 編, 서울, 延大出版部, 1982.
裵宗鎬, 「東洋 人性論의 意義」, 서울, 延大 出版部.
柳承國, 「中國哲學과 韓國思想」, 서울, 韓國哲學會, 1974.
李相殷, 「孟子 性善說에 대한 硏究」, 『高大 50週年 紀念論文集』高大 出版部m 1955.

孟子의 敎學精神

1. 單行本

『論語』, 『孟子』, 『大學』, 『中庸』, 『詩經』, 『書經』, 『周易』, 『禮記』, 『春秋』.
成均館大 大同文化硏究院 影印本, 1985.
郭齊家, 『中國敎育思想史』, 北京, 敎育科學出版社, 1991.
具本明, 『新譯四書Ⅲ 孟子』, 서울, 玄岩社, 1968.
金能根, 『中國哲學史』, 서울, 探究堂, 1975.

金忠烈,『中國哲學散考』, 서울, 凡學社, 1939.
羅　光,『中國哲學思想史』, 臺北, 學生書局, 1987.
柳承國,『東洋哲學論攷』서울, 成大東洋哲學硏究室, 1974.
方立天,『中國古代哲學問題發展史』, 北京, 新華書店, 1992.
馮友蘭, 鄭仁在 譯,『中國哲學史』, 서울, 螢雪出版社, 1998.
成大儒學科 編,『儒學原論』서울, 成均館大出版社, 1982.
沈佑燮,『韓國傳統思想의 理解』, 서울, 螢雪出版社, 1990.
梁啓超 等著,『中國哲學思想論集』, 臺北, 水牛出版社, 1986.
梁國榮,『儒家價値體系的歷史衍化及其現代轉換』, 北京, 上海人民出版社, 1994.
梁化之 編,『孟子硏究集』, 臺灣, 民國 52年.
梁大淵,『儒學槪論』서울, 新雅社, 1963.
吳　康 等,『孟子思想硏究論集』, 臺灣, 黎明文化事業公司, 1982.
吳　怡,『中國哲學發展史』, 臺北, 三民書局, 1984.
宇　同,『中國哲學問題史』, 臺北, 彙文堂出版社, 1987.
李相殷,『現代와 東洋思想』서울, 日新社, 1963.
金益洙,『儒家思想과 敎育哲學』서울, 螢雪出版社, 1979.
李澤厚,『中國古代思想史論』, 臺北, 谷風出版社, 1987.
張起鈞 著, 宋河璟 譯『中國哲學史』, 서울, 一志社, 1984.
趙吉惠 等 四人 主編,『中國儒學史』, 北京, 新華書店, 1991.
曹伯言, 張哲永,『中國古代思想家列傳編注』, 北京, 華東師範大學 出版社, 1985.
周桂鈿,『中國傳統哲學』, 北京, 北京師範大學 出版社, 1991.
陣訓章,『中國人性論史』, 臺北, 臺灣商務印書館, 1984.
復旦大學 國際交流 辦公室,『儒家思想』, 北京, 上海人民出版社, 1992.

2. 論文類
金忠烈,「東洋 人性論의 序說」,『東洋哲學의 本體論과 人性論』, 韓國東洋哲學會 編, 서울, 延大 出版部, 1982.
裵宗鎬,「東洋 人性論의 意義」, 서울, 延大出版部, 1982.

柳承國,「中國哲學과 韓國思想」, 서울, 韓國哲學會, 1974.
李相殷,「孟子 性善說에 대한 硏究」,『高大 50週年 紀念論文集』, 高大出版部, 1955.

孟·荀의 人性에 대한 比較

1. 基本資料

『荀子』

『論語』

『孟子』

『中庸』

『老子』

『詩經』

『書經』

『禮記』

2. 單行本

金能根,『中國哲學史』, 獎學出版社, 1984.

金忠烈,『中國哲學散稿』, 汎學圖書, 1977.

尹絲淳,『韓國儒學論究』, 玄岩社, 1985.

勞思光,『中國哲學史』(古代篇), 鄭仁在 譯, 探求堂, 1986.

吳 康,『諸子學槪要』, 正中書局, 1982.

韋政通,『荀子與古代哲學』, 臺灣商務印書館, 1985.

黃公偉,『孔孟荀哲學證義』, 臺灣 幼獅文化事業公司, 1975.

馮友蘭,『中國哲學史』, 鄭仁在 譯, 探求堂, 1983.

蔡仁厚,『孔孟荀哲學』, 臺灣學生書局, 1984.

陳大齊,『荀子學說』, 臺灣華岡出版部, 1974.

龍宇純,『荀子論集』, 臺灣學生書局, 1987.

周群振,『荀子思想研究』, 文津出版社, 1987.

崔大林, 新譯『荀子』, 홍신출판사, 1995.
劉正浩, "孟子", 『中國歷代思想家 2』, 臺灣商務印書局, 民國 67年.
吳　康, 『孔孟荀哲學(上,下)』, 臺灣商務印書局, 民國 71年.
吳　康 等 著, 『孟子思想硏究論集』, 臺灣黎明文化事業公司, 民國 71年.
駱建人, 『孟子學術體系探?』, 臺灣文津出版社, 民國 68年.
陳訓章, 『孟子管窺』, 臺灣黎明文化事業公司, 民國73年.

3. 論文類

金忠烈, 「論天人之際」金俊燁敎授華甲紀念『中國學論叢』, 1983.
金炳采, 「荀子의 '天'에 대한 硏究」『東洋學』12집, 1982.
_____, 「荀子 '禮'的 根據」檀國大『論文集』16집, 1982.
_____, 「先秦儒家哲學的道德意識硏究」輔仁大學哲學硏究所 博士論文, 1986.
李起東, 「荀子思想의 社會哲學的 意味」『大東文化硏究』21집, 1987.
鮑國順, 「荀子的人生思想」『孔孟學報』13期, 1982.
李乙浩, 「禮槪念의 變遷過程」成大『大東文化硏究』제4집, 1967.
鄭仁在, 「荀子의 知識論」, 東洋哲學의 饗宴, 姜聲渭外, 이문사, 1981.
金吉洛, 「孟子 王道思想의 哲學的 根據」『哲學硏究』26집, 1978.
趙南旭, 「孟子 政治論 硏究」, 『釜山大師大論集』제11집, 1985.

찾아보기

ㄱ

可欲之謂善 / 301
價値觀 / 119, 174, 179
價値評價 / 42
開來學 / 223
個性 敎育 / 244, 295
居敬窮理 / 36, 106, 107, 109
桀紂 / 163
格物 / 160
格物致知 / 57, 58, 153, 165, 180, 182, 231
格物致知論 / 33
經國濟民 / 205
經世濟民 / 205, 207, 335
經濟節用 / 206, 207
濟政策 / 195
經驗論 / 33, 35
啓發敎育 / 242, 244, 293
繼往聖 / 223
繼天而立極 / 194
告子 / 253, 282, 312, 313
困知勉行者 / 38
功利主義 / 169

孔子 / 59, 66, 67, 169, 222
功効性 / 133
功效性 / 119, 181
觀念論 / 28, 35
교육목표 / 279
敎育環境 / 296
교육방법 / 298
敎育哲學 / 179, 277, 278
교학정신 / 279
敎學方法 / 170
敎學思想 / 169, 170, 219
敎學精神 / 182, 183, 219, 222, 224, 277
敎化論 / 181
九經 / 139
국가론 / 247
군자상 / 174
君子의 道 / 27
君子之道 / 60, 70
均霑 / 207
均霑主義 / 208, 215
克己復禮 / 187
近思錄 / 80

氣質의 性 / 337
氣質之性 / 75, 151, 152, 273

ㄴ

內聖外王 / 136, 194, 210, 258, 266, 329, 333, 335, 336, 338
內在論 / 22
老莊學派 / 320
논어 / 91, 98, 112, 115, 129, 158, 161, 170

ㄷ

茶山 / 66
達德 / 136, 138
達道 / 71, 130, 136, 137, 138, 287, 288
達道五者 / 200
達孝 / 133
譚氏 / 31
唐虞三代 / 193, 194, 249, 309
大經 / 33
大同社會 / 218, 292, 306
大本 / 71
대학 / 64
德本主義 / 203, 215
德本主義思想 / 190
德性 / 179
德治思想 / 190, 195, 258

德治主義 / 162, 195, 198, 200, 201, 215, 219
德治主義思想 / 167
德化主義 / 215
道極 / 330, 331
道德敎育 / 280
도덕의 본체 / 281
道問學 / 25, 26, 36, 39, 86, 87, 94, 106, 239
道心 / 254, 337
道義 / 288
滕文公 / 267

ㅁ

孟子 / 35, 43, 48, 50, 53, 55, 253, 298, 309, 312, 313, 314, 322, 326, 329, 332, 335
맹자의 성선설 / 323
明德 / 147, 148, 150, 151, 154, 155, 156, 157, 159, 161, 161, 163, 164, 165, 219, 239, 255, 286, 300, 314, 333, 335, 336
明則誠 / 108
明則誠矣 / 35
模寫說 / 32
無極而太極 / 58
務農策 / 264

武王 / 133, 134, 270
墨家流 / 169
墨子 / 39
墨子의 三表說 / 38
文武王 / 195
文王 / 133, 134
文化主義 / 203
물질교육 / 303
물질만능주의 / 189
物質主義 / 338
民本 / 215
民本主義 / 248, 258, 260, 261, 332, 333, 335

ㅂ

博文約禮 / 14
拜金主義 / 189, 338
樊遲 / 224
普通敎育 / 237, 244
復其性 / 329
本然의 性 / 53, 75, 279
本然之性 / 151, 152, 155, 273, 283, 325
본질적 性 / 279
本體論的 天 / 317
不動心 / 291, 329
北溪陳 / 65, 72, 82
北溪陳氏 / 69

不誠無物 / 57
不忍之心 / 283
費隱 / 87
費隱의 槪念 / 13
費隱章 / 44, 120
費而隱 / 26, 41, 60, 103, 107, 131, 140, 141, 143

ㅅ

四敎 / 234, 236
史記 / 315
四端 / 251, 254, 282, 283, 285, 289, 291, 302, 310, 311, 328, 337
四德 / 214
師道 敎育 / 299
司馬遷 / 308
思無邪 / 137, 168, 202, 218, 226, 235, 270
師法禮義 / 323
思誠 / 184
三綱領 / 147, 148, 180, 201, 229, 238
三達德 / 137
三山陳氏 / 21
常道 / 67, 139, 212, 318, 319
象山 / 36
商書 / 91

常數 / 318
常體 / 318
上行下效 / 164
生知安行者 / 38
書經 / 104, 114, 191, 193, 249, 259, 261, 262, 292, 305, 307, 309
徐花潭 / 29
釋迦 / 222
聖經賢傳 / 146
成己 / 240
性論 / 280
誠論 / 65
成物 / 240
性相近 / 308
性善 / 280, 281, 285, 306
性善論 / 248, 290
性善說 / 250, 308
性善의 價値觀 / 309
誠實無妄 / 226
誠實性 / 32, 40, 115
性惡 / 306
性惡說 / 317, 320
性惡의 價値觀 / 317
誠意 / 153, 160
誠者 / 25, 31, 70, 84, 92, 100, 184
性卽理 / 149, 150, 152, 153, 157, 163, 165, 166, 187, 250, 251, 327, 333, 338

性知 / 34
誠之德 / 213
誠之者 / 37, 51, 70, 92, 100, 184
誠則明 / 109, 142
誠則明矣 / 35
所當然者 / 17
小戴禮記 / 145, 154
所以然 / 22
所以然者 / 17
所以然之理 / 309
소크라테스 / 222
宋龜峰 / 58
修己 / 165, 192, 208
隨時處中 / 193
修身 / 153
純一無雜 / 223, 307, 325
荀子 / 29, 326, 335
숭금주의 / 216, 338
習相遠 / 308
詩經 / 103, 104, 126, 127, 157, 249, 250, 261, 309
時中 / 69
愼獨 / 87
新民 / 147, 154, 155, 156
信實性 / 115
新安陳 / 78
新安陳氏 / 16, 19, 69
實其心之誠 / 92

實理 / 85, 86
實理의 客觀 / 57
實理의 物 / 57
實理의 誠 / 57
實利至上主義 / 338
實理之誠 / 92
實心 / 86
實在論 / 32, 35
實在論的 / 28
實存態 / 48, 55
實証性 / 38
雙峰饒氏 / 20, 30

ㅇ

禮義文理 / 321, 326
論語 / 220, 235, 307
安貧樂道 / 206
顔淵 / 225, 241, 243, 256
愛民思想 / 333
襄王 / 271
良知 / 36
良知說 / 252
良知良能 / 301
梁惠王 / 257, 262, 267
呂覽孝行 / 104
與民同樂 / 207, 262, 333
靈臺 / 333
靈沼 / 333

禮記 / 103, 119, 145, 218, 234, 292
예수 / 222
禮讓爲國 / 202
예의법도 / 322
五倫 / 292
五典 / 292
五覇 / 270
五行 / 308
王道 / 193, 263, 267
王道政治 / 247, 264, 265, 289, 329, 334
王道主義 / 215, 248, 263
왕도주의사상 / 193
王陽明 / 36, 252, 311
王充 / 38
要緊處 / 43
요순 / 270, 281
庸德 / 133
雲峰胡氏 / 21
爲己之學 / 239
爲人之學 / 239
有德者 / 262, 266, 334
유토피아 / 247
六德 / 233
六禮 / 234
六藝 / 233, 236
陸王學派 / 33
六行 / 233

栗谷 / 17, 21, 23, 73, 78, 85, 110, 122
栗谷全書 / 93
殷王朝 / 259
義의 德 / 274
理想的 人間像 / 183
理想主義 / 170
仁 / 32
人間 價値觀 / 171, 172, 177, 180, 181, 183, 280
人間 敎育哲學 / 183
인간 존재 / 46, 55
인간가치 / 309
人間價値觀 / 169, 216, 217, 275, 339
人間像 / 174, 179, 181
인간성경 / 216
인간소외 / 216
인간의 본성 / 321
人間存在 / 40, 101, 177
人極 / 101, 102, 306, 325, 331, 332, 338
仁德 / 269
人道 / 84, 86, 88, 95, 141, 142, 172, 257, 286, 287, 332
仁道主義 / 272, 275
人道主義 / 334
仁思想 / 169, 175, 255, 286, 287, 301

人性敎育 / 187
認識 / 24
認識 起源 / 34
認識 方法 / 38
認識論 / 27
認識論的 / 24
認識方法論 / 38
認識理論 / 33, 40
仁義 / 158, 315
仁義論 / 290
仁義禮智 / 169, 180, 229, 282, 291, 301
仁政 / 265, 266, 332
一貫之道 / 44, 226
一以貫之 / 235
一以貫之道 / 186, 210, 231, 256, 287

ㅈ

自明誠 / 34
子思 / 285
自誠明 / 34
自然의 性 / 337
自然主義 / 169
自然之性 / 324
張載 / 239
張橫渠 / 29
財富均霑主義 / 207
戰國時代 / 219

전인교육 / 246
全人的 人物 / 179
正道 / 67
正名 / 197, 215
程明道 / 30, 42, 105
正名思想 / 195, 196, 201, 210, 306
正名篇 / 197
正心 / 153
程頤 / 146, 154
程伊川 / 98, 105
程子 / 45, 65, 257
鄭齊斗 / 125
程朱學派 / 33
정치철학 / 339
정치철학사상 / 216
鄭霞谷 / 26
鄭玄 / 122
程顥 / 146
齊家 / 160, 161, 165, 167
齊宣王 / 260, 263, 267
尊德性 / 25, 36, 39, 86, 94, 106
尊德性而道問學 / 34, 36, 182
存養省察 / 53, 107, 231, 291, 302
存在一般 / 40, 55
存在論 / 40
存在論的 / 40, 55
從心所欲不踰矩 / 186, 221, 230
周公 / 195

周濂溪 / 22, 43, 97, 101, 184, 331
周易 / 91, 105, 112, 113, 254, 285, 307
主一無適 / 106
朱子 / 18, 19, 36, 44, 56, 65, 71, 73, 124
主靜 / 104
主體意識 / 177
主忠信 / 158, 235
中國哲學史 / 38
仲弓 / 256
重民思想 / 333
중용 / 64
중용론 / 65
중용의 中和 / 273
中庸章句 / 120
中庸之德 / 211
中庸或問 / 120
中節 / 74, 85
中和 / 43, 73, 74, 76, 88, 338
中和의 德 / 274
中和의 道 / 70
曾子 / 46, 47, 59, 177
知 / 32
至德 / 214
至道 / 214
至誠 / 33, 143, 184
지식교육 / 303

知識人 교육 / 246
止於至善 / 156, 157, 166
知行合一 / 242, 288, 301
眞理 / 27, 28, 42
眞理認識 / 26
盡誠 / 184
眞實無妄 / 92, 168, 184, 200, 202, 208, 212, 218, 223, 235, 250, 270, 307, 310, 314
盡心章 / 185

ㅊ

天道 / 51, 84, 85, 86, 87, 88, 95, 141, 142, 150, 156, 172, 257, 285, 287, 288, 301
天理 / 36
천명사상 / 261
天人之分 / 318, 319
天人合一 / 181
天下之達德 / 199
天下之達道 / 199
天下至誠 / 59
淸正無雜 / 200
超經驗的 / 173
墮落性 / 40
春秋時代 / 219
忠恕 / 81, 82, 84, 88, 98, 158, 164, 182, 215, 226, 287, 288, 315
惻隱之心 / 35
治國 / 160, 164, 165, 167
致誠 / 45
治人 / 147, 192, 208
致中 / 78, 79, 338
致中和 / 29, 182, 231, 327, 328, 338
致和 / 78, 79, 160, 327, 338
親民 / 154

ㅌ

湯王 / 270
太極 / 101, 102
太極圖說 / 16, 22
擇善固執 / 37
擇善而固執 / 202
退溪 / 20

ㅍ

八條目 / 145, 147, 201, 229, 238
覇道 / 263, 268, 269, 334
覇者政治 / 195
平天下 / 160, 164, 165
平和主義 / 248, 270, 272
평화주의사상 / 334
標準 教育 / 294

ㅎ

霞谷集 / 89
夏王朝 / 259
下學而上達 / 185, 186, 220, 221, 230
學習教育 / 296
學知 / 34
學知利行者 / 38
合理論 / 28, 33, 35
恒産 / 264, 265
恒心 / 264, 265
鄕三物 / 233
虛靈不昧 / 149, 152, 162, 166, 168, 180, 187, 198, 212, 218, 229, 239, 256, 292, 300
許愼 / 90, 175, 224
虛靈不味 / 116
現實問題 / 173
絜矩의 道 / 165
絜矩之道 / 129, 164, 182, 231
形而上 / 15, 22, 25
형이상학 / 15
형이상학자 / 15
形而上學的 / 17, 173
形而下 / 15, 22, 25
형이하자 / 15
浩然의 氣 / 302, 329
浩然之氣 / 291, 292

洪範 / 192, 193
洪範九疇思想 / 191
홍범사상 / 193
化性起僞 / 306, 324, 326, 327, 339
化性而起僞 / 316
豁然貫通 / 36
황금만능주의 / 217
黃氏洵饒氏 / 19
效用性 / 38
侯氏 / 124
興學策 / 264

심우섭(沈佑燮)

◇출생지
경북 구미시 선산읍에서 출생

◇학력
성균관대학교 졸업
성균관대학교 대학원 졸업
동국대학교 대학원 졸업
철학 박사

◇약력
성신여자대학교 도서관장 역임
관리처장 역임, 사범대 학장 역임
교수평의회 회장 역, 상조회 회장 역임
한국한문교육연구회 부회장 역임
성신한문학회 회장 역임

◇현재
성신여자대학교 사범대학 한문교육과 명예교수
세종대왕기념사업회 이사
비은(費隱) 한문교육원 원장

◇저서 및 논문
著書 : 『先秦諸子思想의 哲學的 摸索』
　　　 『中庸思想의 哲學的 理解』
　　　 『韓國傳統思想의 理解』
　　　 『韓國傳統思想의 再照明』
論文 : 「孔子 政治哲學思想의 硏究」
　　　 「孟子 政治哲學思想의 硏究」
　　　 「荀子 哲學思想의 硏究」
　　　 「老子 政治哲學思想의 硏究」外 多數

유학사상의 철학적 이해

2011년 3월 15일 초판 1쇄 펴냄

지은이 심우섭
펴낸이 이은경
펴낸곳 도서출판 이회

책임편집 안소희, 윤은영
표지디자인 윤인희

등록 2001년 9월 21일 제307-2006-55호
주소 서울특별시 성북구 보문동7가 11번지 1층
전화 922-4884(편집), 922-2246(영업)
팩스 922-6990
메일 kanapub3@chol.com
http://www.ihbooks.co.kr

ISBN 978-89-8107-451-7 93150
ⓒ 심우섭, 2011

정가 25,000원
사전 동의 없는 무단 전재 및 복제를 금합니다.
잘못 만들어진 책은 바꾸어 드립니다.